児童虐待の防止を考える

子の最善の利益を求めて

佐柳忠晴 著

三省堂

はしがき

　わが国では、1990年代から児童虐待という文言がメディアに登場するようになった。1962年のアメリカのケンプ医師による論文「被虐待児症候群」が発表されてから、すでに30年を経ていた。当時1990年度の全国児童相談所における児童虐待相談対応件数は1,101件であったが、25年後の2015年度には10万件を超えるに至っている。もとより、わが国における児童虐待の実数が100倍に増えたと理解するのは正しくないが、児童虐待の対応機関である児童相談所の業務が劇変したことは確かである。

　私は、児童虐待の通告件数の急増が始まった2000年当時、東京都の児童相談所長の職務に就いていた。そこで初めて、きわめて厳しい家庭環境で生きる児童の存在を知ることになる。ゴミが山積みされた不潔な部屋で泣いている幼児、父親に床にたたきつけられて大怪我をした幼児、満足に食事を与えられず成長不全の幼児、いずれも虐待を主訴として児童相談所による保護を必要とする児童であった。児童福祉司が親を説得し、親子分離して児童養護施設や乳児院での養育を行おうとしても、重度の精神障害のある親の理解を得ることは難しく、子を骨折させるほどの暴力を「しつけ」と強弁する親の説得も困難であり、その親が反社会的勢力の構成員の場合には逆に脅迫や暴力行為を受けることもあった。当時の児童相談所には、任意の立入調査や一時保護など限られた法律上の手段しか与えられていなかった。

　その後、2000年の児童虐待の防止等に関する法律の制定とその改正過程を通じて、児童相談所は、権力的な行政機関としての側面が強化されていく。子との面会・通信の制限、子の入所措置先の不告知、子の身辺への接近禁止命令、子の居所への臨検・捜索（強制的立入調査）、臨検・捜索における鍵の破壊処置の許容、親権喪失の審判の要件緩和、親権停止の審判の創設などであり、いずれも実質的な実施責任が児童相談所に付与され、児童虐待への法的対応の権限と責任が児童相談所に集中するようになった。

　児童相談所は、現に生命が危険な状態にある児童を守るために、この強制力のある権限の行使を躊躇するべきではない。しかし、現行法によって児童相談所に付与された行政権限と行使手続に問題はないか、その権限行

使は児童相談所の本来業務であるソーシャルワーク機能から逸脱してはいないか、あるいは、司法権や検察権・警察権との役割分担を抜本的に見直す必要があるのではないか等々の問題意識を持ち続けてきたところである。

この度、本書において、児童虐待の防止に係る現行法制とその実施体制について、明治期の民法制定過程や英独仏の比較法研究の視角から、多様な論点について考察する機会を得た。本書が、今後の児童虐待防止に関する法制や実施体制確立のための議論に少しでも寄与することができれば幸甚である。

なお、早稲田大学名誉教授田山輝明先生（比較後見法制研究所理事長）には、比較後見法制研究所における研究活動をはじめ、様々な面においてご指導とご示唆を戴いてきた。本書の上梓にあたり心より御礼申し上げたいと思う。また、本書の出版において、三省堂編集部の木村好一氏に貴重なご助言とご協力を戴いたことに感謝の意を表したい。

2017年5月

佐柳　忠晴

目　次

はしがき ……………………………………………………………… 1

序 …………………………………………………………………… 7

第1編　児童虐待の実情

第1章　少子高齢化と家族の変容 …………………………………… 10
Ⅰ　急激な少子高齢化 …………………………………………… 10
Ⅱ　家族の変容 …………………………………………………… 15

第2章　わが国の児童虐待の現状 …………………………………… 17
Ⅰ　児童虐待とは ………………………………………………… 17
Ⅱ　児童虐待の実態 ……………………………………………… 23

第2編　わが国における児童保護の歴史

第1章　戦前の児童保護 ……………………………………………… 38

第2章　戦後における児童保護の発展 ……………………………… 43

第3編　児童虐待防止法制の実情

第1章　民法親権規定の沿革と課題 60
- Ⅰ　明治初期の民法編纂過程 60
- Ⅱ　旧民法の編纂 63
- Ⅲ　明治民法の編纂 68
- Ⅳ　戦後の民法改正 71
- Ⅴ　法制審議会民法部会小委員会における仮決定及び留保事項 73
- Ⅵ　1947年民法における親権の内容 77
- Ⅶ　小括　2011年民法改正に至るまで 79

第2章　児童福祉法による対応と課題 85
- Ⅰ　市区町村の対応 85
- Ⅱ　児童相談所の権限 87
- Ⅲ　児童相談所の対応 88

第3章　児童虐待の防止等に関する法律による対応と課題 99
- Ⅰ　児童虐待の防止等に関する法律の制定過程 99
- Ⅱ　児童虐待の防止等に関する法律および関係法令の改正過程 105
- Ⅲ　児童虐待の防止等に関する法律の概要 117
- Ⅳ　児童相談所による法的対応の流れ 122

第4編　児童の権利に関する国際的潮流と各国の児童援助法制

第1章　児童保護に関する国際条約の変遷 126

第2章　イギリスにおける児童援助法制 132
- Ⅰ　イギリスにおける児童保護の歴史 132

Ⅱ　1989年児童法 ································· 135
　　Ⅲ　イギリス法からの示唆 ······················ 151

第3章　ドイツにおける児童援助法制 ············ 155
　　Ⅰ　概要 ·· 155
　　Ⅱ　民法典 ··· 156
　　Ⅲ　社会法典第8編 ······························· 161
　　Ⅳ　未成年後見制度 ······························ 166
　　Ⅴ　家事事件及び非訟事件手続法 ············ 168
　　Ⅵ　ドイツ法からの示唆 ························ 170

第4章　フランスにおける児童援助法制 ········· 173
　　Ⅰ　フランス児童援助法制の構成 ············ 173
　　Ⅱ　親権制度 ······································ 174
　　Ⅲ　未成年後見制度 ······························ 187
　　Ⅳ　危険な状態にある子の保護 ··············· 193
　　Ⅴ　フランス法からの示唆 ····················· 198

第5編　児童虐待防止法制の課題と展望

第1章　児童を養育する権利と義務 ··············· 204
　　Ⅰ　児童の権利に関する条約 ·················· 204
　　Ⅱ　「親の権利」と「親権」 ···················· 205

第2章　わが国の親権制度 ··························· 209
　　Ⅰ　2011年民法改正 ····························· 209
　　Ⅱ　親権制度の概要 ······························ 211
　　Ⅲ　親権喪失制度 ································· 217

第3章　わが国の未成年後見制度 ·················· 225
　　Ⅰ　未成年後見とは ······························ 225
　　Ⅱ　わが国における後見制度の沿革 ········· 234
　　Ⅲ　未成年後見と成年後見の比較 ············ 237

Ⅳ　今後の後見制度 251

第4章　児童福祉法による児童の保護 254
　　Ⅰ　親権喪失審判の請求等 254
　　Ⅱ　児童福祉法28条の申立 260
　　Ⅲ　臓器移植への対応 264

第5章　司法保護制度の構築 267
　　Ⅰ　司法保護の意義 267
　　Ⅱ　裁判所許可の必要性 272
　　Ⅲ　児童虐待への刑事規制 275
　　Ⅳ　人身保護法の適用 276
　　Ⅴ　特別養子縁組制度の活用の是非 277

第6章　児童虐待防止のための実施体制 282
　　Ⅰ　児童相談所における相談体制の問題点 282
　　Ⅱ　児童相談所と関係機関の再編成と強化 286

第7章　むすび 290

　　索引 293

装丁………三省堂デザイン室
本文組版…大木勇人／髙畑朝子

序

　1973年の尊属殺人事件に係る最高裁判所大法廷判決（昭和48年4月4日、刑集27巻3号265頁）は、最高裁判所が違憲立法審査権に基づいて、現行法の規定を憲法違反とした最初の法令違憲の最高裁判決である。当時のメディアが、被告人女性の人権に配慮して犯行の背景を詳しく報道することを控えたため、違憲判決であることだけが大きく取り上げられた。しかし、この尊属殺人事件の背景には、殺された父親が被告人に対して長年にわたり性的虐待を行っていたという冷厳な事実が存在していたのである。
　最高裁判決は、原判決を破棄し、被告人を懲役2年6月、執行猶予3年とした。尊属殺人に関する刑法200条を違憲とし、普通殺人として懲役刑の執行を猶予した。最高裁判所判事8名の多数意見は、尊属殺は普通殺に比して高度の社会的道義的非難を受けるべきとしてその刑を加重すること自体はただちに違憲であるとはいえないが、刑法200条は、尊属殺の法定刑を死刑または無期懲役刑のみに限っている点において、その立法目的達成のため必要な限度を遥かに超え、普通殺に関する刑法199条の法定刑に比し著しく不合理な差別的取扱いをするものと認め、憲法14条1項の法の下の平等に違反して無効であるとした。一方で、他の判事6名の少数意見は、本判決が尊属殺人に関する刑法200条を違憲無効であるとした結論には賛成するものの、普通殺と区別して尊属殺に関する規定を設けて差別的取扱いを認めること自体が、法の下の平等を定めた憲法14条1項に違反するとした。最高裁は、当該判決の中で次のように述べている。

　「もとより、卑属が、責むべきところのない尊属を故なく殺害するがごときは厳重に処罰すべく、いささかも仮借すべきではないが、……（中略）……尊属でありながら卑属に対して非道の行為に出で、ついには卑属をして尊属を殺害する事態に立ち至らしめる事例も見られ、かかる場合、卑属の行為は必ずしも現行法の定める尊属殺の重刑をもって臨むほどの峻厳な非難には値しないものということができる。……（中略）……
　なお、被告人は少女のころに実父から破倫の行為を受け、以後本件にいたるまで10余年間これと夫婦同様の生活を強いられ、その間数人の子までできるという悲惨な境遇にあったにもかかわらず、本件以外になんらの非行も

見られないこと、本件発生の直前、たまたま正常な結婚の機会にめぐりあったのに、実父がこれを嫌い、あくまでも被告人を自己の支配下に置き醜行を継続しようとしたのが本件の縁由であること、このため実父から旬日余にわたって脅迫虐待を受け、懊悩煩悶の極にあったところ、いわれのない実父の暴言に触発され、忌まわしい境遇から逃れようとしてついに本件にいたったこと、犯行後ただちに自首したほか再犯のおそれが考えられないことなど、諸般の情状にかんがみ、同法〔刑法〕25条1項1号によりこの裁判確定の日から3年間右刑の執行を猶予し、……（中略）……主文のとおり判決する」。

かくも非道な実父を「親」と呼ぶことはできまい。親権者たる資格はなく、現に法廷で裁かれるべき者は、実父自身であったかもしれない。

この尊属殺に係る最高裁判所判決のように、重大な刑事事件の背景に、当該家庭における様々な形の児童虐待が存在することが少なくない。また、近隣家庭や親族などで、一見平穏に見える家庭の中にも児童虐待が引き起こされている場合もある。児童虐待は、家族病理であると同時に社会病理でもあり、ドメスティックバイオレンス（以下DV）や少年非行と同様、わが国の社会全体の安全と安定の確保という観点に立てば、一般国民にとっても決して無関係なものとはいえない。児童虐待の多くの事案は、政治や社会の現実に強い関連性を有し、時代の変遷とともに内容が変化し、複雑化している。

本書では、児童の権利擁護に関する歴史的経緯と現行制度を踏まえ、児童虐待の現状とその背景や要因を分析し、民法や児童福祉法などの児童虐待防止関連法制について、比較法研究の視角から考察する。

第1編

児童虐待の実情

第1編　児童虐待の実情

第1章
少子高齢化と家族の変容

I　急激な少子高齢化

1　少子高齢化について

　わが国の高齢化率は、1970年に7%、1994年には14%をいずれも超えており、1994年には、WHO基準の「高齢化社会」から「高齢社会」のレベルに至っている。この高齢化率7%から14%への変化にフランスが115年、イギリスが47年、ドイツが40年を要したのに比べ、日本は僅か24年で到達していることに留意する必要がある。[1]

　介護保険制度の検討が始まった1990年当時においても、すでに30年後の2020年における高齢化率が25%を超えることは一般国民にも知られていた。その後、少子化傾向がより顕著となったため、高齢化率上昇の速度がさらに速まり、2005年には超高齢社会とも称せられる20%を超えるところとなった。[2] 2013年には高齢化率が25.1%と4人に1人が高齢者になっており、今後、2060年には39.9%に達して、国民の2.5人に1人が65歳以上の高齢者となる社会が到来すると推計されている。[3]

　わが国の社会保障体制は、戦後のピラミッド型人口構成の時期に創設され、行政処分としての「措置制度」の下に発展してきた。戦争直後のベビーブーム時代に生まれた大量の団塊の世代が高齢者となっていく時代に、今まで同様の体制を維持していくことは困難である。平均寿命の大幅な伸長などによる高齢

---

[1]　内閣府『平成15年版　高齢社会白書』第1章第1節5(2)。
[2]　内閣府『平成21年版　高齢社会白書』第1章第1節。
[3]　『人口統計資料集2017』表2-8（国立社会保障・人口問題研究所、2017年）。

化の進展は、必然的に介護を要する高齢者の増大を招く。寝たきりや認知症など介護を要する高齢者の発生率は、加齢とともに高くなるからである。あわせて少子化傾向の昂進は、介護サービスの原資を負担する勤労人口の減少という厳しい状況を作り出すことになる。

　一方、少子化傾向についてはどうであろうか。戦争直後の1947〜1949年を第一のピーク、その世代が成人して出産した1971〜1974年を第二のピークとして、長期的な減少傾向にあり、国立社会保障・人口問題研究所の統計資料からは、今後もこの少子化傾向の続くことが予測される。

　このようなわが国の急激な高齢化と少子化は、必然的に介護福祉サービスの抜本的施策を生み出す原動力となり、また、子育てに対する社会的支援の重要性が認識され、施策化されることとなった。前者は、2000年の介護保険制度施行がその代表例であり、後者では、次世代育成支援対策推進法や少子化社会対策基本法の制定などへの流れとなっている。

2　出生率の低下と高齢化の推移

（1）年少人口の減少

　わが国における年少人口（0〜14歳）は、出生数の減少により、第2次大戦後、減少傾向が続き、1997年には、老年人口（65歳以上）よりも少なくなった。2015年の年少人口は1,588万人（総人口に占める割合は12.5％）であるのに対し、老年人口は3,346万人（同26.3％）となっており、ますます少子高齢化が進行している[4]。

（2）出生数および合計特殊出生率の推移

　1年間に生まれてくる子どもの数は1970年代前半には、およそ200万人であったが、2016年には97万7千人程度にまで減少している。これには親となる世代の人口規模の縮小と、彼らによる子どもの産み方の変化も要因となっている。

　合計特殊出生率は、40年前の1970年の2.13から逓減を続け、最も低かった2005年の1.26より若干上昇したとはいえ、2016年は1.44と引き続き低い水準にある。この数値は長期的に人口を維持できる水準（人口置換水準）の2.07よりかなり低く、必然的に人口減少と人口高齢化の昂進につながる。今後、出生数がさらに減少して、90万人を割り込む可能性もあり、わが国が人口減

〈4〉　前掲・『人口統計資料集2017』表2-5、『社会保障統計年報データベース（2017年）』第2表（国立社会保障・人口問題研究所、2017年）。

少傾向にあることは明らかである。

3　少子化は先進国共通の現象

　日本、アメリカ、フランス、スウェーデン、イギリス、イタリア、ドイツの合計特殊出生率の推移をみると、1960年代までは、すべての国で2.0以上の水準であった。その後いずれの国も低下傾向となったものの、最近では2.0程度にまで回復する国も見られるようになった。2012年では、フランス2.00、イギリス1.92、スウェーデン1.91と上昇している。これらの国のうち、フランスでは、かつての家族手当等の経済的支援中心から保育の充実へシフトし、さらに子育てと就労の両立支援の政策が進められている。スウェーデンでも経済的支援とともに保育や育児休業制度などの両立支援政策が行われている。

4　少子化の原因

　少子化の最も主要な原因は、晩婚化による出産の高年齢化であり、欧米先進国とも共通の現象である。フランス、イギリス、北欧諸国などでは婚外子割合が50％前後であるが、日本では婚外子割合が少ないという特異性があるため、日本に関しては「結婚年齢の高年齢化」と言い換えることができよう。

　日本における年齢別未婚率について1980年と2010年を比較すると、25〜29歳の女性未婚率は24.0％から60.3％に、30〜34歳の女性未婚率は、9.1％から34.5％に、35〜39歳の女性未婚率は5.5％から23.1％にいずれも有意な変化が見られる。男性の未婚率も同様に、それぞれ55.1％から71.8％、21.5％から47.3％、8.5％から35.6％に大きく変動している。これは直近の30年間における結婚年齢の高年齢化がきわめて顕著であったことを示し、そのことがわが国の急速な少子化を推し進めたのである。

　他の少子化の要因としては、非婚の増加、女性の社会進出と意識変化、育児女性の労働環境の未整備、男性の家事・育児分担の少なさ、夫婦の出生力の低

〈5〉　厚労省「平成28年人口動態統計月報年計（概数）の概況」（2017年）。『平成27年版少子化社会対策白書』4頁（内閣府、2015年）。合計特殊出生率は、15〜49歳までの女子の年齢別出生率を合計したもので、一人の女性が一生に産む子供の数の平均。
〈6〉　『平成24年版子ども・子育て白書』44頁（内閣府、2012年）。前掲・『人口統計資料集2017』表4-5。
〈7〉　阿藤誠「日本の家族変化と少子化」本澤巳代子＝ベルント・フォン・マイデル編『家族のための総合政策』74頁（信山社、2007年）。
〈8〉　前掲・『平成24年版子ども・子育て白書』38頁。

下などがあげられる。

　女性の社会進出と意識変化とは、女性の高学歴化による就業機会と就業意欲が増大したことをいう。それは「妻は家庭を守る」という伝統的な家族役割意識を低下させ、仕事を通じて自己実現を図る女性を増加させた。その結果、結婚・出産の高年齢への先送り傾向が進み、少子化の要因となっている。

　また、わが国においては、育児女性の労働環境が整備されていないため、多くの女性が未婚就業の継続を選択することを余儀なくされ、そのことが出産の先送りによる少子化を招いている。日本女性の年齢階級別労働力率が、未だに20代後半から40代前半にかけて大幅に下がるM字型になっていることはその証左である。この女性労働力率の年齢推移に伴うM字カーブは、現在の欧米諸国では見られない現象である。

　わが国の夫の家事・育児分担の少なさも少子化の一因とされる。小学校入学前の子どもの育児における夫・妻の役割に対する夫と妻それぞれの意識調査において、日本では、「もっぱら妻が行う」は男性6.3％・女性7.5％、これに「主に妻が行うが、夫も手伝う」の男性56.0％・女性63.3％を加えた『主に妻が行う』は男性62.3％、女性70.8％であり、妻の役割意識が高くなっている。「妻も夫も同じように行う」は男性34.1％、女性28.2％と非常に低い。一方、アメリカとスウェーデンの男女およびフランスの男性では、「妻も夫も同じように行う」が最も高く、とくにスウェーデンでは男女ともに約90％を占めている。

　夫婦の出生力の低下も少子化の要因である。国際調査によると、欲しい子どもの数について、わが国では「2人」が51.8％と最も多く、「3人」が32.5％とこれに続き、出生実態より高くなっている。この希望する数まで子どもを増やしたくない理由は、男女ともに「子育てや教育にお金がかかりすぎるから」が男性44.6％および女性39.5％と最も高く、二番目は「自分又は配偶者が高年齢で産むのが嫌だから」で男性26.8％および女性35.1％、三番目は「働きながら子育てができる職場環境がないから」で男性14.3％および女性26.3％となっている。一方、フランスやスウェーデンでは、「健康上の理由」や「自分又は配偶者が高年齢」が、子どもを増やしたくない理由の上位になっている。

　また、女性における子育て観・母親観の変化にも着目する必要があろう。最

〈9〉『男女共同参画社会に関する国際比較調査』（内閣府、2003年）。
〈10〉『平成24年版男女共同参画白書』58頁（内閣府、2012年）。
〈11〉『少子化社会に対する国際意識調査報告書』40頁（内閣府、2011年）。
〈12〉前掲・『少子化社会に対する国際意識調査報告書』35頁。

近のベビーカーを押す母のおしゃれなファッションに、「家を守り、子を育てる」
という昔日の母の姿はない。子を育てる母として生きるだけではなく、同時に
一人の若い女性としても生きようとしていることを感じさせる。

5　小括

　もとより、わが国の少子化の進行が児童虐待を急増させているわけではなく、
少子化自体が児童虐待の直接の原因とは思われない。しかし、少子化を招いて
いる要因を分析すると、その中に児童虐待を引き起こす要素が少なからず存在
していることも否定できないのである。たとえば、高齢出産した親の体力面で
の育児の厳しさ、女性の社会進出による仕事上のストレス増大、育児女性の労
働環境の未整備による仕事と育児両立の難しさ、男性の育児分担の少なさによ
る女性の加重な育児労働、夫婦の出生力低下と生まれた子への過大な期待、低
所得を原因とする結婚や出産の先送りや諦めなどである。

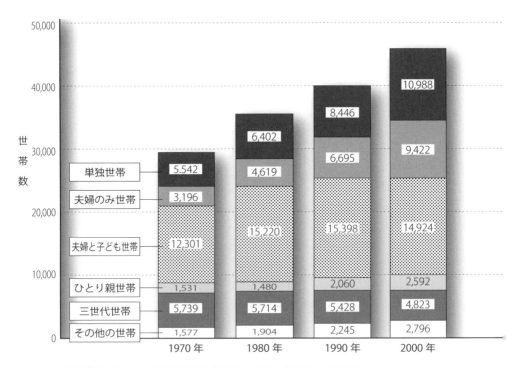

図 1-1　世帯構造別にみた世帯数と構成割合の推移（単位：千世帯）
国立社会保障・人口問題研究所『社会保障統計年報データベース（2017 年）』第 12 表より筆者作成

このような育児中の女性の働く環境が不十分であることや非正規雇用などによる若者の低所得化など、わが国における顕著な少子化傾向を生み出している諸要因は、同時に児童虐待を引き起こす遠因ともなり得るのである。このことについては、次に述べるわが国における急激な家族の変容と合わせて考えてみる必要があるだろう。

II　家族の変容

わが国の戦前の家族の多くは農業社会に属しており、明治民法の「家」制度の下で生産・労働共同体として存在していた。「家」では、女性も子どもも労働力であり、長子による家督相続が行われた。家督相続は、同居する老親の扶養が条件であった。戦後になると、家制度の廃止、家族成員の平等と均等相続が法定化され、夫婦と未婚の子どもという核家族の形成が促進されることになる。1960年代からの高度経済成長期には、わが国は農業社会から工業社会へ転換し、農村から都市へ若年労働者が移住していった。その時代では、女性は家庭、そして男性は会社で終身雇用と年功序列賃金、という態様が平均的な日本人の家族状況であった。当時の国民の間では、「女性の幸せは、良い結婚と良い母」が一般に共通した価値観でもあった。

やがて、核家族化の進展とともに、日本人の親子の同居等に関する意識が変化していく。1970年から45年間のわが国の世帯構造別にみた世帯数の変容を比較すると図1-1のようになる。

この図において、1970年と2015年の世帯構造を比べてみよう。

まず、「単独世帯」は、2.4倍で797万増であり、割合も18.5%から26.8%に増加している。「夫婦のみ世帯」は、867万増加して3.7倍、割合も10.7%から23.6%に急増している。こ

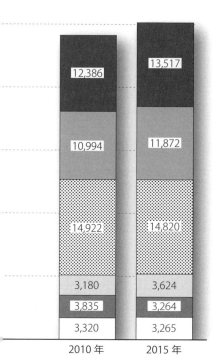

の夫婦のみ世帯と単独世帯は、その大半が高齢者世帯と認められる〈13〉。これは、老老世帯や独居高齢者の増加であり、いずれ社会的介護が必要な世帯となる可能性が高い。

「夫婦と子ども世帯」は、1.2倍で251万増加したが、割合は41.2％から29.4％に減少している。いわゆる核家族は増加したものの、全体に占める割合は減少しているのである。

「ひとり親世帯」は、2.3倍で209万増加、割合は5.1％から7.2％に増えている。ひとり親世帯の大半が母子世帯であり〈14〉、家庭福祉施策による支援が必要な世帯が少なくない。

「三世代世帯」が247万減少し、割合も19.2％から6.5％に激減している。「祖父母と若夫婦と子ども」という三世代世帯は、サザエさん一家のようにかつてわが国の標準的な家族構成であった。しかし、人口の高齢化の中でこの三世代世帯が急激に減少したことが、日本社会全体として児童の養育や高齢者の介護における自助能力の大幅な低下を招く大きな要因となっている。

このように戦後一貫して進行するわが国の家族の変容によって、家庭での老親の介護力や子どもの養育力が低下し、高齢者や児童に対する福祉施策は大転換を余儀なくされた。高齢者福祉においては、介護保険制度の創設によって、嫁や娘による無償の家族介護への依拠から脱却して社会的介護への転換が行われ、児童福祉においては、保育や子育て支援、ひとり親家庭への支援など社会的養育体制の充実が緊急の課題となった。

著しい家族の変容と少子高齢化の進行は、わが国における家庭内の状況を一変させた。三世代で構成する日本の伝統的な家族は少数派となり、子どものいる世帯は、両親と子どものみの家庭とひとり親家庭が大半となった。性的虐待は別として、かつて、各家庭内での中軽度の暴力やネグレクトは、祖父母の援助などにより、当該家庭自身が自力で解決できるものも少なくなかった。しかし、急速な少子化と家族構成の大幅な変容によって、一部の親に不適切な養育が生じた場合にあっても、当該家庭内での自助努力だけでは解決することが出来ず、児童相談所など外部の公的機関による介入がなければ、独自には対応できない家庭が増えているものと考える。

〈13〉小島克久「家族形態の変化と見通し」季刊社会保障研究41巻2号74頁（2005年）。
〈14〉前掲・『人口統計資料集2017』表7-10によると85％が母子世帯。

第2章 わが国の児童虐待の現状

I 児童虐待とは

1 児童虐待の定義

(1) 4類型

わが国では、児童虐待の防止等に関する法律が、児童虐待を4類型に分類し、それぞれの定義を行っている(2条)。

児童虐待を、保護者(親権を行う者、未成年後見人その他の者で、児童を現に監護するもの)が、その監護する児童(18歳未満の者)について行う次に掲げる行為をいう、と定義している。

①身体的虐待

児童の身体に外傷が生じ、又は生じるおそれのある暴行を加えることをいう。

たとえば、殴る、蹴る、床にたたきつける、熱湯をかける、たばこの火を押しつける、冬季に屋外に薄着で閉め出すなどの暴力行為により、骨折、打撲傷、内出血、頭蓋内出血、火傷などの外傷を生じさせることである。

②性的虐待

児童にわいせつな行為をすること又は児童をしてわいせつな行為をさせることをいう。

たとえば、児童に性交や性的な行為をすること、児童ポルノの被写体にすることなど、その他広く児童を対象としてわいせつな行為を行うことをいう。

③ネグレクト(保護の怠慢・拒否)

児童の心身の正常な発達を妨げるような著しい減食又は長時間の放置、保護者以外の同居人による身体的・性的・心理的虐待と同様の行為の放置、その他

の保護者としての監護を著しく怠ることをいう。

　たとえば、食事を十分に与えない、下着や衣服を長期間にわたって不潔なままにする、居宅内を悪臭や不衛生など不潔な状態なまま放置する、病気になっても薬を与えない、重病にも拘わらず病院に連れて行って医師の診察を受けさせない、乳幼児を居宅に残したまま長期間不在にする、夏季に乳幼児を車の中に放置する、学齢期の児童を親の意思で登校させない、同居人が身体的・性的・心理的虐待を行うことを抑止せずに黙認する、などである。

④心理的虐待

　児童に対する著しい暴言又は著しく拒絶的な対応、児童が同居する家庭における配偶者または事実上婚姻関係にある配偶者の身体に対する暴力およびこれに準ずる心身に有害な影響を及ぼす言動（家庭内でのDV）、その他の児童に著しい心理的外傷を与える言動を行うことをいう。

　たとえば、大声で怒声を浴びせ脅迫する、児童との関わりを一切拒否する、他の兄弟姉妹と差別的な対応をする、日常的なDVを児童の前で行う、児童を精神的に傷つけるような言動を繰り返すなどである。

（2）児童虐待の主体

ア　保護者の定義

　児童虐待の防止等に関する法律において、児童虐待を行う主体は、保護者すなわち「親権を行う者、未成年後見人その他の者で、児童を現に監護するもの」とされている。これは児童福祉法6条をほぼそのまま引用した規定であるが、児童虐待防止の特別法としては、「①親権を行う者、②未成年後見人、③その他児童を現に監護する者」と保護者の定義を明確かつ限定して規定すべきであり、立法上の解決が必要と考える。

　児童虐待における虐待者の大半が実母などの親権者である。親権者が不存在のため未成年後見人が選任されているときは、当該未成年後見人が虐待者となる場合もある。親権者と未成年後見人以外で児童を現に監護する者としては、離婚後の民法766条に基づく監護者が想定される。監護者は父母の協議により定められるが、協議が整わないときは家庭裁判所が定める。親権者ではない他方の親が監護者と定められた場合、監護者は、子の監護について権利を行使し、義務を果たすことになるが、その一部が虐待者となる可能性はある。

　これらの親権者、未成年後見人、監護者は、法律に基づいて、いずれも子の利益のために子の監護および教育をする権利を有し、義務を負っている。

　児童虐待の防止等に関する法律は、この監護・教育をする権利と義務を有す

る者自身が児童虐待を行う場合、当該児童の権利利益を擁護するために、都道府県知事が法の規定に基づいて虐待の防止と被虐待児童の保護を行うことを定めている。その主なものとしては、児童虐待が行われているおそれがある場合、第一に、保護者への出頭要求、立入調査、再出頭要求、臨検・捜索という強制立入調査、第二に、児童虐待を行った保護者への指導・勧告、一時保護、親権喪失等の審判請求という法的対応義務、第三に、入所措置や里親委託または一時保護中の被虐待児童に対する保護者の面会・通信の制限、第四に、施設入所等の措置中の児童に対する保護者の接近禁止命令と違反行為に対する罰則などがある。これらの諸規定は、いずれも親権者等の身上監護権に対抗し得る強い権限を都道府県知事および児童相談所長に付与したものである。

したがって、児童虐待の防止等に関する法律によって児童虐待の防止を目的とした介入や権利の制限を受ける「保護者」とは、親権者若しくは未成年後見人、または両親の離婚の際に定められた監護者に限定して解されるべきである。

イ　厚生労働省の解釈について

この点、児童虐待の防止等に関する法律2条の「現に監護する」をそのまま文理解釈し、被虐待児童の母親の内縁関係の男性で当該児童を監護している者、児童福祉施設長、里親などを本法の定める「保護者」とし、一方では親権者や未成年後見人であっても当該児童の養育を他人に委ねている場合は「保護者ではない」とする厚生労働省の解釈には同意できない。

第一に、母子家庭の同居男性には児童を監護・教育する権利と義務はなく、都道府県知事により入所措置を受託している児童福祉施設の長や里親には、児童福祉法に基づいて養育と支援の義務と責任があるにすぎない。

母親の内縁の男性が児童を虐待している場合は、それを放置する母親のネグレクトであって、内縁の男性に対する指導や介入は児童虐待の防止等に関する法律では想定されていない。すなわち、ひとり親家庭の同居人による児童への直接の虐待行為などは、児童虐待の防止等に関する法律にいう児童虐待には含まれず、その虐待行為は第三者による加害であり、犯罪行為となる。それは、暴行罪、傷害罪、強制わいせつ罪等の刑事事件となり得るにすぎず、都道府県知事および児童相談所長の介入は、その児童の親に対して行われる。

また、児童福祉施設の長などによる虐待は、児童福祉法33条の10「被措置児童等虐待」として、児童福祉法に基づき、措置権者としての都道府県知事（委

〈15〉厚生労働省『子ども虐待対応の手引（平成25年8月改正版）』1章1（3）。

任された児童相談所長）が、一時保護、措置解除や措置変更により対応すべきものである。

　母子家庭の同居男性、児童福祉施設長や里親のいずれについても、児童虐待の防止等に関する法律に基づいて臨検・捜索や面会・通信の制限、接近禁止命令などを行うことはあり得ない。児童虐待の防止等に関する法律における各条文の整合性と統一性を図り、同法の目的を明確にするためにも、これらの者を「保護者」に含めて解釈するべきではない。

　第二に、親権者が、重度の精神疾患等の病気のために子の養育の意思や能力に欠け、児童の養育を祖父母などの親族あるいは児童福祉施設や里親に委ねている場合も少なくない。また、親族ではなく社会福祉士などの専門職が未成年後見人に就いている場合、未成年後見人には身上監護と財産管理の法的義務があるが、養育に係る事実行為は含まれないため、通常、未成年被後見人たる児童については、社会的養護制度の下で日常的な監護と育成が行われる。

　このように児童が社会的養護の下にある場合、たとえば親権者や未成年後見人が、特段の明確な理由もなく、あるいは極端に偏った宗教的教義などに基づいて、当該児童の緊急を要する手術など医的侵襲行為に対する親権者・未成年後見人としての医療同意を拒否する事例がある。このときは、病院での治療を受けるために、児童虐待の防止等に関する法律の規定する医療ネグレクトの要件を満たす児童虐待として、関係法に基づく都道府県知事および児童相談所長の緊急の介入が必要となる。具体的には、まず当該児童の一時保護を行い、同時に親権喪失・親権停止の審判又は未成年後見人解任の請求を申し立て、さらに緊急性のある事案として、審判前の保全処分の申立てを行うのが通常の対応である（民法834条、同834条の2、同846条、家事事件手続法174条、同181条）。

　すなわち、親権者と未成年後見人と監護者は、現に自ら養育しているかどうか、あるいは監護の意思の存否に関わりなく、常に児童虐待の防止等に関する法律の規定する保護者と解すべきである。この点、親権者や未成年後見人が子どもの養育を他人に委ねている場合に、客観的に監護の状態が継続し、監護の意思があると認められなければ保護者ではないとする厚生労働省の解釈は、児童虐待の実態と乖離しており、子の利益を害するおそれがある。

2　児童虐待と児童の権利侵害

　児童虐待と児童の権利侵害とは、明確に区別する必要がある。
　児童虐待は、親権者（実親、養親）、未成年後見人や監護者によって行われ

るものであり、児童の権利侵害の一部を構成するいわば狭義の児童虐待として、おおむね児童虐待の防止等に関する法律2条の規定する4類型に属する。これは、親権者等の子の養育に係る第一義的な権利と義務を制限して、子の利益のために、行政や司法等の公権力の介入による当該児童の保護が容認される事案に限定されるものであり、一般には、この狭義の概念を児童虐待と称する。

一方、児童の権利侵害は、いわば広義の児童虐待であり、児童虐待の防止等に関する法律や児童福祉法における狭義の児童虐待以外に、児童の売買や児童買春や児童ポルノによる被害、保護者以外が行う児童福祉法の禁止行為に触れる行為、児童福祉施設に入所措置された児童に対する施設長や職員による虐待行為、労働基準法の年少者保護規定に反する行為、学校における教員の体罰などを含む。

前者の根拠法は、児童虐待の防止等に関する法律、児童福祉法、民法、刑法等があげられるが、それぞれの法の規定の趣旨が異なるため、「虐待」という文言の定義を同一に解することはできない。

後者に該当する法としては、児童買春・児童ポルノ等処罰法、児童福祉法34条（禁止行為）、児童福祉法33条の10（被措置児童等虐待）、労働基準法56条〜64条、学校教育法11条（体罰禁止）などがある。

図示すると、おおむね次の図1-2のように整理することができよう。

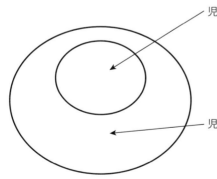

図1-2　児童虐待と児童の権利侵害

3　児童虐待相談対応件数の推移

全国の児童相談所における児童虐待相談対応件数の過去20年間の推移は、次のとおりである〈16〉（図1-3）。

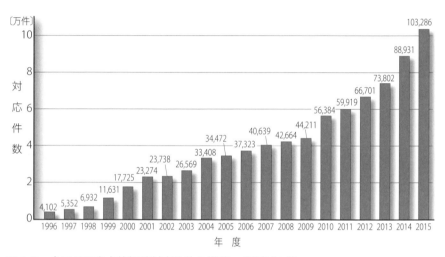

図1-3　全国の児童虐待相談対応件数の推移　（筆者作成）

1996年度の4,102件から2015年度には103,286件となっている。20年間で約25倍の急増である。ただ、2010年度以降の急勾配の増加の主要な原因は、警察から児童相談所への通告が大幅に増えた点にある。たとえば2015年度は2014年度より1万件近く増えており、その増加分の多くが家庭内DVなどに係る心理的虐待として通告されたものである〈17〉。さらに、2015年7月には、児童相談所への通告ダイヤル「189」が開設されている。すなわちこの統計数字は、あくまで全国児童相談所が「受理」した児童虐待相談件数であることに留意する必要がある。

児童相談所の強制的な対応を必要とする重度虐待ケースは増えており、児童

〈16〉各年度の厚生労働省「福祉行政報告例」および「平成28年度全国児童福祉主管課長・児童相談所長会議資料」（厚生労働省、2016年8月）。
〈17〉前掲・「平成28年度全国児童福祉主管課長・児童相談所長会議資料」。

虐待による死亡事例や警察による検挙事案も増加傾向にある〈18〉。しかし、この相談対応件数の増加をもって直ちに児童虐待が同率で急伸していると見るべきではない。相談対応件数が増えた背景には、児童虐待事件を大きく報道するメディアの影響、国民の通告を推奨する行政の広報活動、児童虐待に関する通告ダイヤル「189」の新設、警察をはじめ病院や学校や保育所など関係機関における通告義務の認識の高まり、通告の対象児童が「虐待を受けたと思われる児童」と改正され通告者の主観的な判断に委ねられることになったことなど、児童虐待の「掘り起こし」現象が主要因であると考える。

　また、食事や教育など日常的な子育てが不適切な家庭の相談ケースは、かつては「養育困難」を主訴に統計処理されていたが、現在では「ネグレクト」として虐待にカウントされることが多く、児童虐待として判定される行為が従来より拡大されてきたことも一つの要因である。

　さらにこれに加えて、前述第1編1章Ⅱのとおり、わが国における家族の変容が顕著であり、三世代世帯の激減による家庭内の自助力の低下やひとり親家庭の急増が、家庭内で新しい形態の児童虐待を惹起するという、いわば児童虐待の類型の変化と純増も重要な要因である。母子家庭に同居する男によって母親の連れ子が暴力を振るわれ、母親もその暴力を容認する事案などがその一例である。

Ⅱ　児童虐待の実態

1　実子5人に対する虐待事案

　著しい児童虐待の実例として、東京から東北の広い領域にわたって、10年近くの長期間続けられた実子5人の虐待事案をあげる。

　この実子5人に対する虐待は、事件当時の親権制度の根源的な問題点を社会に突きつけたものであり、2007年の児童虐待の防止等に関する法律改正の端緒となった事件の一つでもある。東北地方のF県検証委員会の報告書や各メディアの報道によると、概要は次のとおりである〈19〉。

〈18〉警察庁生活安全局『児童虐待及び福祉犯の検挙状況（平成27年1～12月）』（2016年3月）。
〈19〉『児童虐待死亡事例検証報告書』（F県児童虐待死亡事例検証委員会2006年10月）、2006年8月当時のNHK、朝日新聞、その他メディアの報道記事参照。

当時2歳の長男が父親に暴行されて負傷した。父親は有罪判決（罰金10万円）を受け、東京Ｔ児童相談所は長男を児童養護施設に入所措置した。ところが、1年後（2000年8月）に突然両親が児童養護施設に現れ、職員の制止を振り切って、入所中の長男を遠く離れたＦ県に強制的に連れ去った。

東京Ｔ児童相談所は立入調査を数回実施したが、両親は家に施錠して立ち入りを強く拒否した。父親は、親権者としての「しつけ」であると主張し、子どもへの虐待を否認した。東京Ｔ児童相談所は、親権喪失宣告および親権職務執行停止の保全処分の申立てと人身保護請求を行って長男を保護し、2年後には父母の親権喪失も確定した。

ところが、その後の2006年5月、父母はＦ県生まれの三男を衰弱死させ、再び逮捕・起訴された。この間、Ｆ県中央児童相談所は、東京Ｔ児童相談所から長男の虐待に係る関係文書をはじめとする詳細な通告を受理し、父母の虐待歴と子どもたちが危険な状態にあることを十分認識していたにもかかわらず、積極的な介入を先送りし、法的対応など強制的介入を行うことなく放置していたのである。

本事例においては、原因不明で死亡した長女および虐待による発育不全の二女と二男を含めると、5人の子ども全員が、実父母の虐待のために死亡またはその疑い、あるいは心身に重大な傷を残す結果となった。

長女は、生後3か月で死亡している。「乳幼児突発死症候群」の診断であったが、真の原因は不明であり、虐待による死亡が疑われる。長男は、2歳のとき父から身体的虐待を受け、父は暴行罪で罰金刑に処せられている。児童養護施設からの連れ去り後、東京Ｔ児童相談所の申立てで父母の親権喪失が確定した。二女は、ネグレクトの虐待により発育不全であり、身体的虐待もあった。東京都で出生後、Ｆ県に転居している。Ｆ県で出生した二男は、虐待により著しい発育不全と栄養不良である。三男は、Ｆ県で生まれ、両親の虐待により3歳のとき衰弱死した。

その後の公判を経て、父および母は、ともに保護責任者遺棄致死傷罪等で懲役刑に処せられた。次々と5人の実子にかくも非道な行為を行った父母に親権者としての資格があるとは思えない。

一方、長男以外の子どもたちについても、所管するＦ県中央児童相談所は、当該父母の親権喪失等の家事審判を申し立てるべきであった。Ｆ県中央児童相談所長をはじめ関係職員は、父母による重篤な虐待の事実を知悉しながら、その不作為によって一人の児童の生命を失い、他の兄弟姉妹も心身にきわめて大

きな傷を負わせたという重大な責任を負っていることを忘れてはなるまい。

2　児童虐待に係る実態調査

　東京都は、2001年10月、児童虐待の調査結果として、「児童虐待の実態」を発表した。これは、2000年度中に都内の11児童相談所で虐待を主訴として受理した1,940件の全相談事例について調査したものである。

　また、2005年12月、東京都は、二度目の児童虐待に関する実態調査結果を「児童虐待の実態Ⅱ」として発表した。2003年度に都内の児童相談所（11か所）が受理した相談29,900件のうち、虐待相談ケース2,481件を調査分析したものである。本調査では、2001年の実態調査と同様に、各児童福祉司の担当ケース毎に調査票を作成し、全ケースが集計された[20]。

　一方、全国児童相談所長会は、2008年4月から6月までの3か月間を調査期間として、全国児童相談所における虐待の実態調査を行った[21]。この調査において、虐待相談として受理した児童数は9,895人（年間換算39,580人）であり、調査手法や調査項目は、東京都の2度の実態調査をほぼ踏襲している。全国の児童相談所という児童虐待対応機関自身による調査であり、またサンプル数の多さからみてもきわめて有意な調査である。

　これら三つの調査は、いずれも児童相談所として虐待の事実や背景を十分把握した上での統計であり、東京都では2千件を超え、全国児童相談所長会調査では1万件に近く、かつ全ケース調査という量的側面からみても、児童虐待防止施策を検討するうえで重要な調査統計であると考える。調査項目もほぼ同じであり、いずれの調査においても、①虐待のある家庭・家族の状況、②虐待者の心身の状況、③虐待者の生育歴、④被虐待児自身の状況の4点については、近似する調査結果が得られた。

　そこで、2009年の全国児童相談所における虐待の実態調査（以下、「全児相調査」という）を中心に、東京都の「児童虐待の実態Ⅱ」（以下、「東京都調査」という）も併せて児童虐待の環境要因について考察する。

---

[20] 詳細は、拙論「児童虐待の実態と現行法制の問題点」法政論叢44巻1号46頁（2007年）参照。
[21] 『児童虐待相談のケース分析等に関する調査研究結果報告書』（財団法人こども未来財団2009年）。

3 児童虐待の環境要因

(1) 虐待の類型別状況

まず、児童虐待の環境要因を検討する前提として、直近の全国統計から、児童虐待の相談種別対応件数（図1-4）と主たる虐待者別構成割合（図1-5）について整理しておきたい。

2015年度でみると、各類型の占める割合は、身体的虐待が27.7%、ネグレクト23.7%、心理的虐待47.2%、性的虐待1.5%となっている。2012年度まで最も多かった身体的虐待より心理的虐待の占める割合が高くなっており、この数年は前年度からの増加件数の大半を心理的虐待の類型が占めている。これは前述のとおり警察からの通告件数増が主要因であり、当該家庭におけるDVや児童に対する日常的な中軽度の暴力や暴言など他の3類型には属さない事案が、心理的虐待として分類されたものと推測される。

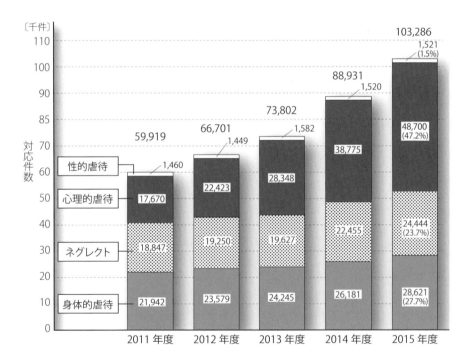

図1-4　児童虐待の相談種別対応件数
厚労省「平成27年度福祉行政報告例の概況」（2016年）より

（2）主たる虐待者

　主たる虐待者は、実母が最も多く、2015年度は50.8％を占める（図1-5）。日本の家庭状況において、実母は子どもと過ごす時間が父親より長く、実母の割合が多いのは当然の結果であろう。2番目は実父の36.3％であり、ここ数年は割合の増加が見られるが、家庭内DVの通告件数の増加が原因と思われる。

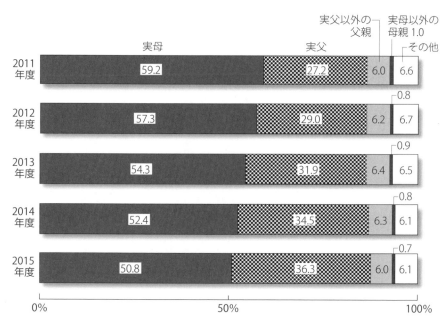

図1-5　主たる虐待者別構成割合
厚労省「平成27年度福祉行政報告例の概況」（2016年）より

（3）虐待のある家庭の要因
ア　全児相調査（2009年）

　全児相（全国児童相談所長会）調査の「家庭・家族の状況」は、図1-6のとおりである。この虐待のあった家庭には、経済的困難31.5％、虐待者の心身の状態30.7％、ひとり親家庭25.9％、夫婦間不和17.3％、不安定な就労15.2％、DVの存在15.1％、親族近隣等からの孤立13.5％、育児疲れ9.9％など、日常生活での深刻な問題を抱える家庭が多いという実態がある（複数回答のため、計205％）。

第1編　児童虐待の実情

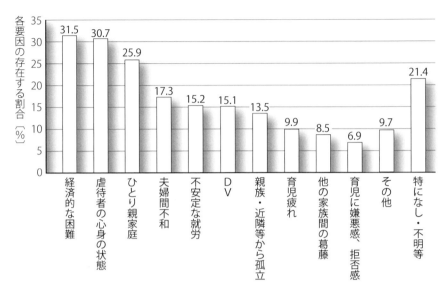

図 1-6　家庭・家族の状況〈複数回答、%〉（全児相調査 2009 年）
全国児童相談所長会調査研究結果報告書（2009 年）より筆者作成（以下同じ）

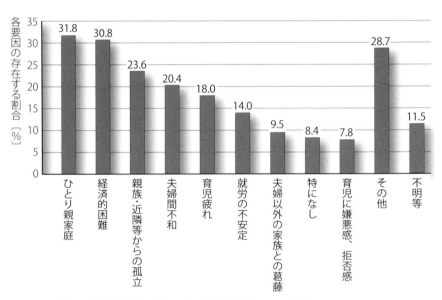

図 1-7　家庭の状況〈複数回答、%〉（東京都調査 2005 年）
東京都福祉保健局「児童虐待の実態Ⅱ」より筆者作成（以下同じ）

イ　東京都調査（2005 年）

東京都の２回目の調査「児童虐待の実態Ⅱ」における「家庭の状況」は、図 1-7 のとおりである。

虐待のあった家庭には、ひとり親家庭 31.8％、経済的困難 30.8％、親族・近隣等からの孤立 23.6％、夫婦間不和 20.4％、育児疲れ 18.0％と、生活の厳しさと不安定さの下にある家庭の多いことが特徴的である（複数回答のため、計 204％）。

ウ　虐待のある家庭に共通する要因

以上のように、全児相と東京都のいずれの調査においても、虐待のある家庭には、経済的困難、ひとり親家庭、夫婦間不和、不安定な就労、親族・近隣等からの孤立、育児疲れなど共通の要因が顕著に存在している。

また、東京都の調査によると、虐待のある家庭に占めるひとり親家庭の割合は、東京都内のひとり親家庭割合 7.3％の４倍超である。経済的困難を抱える虐待のある家庭のうち生活保護受給世帯は 15.3％で、東京都全体の保護率 1.35％の約 11 倍である(22)。また、実父のうち仕事をしている者の割合は 67.7％で、都内男性有業率 81.6％に比べて非常に低く、再構成家庭（親が子を連れて再婚した家庭）の割合は 14.1％と高くなっている。

（４）虐待を行う親の要因

虐待を行う親の心身の状況と生育歴についての調査結果は、次の全児相調査および東京都調査のとおりである。

ア　全児相調査（2009 年）

(ア)虐待者の心身の状況

虐待する親の要因として、図 1-8 の「虐待者の心身の状況」において、精神病またはその疑いが 13.3％、人格障害又はその疑いが 10.5％、神経症またはその疑いが 5.3％、知的障害またはその疑いが 5.1％、アルコール依存症またはその疑いが 4.3％など、心身の状況が不安定な者が 45.4％を占める点に注目する必要がある。それと同時に、心身ともに健康とみられる「特に問題なし」の虐待親が 31.5％いることにも留意しなければならない（複数回答のため、計 107％）。

(イ)虐待者の生育歴

図 1-9 の虐待をする親の生育歴であるが、ひとり親家庭に育った者が 9.8％、

〈22〉厚生労働省「被保護者全国一斉調査（平成 15 年）」および総務省「推計人口（平成 15 年）」から筆者算定。

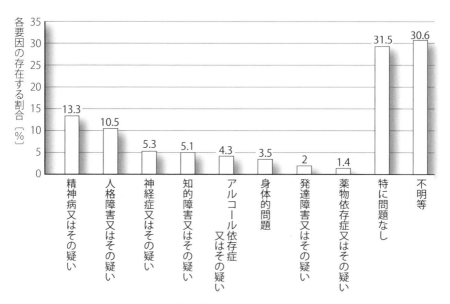

図 1-8　虐待者の心身の状況〈複数回答、％〉(全児相調査 2009 年)

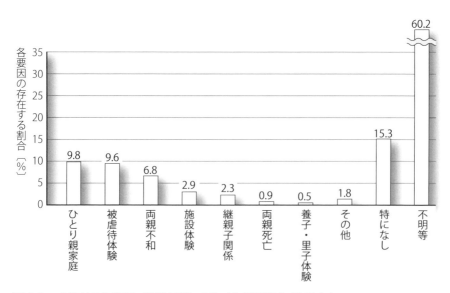

図 1-9　虐待者の生育歴〈複数回答、％〉(全児相調査 2009 年)

被虐待経験のある者9.6%、両親不和の家庭に育った者6.8%など、何らかの不適切な生育歴のある者が34.6%を占める。

一方、「特になし」が15.3%を占めており、生育歴に問題のない虐待親も少なくないのである。また、「不明等」が60.2%にのぼることからは、虐待者の生育歴まで遡って調査することの困難性を示している（複数回答のため、計110%）。

イ　東京都調査（2005年）
(ア)虐待者の心身の状況

東京都調査においては、「虐待者の心身の状況」（図1-10）は、精神病（疑いを含む）が10.1%、神経症（疑いを含む）7%、人格障害（疑いを含む）11.7%、アルコール依存症4.0%など広義の精神障害者が36.1%にものぼり、性格の偏りを加えると精神的に不安定な者の割合は、重複回答を含めて58.4%になる。さらに、東京都調査の他の調査においては、精神的に不安定な実母は、広義の精神障害者が44.3%であり、性格の偏りの23.1%を含めると67%に至るという調査結果が報告されている。

一方、「特になし」が27.2%という数字からは、心身の状況に問題がなく健康な状態の虐待親も決して少なくないことに留意する必要があろう（複数回答のため、計115%）。

(イ)虐待者の生育歴

東京都調査の「虐待者の生育歴」（図1-11）では、被虐待経験9.5%、ひとり親家庭9.3%、両親不和5.8%など、何らかの不適切な生育歴がある者が29.1%を占めている。実母に限定すると、他の調査事項で35.3%と報告されており、さらに顕著である。

その一方で、「特になし」が14.7%あり、項目別で見ると生育歴に問題がない虐待親が相対的には最多数となっている。また、不明等が60.7%に上ることは、虐待者の生育歴調査の難しさを表す（複数回答のため、計108%）。

ウ　虐待親に共通する要因

以上の全児相と東京都の調査では、虐待親は、重複回答を考慮しても、精神疾患や人格障害など精神的・身体的に不安定な者の割合がおおむね40%程度を占めており、何らかの特別な生育歴のある者もおおむね30%程度存在している。親の不安定な精神状況は虐待の大きな要因であり、親の不適切な生育歴も虐待の背景要因の一つと考えるべきである。

一方、虐待親の「心身の状況」について、おおむね30%程度が「特に問題なし」という共通の調査結果は、いわゆる普通の親であっても児童虐待の虐待親にな

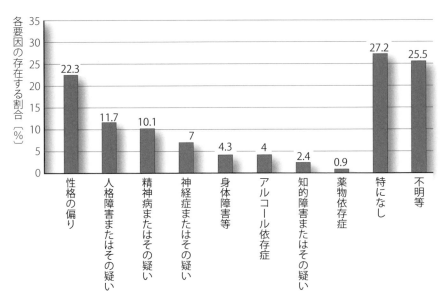

図 1-10　虐待者の心身の状況〈複数回答、％〉（東京都調査 2005 年）

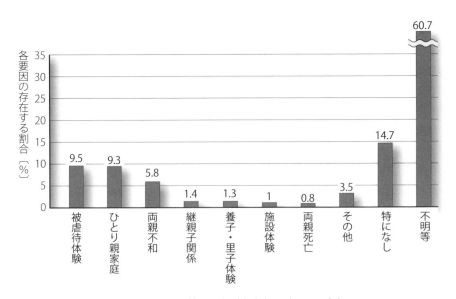

図 1-11　虐待者の生育歴〈複数回答、％〉（東京都調査 2005 年）

り得るということを示すものといえよう。
　なお、虐待親の「被虐待経験」は、全児相調査で9.6％、東京都調査もほぼ同様の9.5％にすぎないことから、いわゆる「虐待の世代間連鎖」は実証されていない。虐待の世代間連鎖は、虐待の背景要因の一つとして考えるべきであろう。

（5）虐待を受けた児童の特性
ア　全児相調査（2009年）
　全児相調査においては（図1-12）、虐待を受けた児童の43.6％には特性が見当たらない。ところが、一方では非行や家出や万引など問題行動のある児童が12.5％、精神発達の遅れや知的障害の児童が7.1％、ADHDや自閉症などの発達障害が4.4％存在し、問題行動など特別の事情のある者の合計が44.7％となる（複数回答のため、計110％）。

イ　東京都調査（2005年）
　東京都調査においても、虐待を受けた児童の49.4％には特性が見当たらない（図1-13）。しかし、一方では、盗みなどの「問題行動あり」が15.5％、知的発達の遅れや障害8.6％、親との分離体験4.5％など特別の事情がある児童も40％程度を占めている（複数回答のため、計112％）。

ウ　被虐待児に共通する特性
　全児相および東京都のいずれの調査においても、虐待を受けた児童のうち、おおむね40％超には特別な事情がなく、いわゆる一般的な児童である。
　しかし、一方では、盗みや家出などの問題行動や知的障害、発達障害、性格的な偏りなどの特性を有する児童も、おおむね40％を超えている。
　もとより虐待を受けた児童自身に何ら責任はないが、非行や障害などがある場合には、親から虐待を受けやすい傾向があることは否定できない。

（6）対応困難な事案と児童相談所
　図1-14のとおり、東京都調査の中で、虐待受理件数2,481件のうち355件は、児童を親から分離して施設入所等が必要と判断された。親子分離が必要な場合とは、通常、親との同居継続が児童の生命・身体等を危険な状態に陥れることを意味する。
　このような虐待を主訴とする困難事案は、全虐待事案の14％を占めるが、当該年度に東京都内の各児童相談所が受理した総相談件数29,900件と比べると僅か1.18％にすぎない。家庭裁判所に施設入所承認の申立てをしたのは16件、総相談件数の0.05％である。ところが、この1％の困難事案さらには0.05％

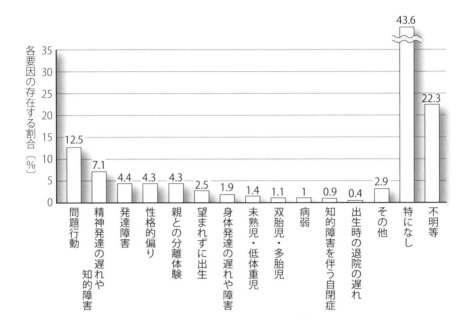

図1-12　被虐待児童自身の状況〈複数回答、％〉（全児相調査 2009年）

の超困難事案こそ、ソーシャルワーク機関としての児童相談所を疲弊させている主要な原因なのである。

　ソーシャルワーカーである児童福祉司にとって、家庭裁判所への家事審判申立などの法的対応業務は本来の専門職務ではない。また、ソーシャルワークの領域から逸脱した実力行使を含む強制的立入調査などを実行することは、いっそう専門領域外である。このような児童虐待への対応において、児童相談所に大半の権限と責任を集中させている現行法制が、全国の児童相談所と児童福祉司を厳しい状況に追い込んでいるのである。

（7）小活

　以上のように、虐待の環境要因に関する全児相および東京都の調査結果は、児童虐待を惹起する現代日本の社会構造上の問題点を、浮き彫りにしているといえよう。

　虐待者の心身の状況については、精神病、人格障害、神経症、アルコール依存症や薬物依存症など広義の精神障害により心身の不安定な者の割合は40％

第 2 章　わが国の児童虐待の現状

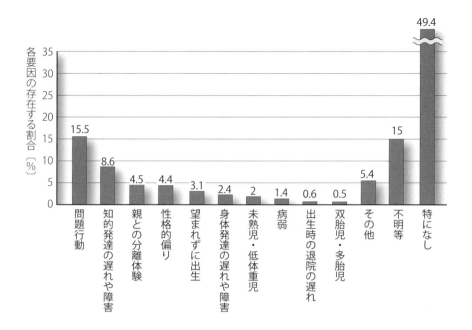

図 1-13　被虐待児の特性〈複数回答、%〉（東京都調査 2005 年）

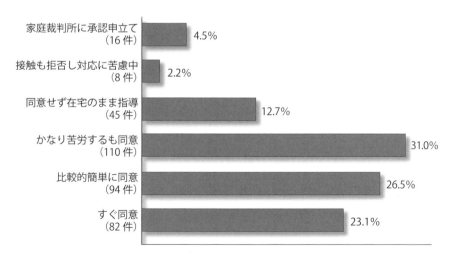

図 1-14　施設入所に係る虐待親との対応（東京都調査 2005 年）
（親子分離を要する 355 件の事案について）

を占めている。その一方で、虐待親の心身の状況には何ら問題がなく、外形的にはいわゆる普通の親である割合も30％程度を占めている。

　また、虐待親には不適切な生育歴のある者の割合が30％を占め、虐待のある家庭の多くは経済的困難、ひとり親、不安定な就労、DV、社会からの孤立などの問題を抱えている。被虐待児には、問題行動、知的障害、発達障害など育てにくい事情のある児童も存在する。その一方で、親にも子にも何ら問題の存しない家庭においても、児童虐待が引き起こされている。

　このように、児童相談所の関与した大量の虐待事案を個別具体的に分析調査することによって、児童虐待の環境要因について有意な調査結果を得ることができ、関係機関による対応の方向性も明らかになった。一方、その原因を特定することのできない虐待事案が少なくないことも判明した。しかし、東京都はこれらの調査結果を児童虐待防止のための行政施策に活用しておらず、他の道府県においても同様と見受けられ、単なる児童相談所レベルの調査で終っていることを残念に思う。これらの調査で明らかになった児童虐待の環境要因に対する行政上の対策を、一般の児童・家庭福祉政策に含めて、児童虐待防止の観点から積極的に取り入れる必要がある。具体的には、広義の精神障害者に対する保健所や保護部門による個別支援、経済的困難や就労が不安定な者への生活支援と雇用支援、ひとり親家庭への就労支援と保育の実施、DV防止の支援、社会から孤立している者に対して児童家庭相談部門や民生・児童委員などによるソーシャル・インクルージョンの理念に基づく支援、問題行動や発達障害のある児童に対する児童相談所や児童精神科医による指導と治療などである。これらは一般福祉行政施策であるとともに、抜本的な児童虐待防止対策でもあり得る。

　この全児相と東京都の調査結果は、児童虐待防止に特効薬は存在せず、児童と家庭に係る一般福祉行政のいっそうの推進を基本にして、個々の事案について関係機関による粘り強いソーシャルワークが軸となることを示唆しているといえよう。

第2編

わが国における児童保護の歴史

第1章
戦前の児童保護

1 恤救規則（1874年）
じゅつきゅう

今から140年余り前、1874年（明治7年）に制定された恤救規則の全文は、次のとおりである。〈1〉

　済貧恤救ハ人民相互ノ情誼ニ因テ其方法ヲ設クヘキ筈ニ候得共目下難差置無告ノ窮民ハ自今各地ノ遠近ニヨリ五十日以内ノ分左ノ規則ニ照シ取計置委曲内務省ヘ可伺出此旨相達候事

恤救規則
一　極貧ノ者独身ニテ廃疾ニ罹リ産業ヲ営ム能ハサル者ニハ一ケ年米壱石八斗ノ積ヲ以テ給与スヘシ
　　但独身ニ非スト雖モ余ノ家人七十年以上十五年以下ニテ其身廃疾ニ罹リ窮迫ノ者ハ本文ニ準シ給与スヘシ
一　同独身ニテ七十年以上ノ者重病或ハ老衰シテ産業ヲ営ム能ハサル者ニハ一ケ年米壱石八斗ノ積ヲ以テ給与スヘシ
　　但独身ニ非スト雖モ余ノ家人七十年以上十五年以下ニテ其身重病或ハ老衰シテ窮迫ノ者ハ本文ニ準シ給与スヘシ
一　同独身ニテ疾病ニ罹リ産業ヲ営ム能ハサル者ニハ一日米男ハ三合女ハ二合ノ割ヲ以給与スヘシ
　　但独身ニ非スト雖モ余ノ家人七十年以上十五年以下ニテ其身病ニ罹リ窮迫ノ者ハ本文ニ準シ給与スヘシ

〈1〉　菊池正治ほか編著『日本社会福祉の歴史』198頁（ミネルヴァ書房、2003年）。

一　同独身ニテ十三年以下ノ者ニハ一ケ年米七斗ノ積ヲ以給与スヘシ
　但独身ニ非スト雖モ余ノ家人七十年以上十五年以下ニテ其身窮迫ノ者ハ本文ニ準シ給与スヘシ
一　救助米ハ該地前月ノ下米相場ヲ以テ石代下ケ渡スヘキ事

　この恤救規則の前文を書き下し文にすると、『済貧恤救ハ〔さいひんじゅっきゅうは〕人民相互ノ情誼ニ〔じんみんそうごのじょうぎに〕因テ〔よりて〕其方法ヲ〔そのほうほうを〕設クヘキ〔もうくべき〕筈ニ〔はずに〕候得共〔そうらえども〕目下難差置〔もっかさしおきがたく〕無告ノ窮民ハ〔むこくのきゅうみんは〕自今〔じこん〕各地ノ遠近ニヨリ〔かくちのえんきんにより〕五十日以内ノ分〔50にちいないのぶん〕左ノ規則ニ照シ〔さのきそくにてらし〕取計置〔とりはからいおき〕委曲〔いきょく〕内務省ヘ可伺出〔ないむしょうへうかがいいづべく〕此旨相達候事〔このむねあいたっしそうろうこと〕』となる。
　これを現代文にすると、「貧困者をあわれみ救済することは、人びとの間のお互いの同情心によっておこなうのが建前であるが、現在放置するわけにはいかない頼り手のない困窮者だけは、今後各地の遠近に応じて50日以内の分を左の規則に照らして取りあえず処理し、詳細は内務省に照会するよう通知する」となろう。また、恤救規則の本文中、「積」は見つもり・計算の意であり、1石は10斗、1斗は約18リットル、「廃疾」は重度の障害、「下米相場」は下等米の時価のことをいう。
　このように、「済貧恤救ハ人民相互ノ情誼ニ因テ」すなわち生活上の困難に際しては人民が互いの情をもって助け合うことが優先され、それができない場合にのみ国が救済するというのが恤救規則の趣旨であった。救済の対象は「無告の窮民」であり、具体的には、次のような者に限定されていた。

①極貧で身寄りがなく、廃疾により仕事ができない者。すなわち障害者である。
②極貧で身寄りがなく、70歳以上で重病あるいは老衰により仕事ができない者。すなわち病気等の高齢者である。
③極貧で身寄りがなく、疾病に罹り仕事ができない者。すなわち病人である。
④極貧で身寄りがない13歳以下の者。すなわち13歳以下の児童のことである。

この恤救規則で救済された人員は、1886 年（明治 19 年）全国で 18,617 名、1900 年（明治 33 年）18,701 名、1910 年（明治 43 年）3,991 名と非常に少ないことから⟨2⟩、日本近代史における初期の小規模な行政施策の一つにすぎないものと考える。1932 年の救護法施行により、この恤救規則は廃止された。

2　児童保護に関する諸法の制定

　その後、1911 年に工場法が制定され、12 歳未満児の使用禁止、15 歳未満児の 12 時間労働および深夜業が禁止された。1900 年に感化法、1922 年には少年法と矯正院法の成立によって非行少年に対する保護がすすめられ、戦後の児童福祉法あるいは少年法や少年院法の礎となった。1929 年の救護法制定により、65 歳以上の老人、13 歳以下の児童、妊産婦、病人に限定した保護が制度化されたが、労働能力のある者は保護の対象外となった。1933 年には、従来の感化法を改正して少年教護法が制定され、虞犯・触法少年の保護が図られた⟨3⟩。

　さらに、同 1933 年、児童虐待防止法が制定され、その趣旨は戦後の児童福祉法に引き継がれていく。

3　児童虐待防止法（1933 年）

　戦前においても、児童虐待への取り組みとして、1909 年（明治 42 年）に「児童虐待防止協会」が設立され、児童の保護が開始されている。当時は、近代国家の形成とともに、児童は厳しい国際関係を生き抜くための人的資源でもあった。児童の養育は親の義務であるとともに、国に対する義務としても位置づけられていたのである。

　その後、東京での大規模な貰い子殺し事件や親から買い取った女児 60 人を門付け芸人にして稼いでいた事件などを契機に、1933 年（昭和 8 年）に児童虐待防止法が成立した⟨4⟩。

　同法では、保護責任のある者が児童を虐待または監護を怠り刑罰法令に触れるかまたはそのおそれがある場合、地方長官の権限で親族その他の私人の家庭または施設に委託することが規定された。この児童虐待防止法 2 条の文言は、

⟨2⟩　古川孝順ほか編『社会福祉発達史』35 頁（有斐閣、2009 年）。
⟨3⟩　前掲・菊池正治ほか『日本社会福祉の歴史』112 頁。
⟨4⟩　田澤薫「旧児童虐待防止法の問題点とその今日的意義」松原康雄・山本保編『児童虐待』156 頁（エディケーション、2000 年）。

現行児童福祉法28条の「保護者が、その児童を虐待し、著しくその監護を怠り、その他保護者に監護させることが著しく当該児童の福祉を害する場合において…」の文言に受け継がれ、児童虐待防止法の定める「地方長官」の行政処分は、家庭裁判所の承認を得て都道府県知事が児童福祉法27条1項3号の施設入所措置等をとる手続としてその趣旨が継承されている。児童虐待防止法9条の主務大臣への訴願制度も、現行児童福祉法28条の家庭裁判所の承認制度に置き換えられている。

また、「不具奇形の観覧」「乞食」「軽業、曲馬」「路上での物品販売、諸芸」等が禁止または制限され、その違反には懲役刑を含む刑罰が科された。これも現行児童福祉法34条の禁止条項と同60条の罰則規定に引き継がれている。

さらに、児童虐待防止法8条は、「地方長官ハ……必要アリト認ムルトキハ当該官吏又ハ吏員ヲシテ児童ノ住所若ハ居所又ハ児童ノ従業スル場所ニ立入リ必要ナル調査ヲ為サシムルコトヲ得」とし、11条の罰則とともに立入調査について定めている。これも現行の児童福祉法29条の「立入調査」及び61条の5の罰則規定の原始規定と解される。

1947年の児童福祉法制定により、戦前の児童虐待防止法は、入所措置や立入調査や禁止制限事項などの主要条項を新しい児童福祉法に引き継いで廃止された。ただ、児童虐待防止法における「児童ヲ虐待シ」や「著シク其ノ監護ヲ怠リ」などの厳しい文言は、現行法制においても生きている。

この児童虐待防止法の条文は、次のとおりである。[5]

児童虐待防止法（昭和8年4月1日、法律第40号）
1条　本法ニ於テ児童ト称スルハ14歳未満ノ者ヲ謂フ
2条　児童ヲ保護スベキ責任アル者児童ヲ虐待シ又ハ著シク其ノ監護ヲ怠リ因テ刑罰法令ニ触レ又ハ触ルル虞アル場合ニ於テハ地方長官ハ左ノ処分ヲ為スコトヲ得
　一　児童ヲ保護スベキ責任アル者ニ対シ訓誡ヲ加フルコト
　二　児童ヲ保護スベキ責任アル者ニ対シ条件ヲ附シテ児童ノ監護ヲ為サシムルコト
　三　児童ヲ保護スベキ責任アル者ヨリ児童ヲ引取リ之ヲ其ノ親族其ノ他ノ私人ノ家庭又ハ適当ナル施設ニ委託スルコト

〈5〉　国立公文書館デジタルアーカイブ（www.digital.archives.go.jp）。

前項第三号ノ規定ニ依ル処分ヲ為スベキ場合ニ於テ児童ヲ保護スベキ責任アル者親権者又ハ後見人ニ非ザルトキハ地方長官ハ児童ヲ親権者又ハ後見人ニ引渡スベシ但シ親権者又ハ後見人ニ引渡スコト能ハザルトキ又ハ地方長官ニ於テ児童保護ノ為適当ナラズト認ムルトキハ此ノ限ニ在ラズ

3条　地方長官ハ前条ノ規定ニ依ル処分ヲ為シタル場合ニ於テ必要アリト認ムルトキハ児童ガ14歳ニ達シタル後ト雖モ1年ヲ経過スル迄仍其ノ者ニ付前条ノ規定ニ依ル処分ヲ為スコトヲ得

4条〜6条　[費用負担]〔略〕

7条　地方長官ハ軽業、曲馬又ハ戸戸ニ就キ若ハ道路ニ於テ行フ諸芸ノ演出若ハ物品ノ販売其ノ他ノ業務及行為ニシテ児童ノ虐待ニ渉リ又ハ之ヲ誘発スル虞アルモノニ付必要アリト認ムルトキハ児童ヲ用フルコトヲ禁止シ又ハ制限スルコトヲ得

前項ノ業務及行為ノ種類ハ主務大臣之ヲ定ム

8条　地方長官ハ第2条若ハ第3条ノ規定ニ依ル処分ヲ為シ又ハ前条第一項ノ規定ニ依ル禁止若ハ制限ヲ為ス為必要アリト認ムルトキハ当該官吏又ハ吏員ヲシテ児童ノ住所若ハ居所又ハ児童ノ従業スル場所ニ立入リ必要ナル調査ヲ為サシムルコトヲ得此ノ場合ニ於テハ証票ヲ携帯セシムベシ

9条　本法又ハ本法ニ基キテ発スル命令ノ規定ニ依リ地方長官ノ為ス処分ニ不服アル者ハ主務大臣ニ訴願スルコトヲ得

10条　第7条第1項ノ規定ニ依ル禁止若ハ制限ニ違反シタル者ハ1年以下ノ懲役又ハ千円以下ノ罰金ニ処ス

児童ヲ使用スル者ハ児童ノ年齢ヲ知ラザルノ故ヲ以テ前項ノ処罰ヲ免ルルコトヲ得ズ但シ過失ナカリシ場合ハ此ノ限ニ在ラズ

11条　正当ノ理由ナクシテ第8条ノ規定ニ依ル当該官吏若ハ吏員ノ職務執行ヲ拒ミ、妨ゲ若ハ忌避シ若ハ其ノ尋問ニ対シ答弁ヲ為サズ若ハ虚偽ノ陳述ヲ為シ又ハ児童ヲシテ答弁ヲ為サシメズ若ハ虚偽ノ陳述ヲ為サシメタル者ハ五百円以下ノ罰金ニ処ス

第2章

戦後における児童保護の発展

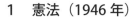

1　憲法（1946年）

　憲法において、「児童」という文言は、27条「児童は、これを酷使してはならない」の児童の酷使禁止条項に唯一規定されている。

　しかし、「国民は」、「すべて国民は」、「何人も」などの文言で、児童についても諸権利を保障している。たとえば、基本的人権の享有（11条）、個人としての尊重と幸福追求権の尊重（13条）、法の下の平等（14条）、思想及び良心の自由（19条）、信教の自由（20条）、集会・結社・表現の自由（21条）、家族生活における個人の尊厳と両性の平等（24条）、生存権の保障（25条）、教育を受ける権利（26条）などである。

2　児童福祉法（1947年）

（1）概要

　児童福祉法は、戦後の混乱の中で、戦災孤児、引き揚げ孤児等の保護だけではなく、すべての児童の福祉を対象にいち早く制定された児童に関する法律である。施策の対象は18歳未満の者であり、満1歳に満たない乳児、満1歳から小学校就学の始期に達するまでの幼児、小学校就学の始期から満18歳に達するまでの少年の三つに分類される。

　制定当初の児童福祉法は、児童が心身ともに健やかに生まれ、育成され、生活を保障され、愛護されなければならないとして、国民に対する児童の健全育成、生活保障、愛護の義務づけという児童福祉の理念を定めた。また、国および地方公共団体は、児童の保護者とともに児童を心身ともに健やかに育成する責任を負う、として国および地方公共団体に対する児童の育成責任を義務づけた。

このような児童福祉法における児童福祉の理念と児童育成の責任については、法の制定から70年を経た2016年の児童福祉法改正によって、児童の権利に関する条約の理念を大きく取り入れ、児童の権利と児童の最善の利益を基本とする規定に改正されることになる（第3編3章Ⅱ2（8）で詳述）。

（2）禁止行為

児童福祉法34条には、戦前の児童虐待防止法を引き継ぐ禁止行為の規定がある。全12項の禁止行為のうち、主な禁止行為は次のとおりである。

①障害児等を公衆の観覧に供する行為（1項1号）

「身体に障害又は形態上の異常がある児童を公衆の観覧に供する行為」すなわち先天的又は後天的な障害を見せ物にすることをいう。

②こじきをさせる行為（1項2号）

「児童にこじきをさせ、又は児童を利用してこじきをする行為」をいい、児童を「だし」に使うことも含む。

③かるわざ、曲馬をさせる行為（1項3号）

少し感覚的に古いが、公衆の娯楽を目的として、満15歳未満の児童にかるわざ又は曲馬（綱渡りや曲乗りなど）をさせる行為をいう。

④戸々に又は戸外で歌謡、遊芸その他の演技をさせる行為（1項4号）

満15歳未満の児童に戸々に又は道路等の戸外で歌謡、遊芸その他の演技を業務としてさせる行為をいう。

⑤深夜に戸々に又は戸外で物品の販売等をさせる行為（1項4号の2）

児童に午後10時から午前3時までの間、戸々に又は道路等の戸外で物品の販売、配布、展示、拾集、役務の提供を業務としてさせる行為をいう。たとえば、花売りや新聞売りなどである。

⑥風俗営業等の店舗に物品販売等を目的に立ち入らせる行為（1項4号の3）

戸々に又は道路等の戸外で物品の販売、配布、展示、拾集、役務の提供を業務として行う満15歳未満の児童に、風俗営業等の店舗に立ち入らせる行為をいう。

⑦酒席に侍る行為を業務としてさせる行為（1項5号）

満15歳未満の児童に酒席に侍する行為を業務としてさせる行為をいう。具体的には、芸妓やホステスなどである。

⑧児童に淫行をさせる行為（1項6号）

児童に第三者と淫行させることをいう。ここに淫行とは性交およびその類似行為をいい、心身の未熟な児童が淫行をすることによって、その健全な育

成が阻害されることのないように児童を保護するのが本規定の趣旨である。
　また、児童への性的虐待として性交等が行われた場合、すなわち行為者が淫行の相手方になった事案についても、本規定に該当するものとして処罰した判例もある。⟨6⟩

⑨営利目的で児童の養育を斡旋する行為（1項8号）
　個人や団体などによる営利目的の養子縁組斡旋の行為をいう。養子縁組の斡旋については、寄付金や会費などの名目による金品授受という不透明な斡旋事業の実態が社会問題となり、2014年に厚生労働省が、「養子縁組あっせん事業の指導について」および「養子縁組あっせん事業を行う者が養子の養育を希望する者等から受け取る金品に係る指導等について」を各自治体に通知し、事業者への指導に係る配慮を要請した。厚労省通知は、交通、通信等に要する実費またはそれ以下の額を徴収することは差し支えないが、それ以外の金品はいかなる名称であっても受け取ることはできない、などとしている。⟨7⟩

⑩児童養護施設、障害児入所施設、児童発達支援センター、児童自立支援施設において、それぞれ児童福祉法の規定する設置目的に反して、入所児童を酷使する行為（2項）
　これは、障害児入所・通所施設や児童自立支援施設等において、その支援目標に反する訓練や強制作業などを行わせることをいう。
　以上の禁止行為規定に違反した者に対しては、児童福祉法60条に基づいて刑事罰が科せられる。児童に淫行をさせる行為（1項6号）を行った者は10年以下の懲役若しくは300万円以下の罰金、入所児童を酷使する行為（2項）を行った者は1年以下の懲役又は50万円以下の罰金、その他の禁止行為を行った者は3年以下の懲役若しくは100万円以下の罰金に処される。

（3）児童相談所による措置
　都道府県は、通告等を受けた児童について、児童福祉法27条に基づき必要な措置をとる（被虐待児童に関しては第3編2章、3章、第5編4章で詳述）。

⟨6⟩　東京高判平成22年8月3日高刑集63巻2号1頁、判タ1342号249頁。芥川正洋「児童福祉法34条1項6号にいう児童に淫行をさせる行為の意義」法律時報84巻4号114頁（2012年）。
⟨7⟩　「養子縁組あっせん事業の指導について」（雇児発0501第3号、平成26年5月1日）、「養子縁組あっせん事業を行う者が養子の養育を希望する者等から受け取る金品に係る指導等について」（雇児福発0501第5号、平成26年5月1日）。

ア 児童福祉司指導

児童や保護者を定期的に児童相談所に通わせるなどの方法により、児童福祉司や児童心理司などが相談、助言、心理療法、精神療法、家庭環境調整などを継続的に指導する。

イ 児童福祉施設入所措置など

親権者等が同意する場合は、児童養護施設、乳児院、児童自立支援施設への入所措置、里親委託を行う。障害児入所施設については、原則は利用契約であり、例外として行政処分の措置による。

親権者等が不同意のとき、虐待など児童の福祉を害する場合は、家庭裁判所に家事審判申立てを行い、入所承認の審判に基づいて入所措置等を行う。

ウ 保護処分の決定に基づく措置

触法少年等につき、家庭裁判所の審判があった場合、当該審判に基づいて、児童自立支援施設等に入所措置を行う。この場合、親権者等の同意は不要である。

（4）社会的養護

ア 要保護児童とは

児童福祉法6条の3第8項は、保護者のない児童または保護者に監護させることが不適当であると認められる児童を「要保護児童」と定義し、国および地方公共団体にその養育を義務づけている。

ここに保護者のない児童とは、保護者の死亡、長期入院、行方不明、遺棄等でほかに養育する者がいない児童をいい、保護者に監護させることが不適当であると認められる児童とは、保護者が児童を虐待しまたは監護を怠り、その他児童に必要と認められる監護が提供されていない児童をいう。

イ 社会的養護の意義

児童福祉法第2条3項（法制定時は2条）は、「国及び地方公共団体は、児童の保護者とともに、児童を心身ともに健やかに育成する責任を負う」と規定しており、国および地方公共団体は、家庭で養育されることが困難な児童すなわち要保護児童を養育する義務を負っている。

この国および地方公共団体によって提供される養育を社会的養護という。社会的養護は、①入所型児童福祉施設（児童養護施設、乳児院など）における施設養護、②里親等による家庭的養護とに分類される。

（5）社会的養護のための施設等
ア　児童養護施設

児童養護施設は、保護者のない児童、虐待されている児童その他環境上養護を要する児童を入所させて、これを養護し、あわせて退所した者に対する相談その他の自立のための援助を行うことを目的とする施設である。

安定した生活環境の確保その他の理由によりとくに必要のある場合には乳児を含み、必要と認められる場合は、満20歳に達するまで引き続き入所することができる。全国で603か所、定員32,613人である（2016年10月現在）。[8]

職員として施設長、児童指導員、保育士、栄養士、嘱託医等の職員を配置している。心理療法を必要とする児童が10人以上入所している施設には、心理療法担当職員が配置され、家庭や家族との関係調整を行い、児童の家庭復帰や家族再統合を視野に入れた支援を行う。

イ　乳児院
㈆対象児童

乳児院は、乳児を入院させて、これを養育し、あわせて退院した者について相談その他の援助を行うことを目的とする施設である。2004年の児童福祉法改正で、保健上、安定した生活環境の確保その他の理由によりとくに必要のある場合には、幼児を含むこととなった。

㈇職員

看護師、保育士、児童指導員、医師、栄養士等が配置されている。家庭支援専門相談員（ファミリー・ソーシャルワーカー）が配置され、早期家庭引き取りに向けた家庭・家族環境調整の充実を図っている。

全国に136施設あり、入所定員は3,877人である（2016年現在）。

ウ　児童心理治療施設

2016年の児童福祉法改正により、情緒障害児短期治療施設が児童心理治療施設に名称変更され、施設目的も具体的に規定された。

児童心理治療施設は、家庭環境、学校における交友関係その他の環境上の理由により社会生活への適用が困難になった児童を、短期間、入所させ、又は保護者の下から通わせて、社会生活に適応するために必要な心理に関する治療および生活指導を主として行い、あわせて退所した者について相談その他の援助を行うことを目的としている（児童福祉法43条の2）。

---

[8]　厚生労働省「社会的養護の現状について」（2017年3月）、以下（5）において同じ。

入所児童はいわゆる情緒障害を有する児童で、情緒障害とは、情緒を適切に表出したり、抑制できないことをいう。たとえば、緘黙、PTSD（心的外傷後ストレス障害）、摂食障害、家庭内暴力などである。
　この施設は、生活施設というより治療施設であり、全国に46施設、入所定員は1,708人である（2016年現在）。

エ　児童自立支援施設

　不良行為をなす児童などを入所させ、または保護者の下から通わせる児童福祉施設である。職員は、施設長、児童自立支援専門員、児童生活支援員などが配置されている。2016年10月現在で、全国に58か所、入所定員は3,686人、入所現員は1,395人である（次頁以降で詳述）。

オ　里親

　里親には、次の3種類がある。里親には、里子の養育費（一般生活費、医療費、教育費など）が支給され、養育里親には里親手当も加算して支給される。

①養育里親

　　養育里親とは、一定人数（4人）以下の要保護児童を養育することを希望し、かつ、都道府県知事が行う研修を修了したことその他厚生労働省令で定める要件を満たす者であつて、養育里親名簿に登録されたものをいう（法6条の4第1号）。
　　また、養育里親のうち、3年以上の養育里親経験などがあって、専門里親研修を修了し、委託児童の養育に専念できる養育里親で、被虐待児童、非行児童、障害児を養育するものとして養育里親名簿に登録されたものを「専門里親」という。

②養子縁組里親

　　養子縁組里親とは、一定人数（4人）以下の要保護児童を養育することおよび養子縁組によって養親となることを希望し、かつ、都道府県知事が行う研修を修了した者であって、養子縁組里親名簿に登録されたものをいう（法6条の4第2号）。

③親族里親

　　親族里親とは、一定人数（4人）以下の要保護児童を養育することを希望する者で、当該要保護児童の父母以外の親族であって厚生労働省令で定める者のうち、都道府県知事が児童を委託する者として適当と認めるものをいう（法6条の4第3号）。具体的には、要保護児童の扶養義務のある親族（祖父母など直系血族と兄弟姉妹）およびその配偶者であって、要保護児童の両

親等が死亡、行方不明、拘禁、疾病による入院等の状態になったため、当該児童の養育を希望する者である。なお、おじ・おばは、養育里親になることができる[9]。

（6）非行児童の保護

1947年の児童福祉法制定により、不良行為をなす児童等については教護院等への措置により処遇されてきた。その後、1997年に児童福祉法の当該規定が改正され、施設の目的が不良性を除去するための教化と保護の「教護」から児童の「自立支援」に転換され、施設名称や入所対象児童も変更された。

非行児童に対する処遇は、制定当初の児童福祉法においても児童福祉における重要な施策の一つであったが、1997年の改正はその点をより強調し明確にしたものといえよう。現在の児童福祉法による非行児童への支援は、次のとおりである。

ア　児童自立支援施設

児童自立支援施設は、次の児童を入所させ、または保護者の下から通わせる児童福祉施設の一つである。

①不良行為をなす児童
②不良行為をなすおそれのある児童
③家庭環境その他の環境上の理由により生活指導等を要する児童

イ　児童相談所による措置

非行児童に係る児童相談所の措置（行政処分）には、次の3種類がある。

①児童福祉司指導

児童相談所への通所等による指導が適当と認められる場合は、在宅のままで児童福祉司指導の措置を行う（児童福祉法27条1項2号）。

②児童自立支援施設等入所措置

施設入所が必要と認められ、親権者等の同意がある場合は、児童自立支援施設等への入所措置を行う（児童福祉法27条1項3号）。

③家庭裁判所送致

家庭裁判所の審判に付すことが適当と認める場合、家庭裁判所に送致する（児童福祉法27条1項4号）。また、当該非行児童につき、非開放処遇の強制的措置が必要と認められるときは、家庭裁判所に送致しなければならない（児童福祉法27条の3）。

〈9〉　養育里親には里親手当が支給されるが、親族里親には支給されない。

（7）その他の児童保護に係る法

児童福祉法の成立と同じ 1947 年には、労働基準法と学校教育法が制定されている。労働基準法 56 条～64 条は、年少者の労働に関して、最低年齢、労働時間、深夜業や危険有害業務の就業制限などについて規定している。学校教育法 11 条は、教員による児童への体罰の禁止を定めているが、一方で懲戒権も認めている。

3　少年法（1948 年）

（1）少年法の意義

少年法は、少年の健全な育成を期し、非行のある少年に対して性格の矯正および環境の調整に関する保護処分を行うとともに、少年の刑事事件について特別の措置を講ずることを目的としている（1 条）。

少年の保護事件において、家庭裁判所の審判に付される少年は、次のように分類されている。

①犯罪少年は、14 歳以上 20 歳未満で、罪を犯した少年
②触法少年は、14 歳未満で刑罰法令に触れる行為をした少年
③虞犯少年は、20 歳未満で、その性格又は環境に照らして、将来、罪を犯し、又は刑罰法令に触れる行為をするおそれのある少年

（2）審判

ア　審判不開始

事案が比較的軽微だったり、少年の非行性が浅くすでに非行から回復していることなどが判明し、審判に付するのが相当でないと認めるときは、家庭裁判所は、審判を開始しない旨の決定をして事件を終局させなければならない（少年法 19 条 1 項）。これを保護的措置による審判不開始決定という。

イ　不処分

家庭裁判所は、審判が開始された少年保護事件であっても、審判の結果、保護処分に付することができず、又は保護処分に付する必要がないと認めるときは、その旨の決定をしなければならない（少年法 23 条 2 項）。

すなわち、審判事由が存在しないことや年齢超過であるなどにより保護処分ができない場合、また、保護処分に付する必要がないと認めるときは不処分の決定がなされる。これを保護的措置による不処分決定という。

ウ　児童相談所長送致

家庭裁判所は、児童福祉法による措置を相当と認めるときは、事件を権限を

有する児童相談所長等に送致しなければならない（少年法18条1項）。
　児童福祉法による措置は、訓戒・誓約、児童福祉司指導、児童自立支援施設等への入所措置の種類がある。いずれも任意措置であるため、児童自立支援施設への強制入所措置をとるためには、家庭裁判所の保護処分によらなければならない。

エ　検察官送致

　家庭裁判所は、死刑、懲役又は禁錮にあたる罪の事件について、刑事処分を相当と認めるときは、これを検察官に送致しなければならない（少年法20条1項）。2000年の少年法改正で、故意の犯罪行為により被害者を死亡させた罪の事件では、16歳以上の少年は原則として検察官送致（逆送）とされた。同時に、刑罰対象年齢が14歳以上に引き下げられた。

オ　保護処分

　家庭裁判所は、審判を開始した事件につき、決定をもって、次に掲げる保護処分をしなければならない（少年法24条）。ただし、決定の時に14歳未満の少年の少年院送致については、とくに必要と認める場合に限る。

①保護観察

　全国50か所の保護観察所の保護観察官と保護司が処遇する。保護観察は、社会の中で通常の生活を営ませながら、指導監督と補導援護により更生を図るものである。

②児童自立支援施設又は児童養護施設送致

　児童自立支援施設は、国立2施設と各都道府県に設置されている。なお、児童養護施設への送致は、実際にはほとんど行われていない。

③少年院送致

・少年院の概要

　2014年6月に少年院法改正と少年鑑別所法制定がなされ、2015年6月に施行された。全国に52少年院があり、たとえば東京には、多摩少年院、関東医療少年院、愛光女子学園がある。2016年3月現在の収容人員は、計2,531人（男2,320人、女211人）である。[10]

　少年院は、家庭裁判所から送致され保護処分の執行を受ける者および少年院において刑の執行を受ける者を収容し、これらの者に対し矯正教育その他の必要な処遇を行う施設である（少年院法3条）。

〈10〉法務省「少年矯正統計2016年3月」。

少年院には、次の4種類があり、それぞれに該当する者を収容する（少年院法4条）。

第1種
　保護処分の執行を受ける者であって、心身に著しい障害がないおおむね12歳以上23歳未満の者

第2種
　保護処分の執行を受ける者であって、心身に著しい障害がない犯罪的傾向が進んだおおむね16歳以上23歳未満の者

第3種
　保護処分の執行を受ける者であって、心身に著しい障害があるおおむね12歳以上26歳未満の者

第4種
　少年院において刑の執行を受ける者

・処遇形態
　処遇形態は、原則2年以内の長期処遇、6か月以内の一般短期処遇、4か月以内の特修短期処遇がある。

・指導領域
　指導領域は、生活指導、職業指導、教科指導、体育指導、特別活動指導に分けて指導される。

（3）少年院と児童自立支援施設の比較

ア　目的

　少年院は、家庭裁判所から保護処分として送致された者等を収容し、これに矯正教育その他の必要な処遇を行う施設である。

　児童自立支援施設は、不良行為をなす児童等を入所させ、その自立支援を行うことを目的とする。

イ　対象年齢

　少年院は、第1種・第2種・第3種・第4種の4種類に分類され、おおむね12歳以上26歳未満の者が収容される。児童自立支援施設には、18歳未満の児童が入所するが、20歳に達するまでは措置延長が可能である。

　少年院の収容者数は2,531名（2016年3月現在）、児童自立支援施設の在籍者数は1,395名（2016年10月現在）である。全国の児童自立支援施設の定員充足率は37％であるが、定員と現員の乖離に地域差があり、東京などの

都市部では常に定員一杯の充足状況である。〈11〉

ウ　収容および入所の決定機関

　少年院は、少年法 24 条に基づく家庭裁判所の保護処分等により収容される。
　児童自立支援施設は、児童福祉法 27 条に基づく児童相談所長（知事の委任）の措置により入所し、少年法に基づく保護処分の場合も児童福祉法 27 条の 2 により児童相談所長（知事の委任）の入所措置がとられる。〈12〉

エ　処遇形態

　少年院では、長期処遇と一般短期処遇と特修短期処遇に分けられ、長期処遇は非開放処遇の期間が大半である。一般短期処遇では半開放処遇又は開放処遇、特修短期処遇は開放処遇がなされている。
　一方、児童自立支援施設では入所期間の定めはなく、個別自立支援計画に基づき処遇される。また、開放処遇であるが、児童福祉法 27 条の 3 または少年法 6 条の 7 に基づく家庭裁判所の決定により、国立 2 施設では強制的措置（施錠可能な居室への収容）をとることができる。

オ　処遇職員

　少年院では、法務教官が少年を指導し、児童自立支援施設では、児童自立支援専門員と児童生活支援員が児童を支援する。
　法務教官は矯正教育における専門職であるのに対し、児童自立支援専門員の任用資格は心理学、教育学等の学士で 1 年以上児童自立支援事業に従事した者等とされ、児童生活支援員の資格は保育士等である。〈13〉

カ　指導領域

　少年院では、生活指導や職業指導などの矯正教育を行っており、児童自立支援施設においては、枠のある生活の中での「育て直し」、被虐待体験等のある児童への特別なケア、自らの行った非行行為と向き合う取り組みなど、一部には少年院での取組の成果も活用されている。〈14〉少年院での教科指導は法務教官が行い、児童自立支援施設の多くには地域の小・中学校の分校または単独校が設立されて専任教員が教科教育にあたっている。〈15〉

〈11〉法務省「少年矯正統計 2016 年 3 月」、厚生労働省「社会的養護の現状について」（2017 年 3 月）。
〈12〉後述のとおり、通常は都道府県知事から児童相談所長に権限が委任されている。
〈13〉厚生労働省令 63 号（昭和 23 年 12 月 29 日）「児童福祉施設の設備及び運営に関する基準」82 条、83 条。
〈14〉厚生労働省『児童自立支援施設のあり方に関する研究会報告書』（平成 18 年 2 月）。
〈15〉たとえば東京都の青梅市立東小学校・東中学校など。少年院は教育機関である。

キ　少年院と児童自立支援施設の連携

　非行少年の措置または収容において、児童自立支援施設への入所時は 14 歳以下が 90％、少年院への収容時は 15 歳以上が 90％、と両施設への入所・入院年齢はほとんど競合しない。さらに、児童自立支援施設から退所後に、非行を理由として家庭裁判所係属となる児童の割合は、約 25％である[16]。これは退所者の 4 人に 1 人が、再び非行を繰り返して少年院送致等の保護処分に付されていることを示している。根拠法令の異なる両施設ではあるが、実際にはきわめて近接領域に存在している。開放処遇の少年院と児童自立支援施設との違いはほとんどなく、非行少年の年齢による事実上の棲み分けと一部には両施設間の接続性も認められる。このことからも、非行少年の指導と処遇に関して、少年院と児童自立支援施設の連携が重要である。

ク　少年の保護事件における法的対応の流れ

　以上のような、非行少年に係る児童相談所および家庭裁判所による法的対応の流れを、根拠法ごとに整理して図示すると、図 2-1 のようになる。

4　児童憲章（1951 年）

　児童憲章は、憲法の精神に基づき、児童福祉法の理念を広く国民が認識するため、国民各層の代表者による審議を経て、1951 年 5 月 5 日のこどもの日に、児童憲章制定会議が宣言したものである。法律ではないため法的拘束力は有しないが、児童の権利保障のうえで重要な歴史的な意義を有している。

　全文は、次のとおりである。

児童憲章（昭和 26 年 5 月 5 日）
　　われらは、日本国憲法の精神にしたがい、児童に対する正しい観念を確立し、すべての児童の幸福をはかるために、この憲章を定める。
　　　児童は、人として尊ばれる。
　　　児童は、社会の一員として重んぜられる。
　　　児童は、よい環境の中で育てられる。
　1　すべての児童は、心身ともに健やかにうまれ、育てられ、その生活を保障される。

---

[16]「第 1 回児童自立支援施設のあり方に関する研究会」資料（厚生労働省 2005 年）。

第 2 章　戦後における児童保護の発展

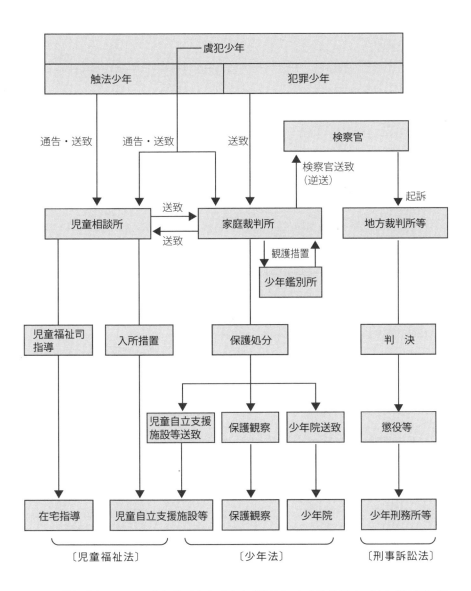

図 2-1　非行少年に係る児童相談所および家庭裁判所による法的対応の流れ（筆者作成）

2　すべての児童は、家庭で、正しい愛情と知識と技術をもって育てられ、家庭に恵まれない児童には、これにかわる環境が与えられる。
3　すべての児童は、適当な栄養と住居と被服が与えられ、また、疾病と災害からまもられる。
4　すべての児童は、個性と能力に応じて教育され、社会の一員としての責任を自主的に果たすように、みちびかれる。
5　すべての児童は、自然を愛し、科学と芸術を尊ぶように、みちびかれ、また、道徳的心情がつちかわれる。
6　すべての児童は、就学のみちを確保され、また、十分に整った教育の施設を用意される。
7　すべての児童は、職業指導を受ける機会が与えられる。
8　すべての児童は、その労働において、心身の発育が阻害されず、教育を受ける機会が失われず、また、児童としての生活がさまたげられないように、十分に保護される。
9　すべての児童は、よい遊び場と文化財を用意され、悪い環境からまもられる。
10　すべての児童は、虐待、酷使、放任その他不当な取扱からまもられる。あやまちをおかした児童は、適切に保護指導される。
11　すべての児童は、身体が不自由な場合、または精神の機能が不十分な場合に、適切な治療と教育と保護が与えられる。
12　すべての児童は、愛とまことによつて結ばれ、よい国民として人類の平和と文化に貢献するように、みちびかれる。

5　児童買春・児童ポルノ等処罰法（1999年）

　現行法の正式名称は「児童買春、児童ポルノに係る行為等の規制及び処罰並びに児童の保護等に関する法律」であり、1999年に制定された。児童に対する性的搾取および性的虐待から児童の権利を擁護するために重要な役割を果たしている。

　同法は、従来の児童買春と児童ポルノの提供禁止に加え、児童ポルノの単純所持と実在しない児童すなわち漫画・アニメ・CGの児童ポルノ規制について、2013年に改正法案が議論された。2014年6月、児童ポルノの単純所持禁止が新たに明文化され（法7条1項）、漫画・アニメ・CGについては、表現の自由の規制につながる可能性があるとの観点から見送られた。

本法により、児童買春をした者は5年以下の懲役または300万円以下の罰金、児童ポルノを提供した者は3年以下の懲役または300万円以下の罰金などの刑事罰に処される。また、外国における買春行為も、日本国内で処罰される。

6　児童虐待の防止等に関する法律（2000年）

　児童虐待の防止等に関する法律は、第一に、児童虐待防止を目的とした特別法として法制化されたこと、第二に、4類型の児童虐待の定義づけを行ったこと、第三に、国民の通告義務を規定するとともに刑事免責を定めたこと、第四に、立入調査等における警察官の援助の規定などがその主内容である。ただ制定当初は、その内容において実効性が十分ではなく、全体として児童虐待防止への効果は限定的なものであった。

　その後、たびたび改正が重ねられたが、2007年の改正では、強制的立入調査、面会・通信の制限、入所先の不告知、接近禁止命令などのように、それまでの都道府県知事（児童相談所長に委任）の権限を根本的に強化する規定が創設された。2016年の改正では、強制立入調査の手順が簡略化された（第3編3章および第5編で詳述）。

第3編
児童虐待防止法制の実情

第1章
民法親権規定の沿革と課題

I　明治初期の民法編纂過程

1　仏蘭西法律書民法

　明治新政府は、江藤新平の下で、民法典の編纂を目指し、まずフランス民法典（ナポレオン法典、1804年制定）の翻訳から着手した[1]。1867年のパリ万国博覧会への幕府使節に随行した幕臣の箕作麟祥が翻訳にあたり、1871年（明治4年）に完成させたとされる[2]。

　同書では、「第9巻親ノ権」、「372条　子ハ丁年ニ至ル迄又ハ後見ヲ免ルヽニ至ル迄父母ノ権ニ従フ可シ」、あるいは375条以下では子の懲治について規定されており、親権規定である。

　また、「第5巻婚姻ノ事」の「第5章203条　夫婦ハ婚姻ヲ行ヒシコトニ因リ相共ニ其子ヲ養育スルノ義務アリトス」では、親の子の養育義務を翻訳している。

　さらに、「第4巻失踪・第4章父ノ失踪ノ時其幼年ノ子ヲ管督スル事」で142条「父ノ失踪ノ時母已ニ死去シ……親族ノ会議ニ因リ其子ノ管督ヲ其最親ノ尊属ノ親ノアラザル時ハ之ヲ仮ノ後見人ニ任ス可シ」と子の後見人についても訳出されている。

---

[1]　本章では、前田達明編『史料民法典』（成文堂、2004年）を中心に、石井良助『民法典の編纂』（創文社、1979年）、小口恵巳子『親の懲戒権はいかに形成されたか～明治民法編纂過程からみる』（日本経済評論社、2009年）を参照した。

[2]　前掲・前田達明編『史料民法典』2頁。

2　民法決議

　太政官制度局における民法編纂会議が決議したもので、わが国最初の近代的法典草案である。ただ、フランス民法典の翻訳案に近く、条文の数字も同じものが多い。箕作麟祥が、仏蘭西法律書民法を出版した1871年（明治4年）と同時期といわれている。〈3〉

　同決議では、親権の規定はなされなかったが、仏蘭西法律書民法203条と同様に、第5章「婚姻ヨリ生スル義務」203条は、「夫婦タル者ハ相与ニ其子ヲ養育スヘキ義務アリトス」とし、親による子の養育義務を規定している。

　第4章「失踪セシ時其幼子ヲ管照スル事」には、第142条「父失踪セシ時母既ニ死去シ……親族会議シテ其子ノ管照ヲ其最親ニ尊属ノ親ニ任ス可シ若シ尊属ノ親アラサル時ハ仮ノ後見人ニ任ス可シ」と、父が失踪、母が死去の場合の子の後見人規定がなされている。

3　皇国民法仮規則

　1871年（明治4年）、法曹の養成を任務として司法省明法寮が設置された。1872年（明治5年）に、この明法寮で編纂された民法草案の最終案が、この皇国民法仮規則である。〈4〉

　同規則では、「親子ノ義務」として、95条「夫婦タル者ハ相与ニ其子ヲ養育スヘキ義務アリ」と規定している。

　また、「親ノ権」として109条「子ハ丁年ニ至ル迄父母ノ管督ヲ受クヘシ」、110条「子ハ丁年ニ至ル迄父ノ許可ヲ得スシテ其親ノ家ヲ離ル可ラス」、111条「子其父ノ意ニ違フ行状アルトキハ父之ヲ懲治スルニ左ノ方法ヲ用ユヘシ」と112条から116条まで子の懲治（禁錮）に関する規定をしている。これは、管督・居所指定・懲治からなる親権規定であり、明治民法に通じるものといえよう。

　また、同規則は、幼者の後見についても定めている。118条「幼年ニシテ家督相続セシトキハ親族ノ内一人ヲ後見人ト定メ戸長ヘ届出ヘシ　但シ親族アラサルトキハ戸長ヨリ後見人ヲ命スヘシ」と定め、以下130条に至るまで「後見人ノ職務」、「幼者ノ後見免ルヽ事」を規定している。

〈3〉　前掲・前田達明編『史料民法典』222頁。
〈4〉　前掲・前田達明編『史料民法典』362頁。

4　左院の民法草案

　左院は、1871年（明治4年）太政官制改正により新設された立法機関である。太政官制度局が行っていた民法編纂事業を受け継いでいる。ここでは、家督相続並贈遺規則草案（1873年、明治6年）や養子法草案（1873年、明治6年）、後見人規則草案（1874年、明治7年）、婚姻法草案（1873年、明治6年）などの草案が作成された[5]。

　婚姻法草案（民法課原案）は、「婚姻ヨリ生スル義務」で、第十（三）「二」条「夫婦ハ婚姻セシニ因リ、相共ニ其子ヲ養育スルノ義務アリトス」と規定している。これは、仏蘭西法律書民法203条とほぼ同一の条文であり、その強い影響が窺える。

　また、後見人規則草案（確定案）1条は、「幼年ニテ家督相続セシ者ハ、必ズ後見人ヲ置ク可シ、其他幼者ハ総テ其戸主ヲ以テ後見人ト見做ス可シ、其戸主亦幼者タル時ハ、戸主ノ後見人ニテ之ヲ併管スベシ、但シ幼者トハ21歳未満ノ者ヲ云フ」と21歳未満の者を幼者として後見人任用の規定を置いている。

5　明治11年民法草案

　江藤新平の後に司法卿となった大木喬任は、箕作麟祥を迎えて民法の編纂を命じ、1878年（明治11年）に完成した。一般に「明治11年民法草案」と呼ばれる。民法全般にわたる草案としての意義は大きいものの、フランス民法典の翻訳法に近く、結局は1880年の民法編纂会議で不採用となった[6]。

　ここでは、第5巻「婚姻」第5章「婚姻ヨリ生スル義務」で、178条「夫婦ハ婚姻ヲ為セシニ因リ相与ニ其子ヲ養育教訓スルノ義務アリトス」、第9巻「父母ノ権」では、332条「子ハ丁年ニ至ル迄又ハ後見ヲ免ルヽニ至ル迄其父母ノ権ニ従フ可シ」と、仏蘭西法律書民法203条および372条とほぼ同一の条文となっている。また、335条以下では、子の懲治（禁錮）に関する規定が、フランス民法典同様に定められている。

---

[5]　前掲・前田達明編『史料民法典』458頁。
[6]　前掲・前田達明編『史料民法典』480頁。

Ⅱ 旧民法の編纂

1 旧民法草案人事編

（1）制定の経緯

　1880年（明治13年）、司法省に民法編纂局が設けられ、ボアソナードが民法編纂に参画した。1886年（明治19年）からは、熊野敏三などにより「人事編」の起草が始まり、1888年（明治21年）に完成したと考証されている⟨7⟩。これが旧民法草案人事編（以下、「旧民法草案」という）である。以下、関係条項を列挙する。

（2）親権等に係る条項

　［第6章　親子ノ分限］
　　第3節　親子ノ分限ヨリ生スル効果
　　　190条　父母ハ其子ヲ養成シ訓戒シ及ヒ教育スルノ義務ヲ負フ
　　　　然レトモ子ノ教育宗旨及ヒ職業ヲ定ムルハ親権ヲ行フ者ニ属ス之ニ反スル合意ハ無効トス
　　　192条　父母共ニ其義務ヲ尽サヽル時若クハ親権ヲ行フ者其義務ヲ尽サヽルトキハ血族及ヒ検事ハ地方裁判所ニ訴フル事ヲ得
　　　　何人ト雖トモ父母其教育ノ義務ヲ尽サヽルコトヲ聞知シタルトキハ之ヲ検事ニ通知ス可シ裁判所ハ父母ニ対シ親権ノ喪失ヲ宣告スル事ヲ得
　［第8章　親権］
　　第1節　父母其子ノ身上ニ有スル権
　　　238条　子ハ其成年若クハ自治ニ至ルマテ親権ニ服従ス
　　　239条　婚姻ノ継続スル間ハ父権ヲ行フ
　　　　若シ父之ヲ行フ能ハサルトキハ其間母此ノ権ヲ行フ……
　　　241条　子ハ其服従スル父若クハ母ノ允許ヲ得ルニ非サレハ父母ノ家若クハ其指定シタル家ヲ去ル事ヲ得ス……
　　　243条　父若クハ母ハ家内ニ於テ其子ヲ懲戒スルノ権ヲ有ス但シ過度ノ懲戒ヲ加フル事ヲ得ス

⟨7⟩　前掲・前田達明編『史料民法典』611頁。

第3節　親権ノ喪失
　254条　刑法第352条ニ依リ処刑ノ宣告ヲ受ケタル父若クハ母ハ其総テノ子ニ対シテ当然親権ヲ失フ
　255条　父若クハ母親権ヲ濫用スルトキ若クハ其不行跡ノ世上ニ著明ナルトキハ地方裁判所ハ検事ノ請求ニ依リ其失権ヲ宣告スル事ヲ得
　259条　血族姻族其他何人ト雖トモ本節ニ規定スル事実ヲ聞知シタルトキハ之ヲ検事ニ通知ス可シ
　　子モ亦躬ラ之ヲ申述スル事ヲ得
　　地方裁判所ハ会議局ニ於テ父母及ヒ子ノ陳述及ヒ検事ノ意見ヲ聴キ裁判スヘシ
［第9章　後見］
　266条　後見ハ未成年者ノ父若クハ母ナル生存者ノ死去ニ依リテ開始ス父母共ニ存シ若クハ生存者アリト雖トモ親権ヲ失ヒ又ハ之ヲ行フ事能ハサル時亦同シ
　267条　未成年者ノ人数ノ多少ヲ問ハス後見人ハ1名タル可シ……

（3）旧民法草案の特徴

　旧民法草案には、次のような特徴が見られる。
ア　親の養成・訓戒・教育義務
　子の養成・訓戒・教育が、親の「義務」として明記され、その義務不履行に対しては、血族および検事に訴権が認められ、裁判所の判決による親権喪失宣告制度が規定されている。
イ　「親権」概念
　従来の諸草案は、「親ノ権」や「父母ノ権」と規定していたが、旧民法草案で初めて「親権」という法律上の概念が登場した。
　ここでの親権の内容は、原則として父権であり、居所指定権、兵役出願許可権、懲戒権、勘当権、財産管理権からなる。
ウ　親権喪失規定
①親権者の養育・教育義務の不履行は、親権喪失原因となる。
②旧刑法352条「未成年者淫行勧誘罪」によって有罪となった親は、すべての子に対して当然に親権を喪失する。現在なら児童福祉法34条1項6号「児童に淫行をさせる行為」に該当しよう。
③父若しくは母が、親権の濫用または不行跡の場合は、検事の請求により、地

方裁判所は親権の失権を宣告することができる。
④父若しくは母が、重大な過失、不正実な所為、浪費、家事衰替がある場合には、失権理由となる。
⑤親権の濫用等の場合は、親族だけでなく第三者も検事への通知が義務化され、さらにその子自身も検事に申述することが認められている。

　このように、旧民法草案は、親権の概念の登場とともに、親権者に子の養育・教育義務を課した。さらに、その養育義務不履行を失権理由とし、他にも詳細な親権喪失規定を定めた点で、画期的な親権法規定と評価し得る。

2　民法草案人事編理由書

（1）作成過程

　1889年（明治22年）から、法律取調委員会において旧民法草案の審議が開始された。民法草案人事編理由書は、旧民法草案の審議に向けて、その各条項の立法趣旨説明と内容の理解のために、熊野敏三たち報告委員によって作成された。[8]

（2）親権について

　民法草案人事編理由書は、第8章親権238条以下の定める「親権」について、次のように述べている。[9]

　「法律ハ父母ニ其子ヲ養育スヘキ義務ヲ命シタレハ父母其義務ヲ尽スヲ得ヘキ方法ヲ与エサルヘカラス　父母其子ヲ養育スルニハ多少ノ権力ヲ有スルヲ要シ親権ハ即チ之ニ権力ヲ与フルモノナリ　然レドモ此権力ノ性質ヲ誤解スヘカラス　親権ハ父母ノ利益ノ為メ之ヲ与フルモノニ非スシテ子ノ教育ノ為メ之ヲ与フルモノナリ　子ノ養育ハ父母ノ義務ニシテ其権利ニ非サレハ其方法トシテ監護懲戒ノ権ヲ与フルト雖モ之ヲ真ノ権利ト見做スコトヲ得ス　一切ノ権利ハ子ニ属シ父母ハ只義務ヲ有スルニ過キス」

　ここでは、190条「父母ハ其子ヲ養成シ訓戒シ及ヒ教育スルノ義務ヲ負フ」に基づいて、父母の養育義務履行のために必要な「多少ノ権力」として親権を

〈8〉　熊野敏三ほか起稿『民法草案人事編理由書（上巻、下巻）』（出版者・出版年不明、早稲田大学中央図書館所蔵）を参照。同書の目次で、起稿者毎に担当条文を明記。前掲・小口恵巳子『親の懲戒権はいかに形成されたか』91頁も同旨。旧民法草案が完成した1888年ないし1889年の作成と考えられる。

〈9〉　前掲・熊野敏三ほか起稿『民法草案人事編理由書（下巻）』34頁。

位置づけている。さらに、親権は、父母の利益のためではなく、子の教育のために与えられるのであって、監護懲戒権を与えるといっても、それを「真ノ権利」と見做すべきではなく、一切の権利は子に属し、父母はただ義務を負うにとどまる、としているのである。

これは、親権の義務的性格を強調し、父母の権力をおおむね否定したものといえよう。当時のフランス民法典第9章は、「De la puissance paternelle（父権）」と題していた。それが子の利益保護を至上目的とし、権利と義務を包括する「autorité parentale（親権）」に改正されたのは「親権に関する1970年6月4日の法律」であることを考慮すると、親権に関してこの人事編理由書が表明した法理念の先進性は、高く評価されるべきであろう。

（3）親権喪失制度について

民法草案人事編理由書は、次のように説明する〈11〉。

① 254条の強制的失権につき、「刑法第352条ハ未成年ナル子ノ淫行ヲ勧誘シタル父母ノ犯罪ヲ罰スルモノナリ　父母ハ其子ヲ教育ニ任シ其品行ヲ正スヘキモノナルニ此ノ如キ所業ニ及フモノハ全ク其義務ニ背キ父母ノ名ヲ汚スモノナリ　故ニ全テノ子ニ対シ其親権ヲ剥奪スルハ必要ニシテ止ムヘカラス」と、刑法352条の未成年者淫行勧誘罪のような犯罪行為を行う父母は、その義務に背き父母の名を汚すものであるから、すべての子に対しその親権を剥奪する必要がある、と説明している。

② また、255条の任意的失権の理由については、「本条ハ二箇ノ場合ヲ規定ス　第一父母其権力ヲ濫用スルトキ例之ハ其子ヲ打擲シ又ハ必要ノ養料ヲ給セサルカ如シ　之レ子ノ生命又ハ健康ニ関スルモノニシテ之ヲ保護セサルヘカラス　但シ如何ナル場合ニ於テ果シテ濫用アルヤハ裁判官ノ査定ニ放任スルモノナリ　第二父母ノ不行跡ナルトキ未成年ノ子ヲシテ之ヲ目撃セシムルトキハ竟ニ之ニ感染スヘキヲ以テ其教育ヲ害スルコト太甚シカルヘシ　故ニ其子ヲ遠クルノ必要アリ」とする。

父母がその権力を濫用するときと父母が不行跡なるときが該当し、前者の例として、「其子ヲ打擲シ又ハ必要ノ養料を給セサル」すなわち子を殴打したり必要な食事を与えないような場合が該当するとした。現在の身体的虐待とネグレクトに相応する。

〈10〉田中通裕『親権法の歴史と課題』121頁（信山社、1993年）。
〈11〉前掲・熊野敏三ほか起稿『民法草案人事編理由書（下巻）』50頁。

③失権制度については、当時のフランス民法典には規定が存在しなかった。しかし、「1889年7月24日の法律（虐待され、精神的に遺棄された子の保護に関する法律）」によって、民法典の改正ではない形式で強制的失権と任意的失権が制度化されている〈12〉。ちょうど旧民法草案作成と同一時期ではあるが、本理由書の旧民法草案192条に関する趣旨説明から、失権規定はイタリア民法およびベルギー民法を参照したものと推測され〈13〉、フランス1889年法の影響はなかったものと解される。

3　旧民法

（1）旧民法草案の修正

このような先駆的な内容を持った旧民法草案であったが、その後、法律取調委員会での討議を経た「民法草案人事編再調査案」、さらに「元老院提出案」となって、元老院による人事編審議が行われた。

元老院では、日本の従来の慣例を重視する方針がとられ、大幅な修正が行われた〈14〉。とりわけ、親の養育・教育義務条項とともに親権喪失に関する全規定が削除されたことに留意する必要がある。なお、子の養育・教育義務は、戸主権の対象とされた。

（2）旧民法の公布

この大幅な修正後、1890年（明治23年）に旧民法人事編（以下、旧民法という）が公布された。親権と後見に関する主要な条文は次のとおりである。

［第9章　親権］
　第1節　子ノ身上ニ対スル権
　　149条　親権ハ父之ヲ行フ
　　　　父死亡シ又ハ親権ヲ行フ能ハサルトキハ母之ヲ行フ……
　　150条　未成年ノ子ハ親権ヲ行フ父又ハ母ノ許可ヲ受クルニ非サレハ父

〈12〉前掲・田中通裕『親権法の歴史と課題』63頁。
〈13〉前掲・小口恵巳子『親の懲戒権はいかにして形成されたか』100頁。
〈14〉前掲・石井良助『民法典の編纂』175頁は、手塚豊の次の見解を引用している。第一に、旧民法草案の内容は、全体的に旧民法や明治民法に比較して、近代西洋民法の構造にはるかに接近したものであって、その進歩的性格を高く評価しなければならない。第二に、旧民法草案が元老院提出案などを経て旧民法に発展した経過は、旧民法草案の進歩的構想が逐次後退し、「家族制度」的要素が固定し充実していった過程である。

母ノ住家又ハ其指定シタル住家ヲ去ルコトヲ得ス……
　151条　父又ハ母ハ子ヲ懲戒スル権ヲ有ス但シ過度ノ懲戒ヲ加フル事ヲ得ス
［第10章　後見］
　161条　後見ハ未成年者ノ父又ハ母ニシテ生存スル者ノ死亡ニ因リテ開始ス……
　162条　一家ニ未成年者数人アルモ後見人ハ一人タル可シ

Ⅲ　明治民法の編纂

1　旧民法の公布と施行延期

　1890年（明治23年）に公布された旧民法に対し、法典反対の気運がわき起こった。その施行をめぐり、断行派と延期派との間でいわゆる民法典論争が展開されることになる。延期派の代表的存在の穂積八束は、「民法出テ、忠孝亡フ」と主張した。この背後には、1889年（明治22年）に発布された大日本帝国憲法、国策としての「富国強兵」政策があり、やがて1894年の日清戦争、1904年の日露戦争を迎える時代であったことを考慮する必要がある。そして、1892年（明治25年）に旧民法は施行が延期され、ついに施行されることはなかった。

2　明治民法の制定

（1）経緯

　1893年（明治26年）、内閣に法典調査会が設置された。法典調査会では、旧民法を修正する方向で明治民法編纂が開始され、親権関係条項の起草者には梅謙次郎が就いた[15]。他に穂積陳重、富井政章らが起草委員に任じられた。
　起草方針は、ローマ式編纂方法ではなく、ドイツ式編纂方法（パンデクテン方式）が採用され、ザクセン民法（1863年制定）の編別にならって、総則・物権・債権・親族・相続の順に配列した。また、フランス民法典の影響の濃い旧民法を資料としながら[16]、ドイツ民法第一草案（1888年）、同第二草案（1895

〈15〉前掲・小口恵巳子『親の懲戒権はいかに形成されたか』159頁。
〈16〉前掲・前田達明編『史料民法典』1118頁。

年）をはじめ、ザクセン、オーストリアなど多くの国の立法例が参照された。

　総則編、物権編、債権編は 1896 年（明治 29 年）に公布され、親族編、相続編については 1898 年（明治 31 年）に公布、施行された。

（2）内容

　旧民法案で削除された親の監護・教育権が、戸主権ではなく、あらたに親権の内容として規定され、権利とともに義務として位置づけられた。また、親権喪失に関しても、任意的失権のみであるが、旧民法草案の失権規定に近い規定がなされることになった。

　親権・後見関連の条文は、次のとおりである。

［第 5 章　親権］
　　877 条　子ハ其家ニ在ル父ノ親権ニ服ス但独立ノ生計ヲ立ツル成年者ハ此限ニ在ラス
　　　父カ知レサルトキ、死亡シタルトキ、家ヲ去リタルトキ又ハ親権ヲ行フコト能ハサルトキハ家ニ在ル母之ヲ行フ
　　879 条　親権ヲ行フ父又ハ母ハ未成年ノ子ノ監護及ヒ教育ヲ為ス権利ヲ有シ義務ヲ負フ
　　880 条　未成年ノ子ハ親権ヲ行フ父又ハ母カ指定シタル場所ニ其居所ヲ定ムルコトヲ要ス但第 749 条ノ適用ヲ妨ケス
　　882 条　親権ヲ行フ父又ハ母ハ必要ナル範囲内ニ於テ自ラ其子ヲ懲戒シ又ハ裁判所ノ許可ヲ得テ之ヲ懲戒場ニ入ルルコトヲ得
　　　子ヲ懲戒場ニ入ルル期間ハ六个月以下ノ範囲内ニ於テ裁判所之ヲ定ム但此期間ハ父又ハ母ノ請求ニ因リ何時ニテモ之ヲ短縮スルコトヲ得
　　883 条　未成年ノ子ハ親権ヲ行フ父又ハ母ノ許可ヲ得ルニ非サレハ職業ヲ営ムコトヲ得ス
　　　父又ハ母ハ第六条第二項ノ場合ニ於テハ前項ノ許可ヲ取消シ又ハ之ヲ制限スルコトヲ得
　　896 条　父又ハ母カ親権ヲ濫用シ又ハ著シク不行跡ナルトキハ裁判所ハ子ノ親族又ハ検事ノ請求ニ因リ其親権ノ喪失ヲ宣告スルコトヲ得
　　897 条　親権ヲ行フ父又ハ母カ管理ノ失当ニ因リテ其子ノ財産ヲ危クシタルトキハ裁判所ハ子ノ親族又ハ検事ノ請求ニ因リ其管理権ノ喪失ヲ宣告スルコトヲ得
　　　父カ前項ノ宣告ヲ受ケタルトキハ管理権ハ家ニ在ル母之ヲ行フ

898条　前二条ニ定メタル原因カ止ミタルトキハ裁判所ハ本人又ハ其親族ノ請求ニ因リ失権ノ宣告ヲ取消スコトヲ得

［第6章　後見］
900条　後見ハ左ノ場合ニ於テ開始ス
　一　未成年者ニ対シテ親権ヲ行フ者ナキトキ又ハ親権ヲ行フ者カ管理権ヲ有セサルトキ
　二　禁治産ノ宣告アリタルトキ
906条　後見人ハ一人タルコトヲ要ス

3　明治民法の改正作業

　明治民法施行後の1928年（昭和3年）、臨時法制審議会が民法改正要綱を公表し、民法改正調査委員会が発足した。その後、この要綱に基づく民法改正案の起草作業が開始され、1944年（昭和19年）までの16年間、同委員会は活動を続けたのである。

　その間、1932年（昭和7年）には、民法親族編改正案として第一草案が作成され、1936年（昭和11年）に第二草案、1939年（昭和14年）には人事法案（親族編）として第三草案、1941年（昭和16年）になって人事法案（仮称）親族編という第四草案、1942年（昭和17年）に人事法案（仮称）親族編の第五草案が作成されていった。この人事草案は、1898年（明治31年）の明治民法と戦後の改正民法を結ぶ重要な位置づけを持つものと評価されている。⟨17⟩

　このうち第四草案の親権、未成年後見に係わる条項は次のとおりである。⟨18⟩

［第5章　親権］
145条　子ハ其ノ家ニ在ル父母ノ親権ニ服ス
　　　親権ハ父之ヲ行フ父親権ヲ行フコト能ハザルトキハ母之ヲ行フ
147条　親権ヲ行フ父又ハ母ハ子ノ監護及教育ヲ為スモノトス
148条　子ハ親権ヲ行フ父又ハ母ガ指定シタル場所ニ其ノ居所ヲ定ムルコトヲ要ス
　　　前項ノ規定ハ第28条及第215条ノ規定ノ適用ヲ妨ゲズ

⟨17⟩　前掲・前田達明編『史料民法典』1237頁。
⟨18⟩　前掲・前田達明編『史料民法典』1270頁。田山輝明『続・成年後見法制の研究』121～142頁（成文堂、2002年）。

第1章　民法親権規定の沿革と課題

　　150条　親権ヲ行フ父又ハ母ハ必要ナル範囲内ニ於テ子ヲ懲戒シ又ハ家事審判所ノ許可ヲ得テ少年教護院、矯正院其ノ他之ニ準ズル施設ニ入ルルコトヲ得
　　162条　父又ハ母ガ親権ヲ濫用シ又ハ著シク不行跡ナルトキ其ノ他父又ハ母ニ親権ヲ行ハシムベカラザル重大ナル事由アルトキハ子ノ親族ハ親権ノ喪失ノ宣告ヲ家事審判所ニ請求スルコトヲ得
　　163条　親権ヲ行フ父又ハ母ガ管理ノ失当ニ依リテ其ノ子ノ財産ヲ危クシタルトキハ子ノ親族ハ管理権ノ喪失ノ宣告ヲ家事審判所ニ請求スルコトヲ得
　　　　父ガ前項ノ宣告ヲ受ケタルトキハ管理権ハ其ノ家ニ在ル母之ヲ行フ
　　164条　前二条ニ定ムル原因止ミタルトキハ本人又ハ其ノ親族ハ失権ノ宣告ノ取消ヲ家事審判所ニ請求スルコトヲ得
　［第6章　後見］
　　166条　後見ハ無能力者ニ配偶者及親権ヲ行フ者ナキ場合又ハ配偶者及親権ヲ行フ者ガ管理権ヲ有セザル場合ニ於テ開始ス
　　169条　前二条ノ規定ニ依リテ家族ノ後見人ト為ル者ナキトキハ戸主其ノ後見人ト為ル
　　170条　前三条ノ規定ニ依リテ後見人ト為ル者ナキトキハ後見人ハ親族会之ヲ選任ス
　　171条　後見人ハ一人トス

Ⅳ　戦後の民法改正

1　日本国憲法の施行に伴う民法の応急的措置に関する法律

　本法は、新憲法施行から新民法施行までの空白期間を埋めるために、1947年（昭和22年）、戸主等の家に関する規定の不適用、妻の無能力者・制限規定の不適用、父母の共同親権、家督相続の不適用等を応急的措置として定めた。

2　民法改正要綱

　1946年（昭和21年）7月、内閣に臨時法制調査会が設置され、同年10月には、民法改正要綱が決定された。親権等に係るものは、次のとおりである。

- 要綱 28　親権は未成年の子に対するものとすること。
- 要綱 30　母の親権に付いての制限は撤廃すること。
- 要綱 31　親族会を廃止し、後見の監督機関としての親族会の権限は、一部を後見監督人に、一部を裁判所に移すこと。

3　1947 年の民法改正

　1947 年（昭和 22 年）12 月、民法親族編・相続編の全面改正および 1 条、1 条の 2 の新設等が行われた。1928 年（昭和 3 年）から 16 年間にわたり民法改正作業が継続されていたが、その成果も含め、1947 年の改正民法は、明治民法の規定をおおむね継承しながら改正されたことに留意する必要があろう。

　親権・後見に関するものは、次のとおりである。[19] 1947 年に改正された民法（以下、「1947 年民法」という）は、爾後、1999 年（平成 11 年）成年後見制度導入に伴う改正、2004 年（平成 16 年）の現代用語化等の様々な改正を経て、2011 年（平成 23 年）の親権規定の大幅な改正に至る。

　　［第 4 章　親権］
　　818 条　成年に達しない子は、父母の親権に服する。
　　　　子が養子であるときは、養親の親権に服する。
　　　　親権は、父母の婚姻中は、父母が共同してこれを行う。但し、父母の一方が親権を行うことができないときは、他の一方がこれを行う。
　　820 条　親権を行う者は、子の監護及び教育をする権利を有し、義務を負う。
　　821 条　子は、親権を行う者が指定した場所に、その居所を定めなければならない。
　　822 条　親権を行う者は、必要な範囲内で自らその子を懲戒し、又は家事審判所の許可を得て、これを懲戒場に入れることができる。
　　　　子を懲戒場に入れる期間は、6 箇月以下の範囲内で、家事審判所がこれを定める。但し、この期間は、親権を行う者の請求によって、何時でも、これを短縮することができる。
　　823 条　子は、親権を行う者の許可を得なければ、職業を営むことができない。……

〈19〉前掲・前田達明編『史料民法典』1322 頁以下参照。

824条　親権を行うものは、子の財産を管理し、又、その財産に関する法律行為についてその子を代表する。但し、その子の行為を目的とする債務を生ずべき場合には、本人の同意を得なければならない。

834条　父又は母が、親権を濫用し、又は著しく不行跡であるときは、家事審判所は、子の親族又は検察官の請求によって、その親権の喪失を宣告することができる。

835条　親権を行う父又は母が、管理が失当であったことによってその子の財産を危うくしたときは、家事審判所は、子の親族又は検察官の請求によって、その管理権の喪失を宣告することができる。

836条　前二条に定める原因が止んだときは、家事審判所は、本人又はその親族の請求によって、失権の宣告を取り消すことができる。

837条　親権を行う父又は母は、やむを得ない事由があるときは、家事審判所の許可を得て、親権又は管理権を辞することができる。……

［第5章　後見］

838条　後見は、左の場合に開始する。
　一　未成年者に対して親権を行う者がないとき、又は親権を行う者が管理権を有しないとき。
　二　禁治産の宣告があったとき。

843条　後見人は、一人でなければならない。

Ｖ　法制審議会民法部会小委員会における仮決定及び留保事項

1　経緯

　法制審議会民法部会は、1954年（昭和29年）に第1回会議が開催され、そのうち8名からなる小委員会を構成した。この小委員会が民法改正要綱試案を起草し、最後に民法部会として改正要綱案を作成することとなった。

　我妻栄部会長のもと、小委員会では、我妻栄が小委員長となり、ほかには川島武宜、来栖三郎、中川善之助、外岡茂十郎、長野潔、関根小郷、村上朝一が

選出された。[20]

　第2回民法部会会議は、1955年（昭和30年）に開かれ、小委員会の検討結果の一部が報告、審議された。その小委員会の検討をまとめたものが、「仮決定及び留保事項（その1）」である。第3回民法部会は、1959年（昭和34年）に開催されて、前回同様に小委員会の検討結果として、「仮決定及び留保事項（その2）」が報告された。[21]

2　親権等に係る留保事項

　親権・後見制度に関する事項については、次の5点に留意する必要がある。[22]なお、各事項について、我妻栄の「法制審議会民法部会小委員会における仮決定及び留保事項（その2）の解説」（以下、「解説」という）で補足する。[23]

（1）第39「親権」

　親権という概念ないし制度の存廃について、左の諸案あり、なお検討する。
　（一）親権を存続させる案
　　　甲案　現行どおりとする案。
　　　乙案　現行第766条の監護権を強化する案
　　　丙案　親権は身上監護権を本質的内容とするものとし、必要ある場合には財産管理権を親権者以外の者に行わせることができるものとする案
　（二）親権という概念ないし制度を廃止する案
　　　丁案　親権という統一的概念を廃止し、身上監護権と財産管理権とに分ける案
　　　戊案　親権という制度を廃止し、後見制度に統一する案

　この事項については、次のような我妻栄の解説が別途なされている。
①乙案は、離婚の際の子の監護者の地位は明確を欠くから、これについて権利たる性質を明瞭にし、たとえば未成年の子の婚姻に対する同意、教育権等を含むものとすべしといって、現行法に対する最少限度修正を主張するものである。
②丙案は、身上監護を親権の本質的内容とし、たとえば未成年の未婚の父母も

---

[20] 前掲・前田達明編『史料民法典』1358頁。
[21] 前掲・前田達明編『史料民法典』1357頁。
[22] いずれも「仮決定及び留保事項（その2）」である。
[23] 我妻栄「親族法の改正について　法制審議会民法部会小委員会における仮決定及び留保事項（その2）の解説」法律時報31巻10号14頁（1959年［昭和34年］）。

自分の子に対して親権を行いうるものとする。そして、親権者に子の財産を管理させることを不適当とする場合には、親権者以外の者にも行わせ得るものとする。現行法も、親権から財産管理権を取り除くことを認めている（辞任又は喪失）。しかし、それは、親権の一部の分離となし、その部分について後見を開始させる。丙案は、それを親権の一部分離とはせず、もっと軽いものとみるわけである。

③丁案は、後見と統一しないが、親権という観念を用いず、法文の表題も「親子の権利義務」として、その機能を身上監護と財産管理とに大別し、場合によっては父母に分属することも認めようとする。

④戊案は、未成年後見という観念で統一するもので、イギリスの法制に近い。〈24〉もっとも、この案も、親が後見人である場合と親以外の者が後見人である場合を全然同一にしようとまでは、必ずしも徹底せず、その権能の行使に対する家裁の監督などについては、多少の差異を設けることも妨げないとする。

（2）第43「懲戒権」

第822条は削除することとするが、子の監護について必要があるときは家庭裁判所その他の公の機関に対し必要な措置を求めることができる旨の規定を設けるべきか否かについて、なお検討する。

　理由　現行制度として「懲戒場」は存在しないので、児童福祉法等との関連において一般規定を設けることを考慮するのが妥当である。

この点について、我妻栄は、児童福祉法、少年法、少年院法等に分散する規定の基礎として、かような国家施設の協力を得て子を監護教育する権利義務が親権内容として存在する旨を明示するのが適当かどうかの問題である、と解説している。〈25〉

（3）第49「親権喪失原因とその他の措置」

親権者に親権を行わせることを不相当とする事情があるときは、家庭裁判所は親権又は管理権の喪失の審判をすることができるものとすべきか否か、また事情によってこれらの審判とともに又はこれに代えて子の身上の監護又は財産の管理について必要な措置を講ずることができるものとすべきか否かについて、なお検討する。

〈24〉戊案として、中川善之助「親権廃止論」法律時報31巻10号4頁（1959年）、西原信雄「親権廃止論に賛成する」法律時報31巻10号75頁（1959年）など。

〈25〉前掲・我妻栄「解説」法律時報31巻10号15頁。

この事項については、次のような我妻栄の解説が、別途なされている。[26]すなわち、前段は、たとえば、子の福祉を害するときなど、親権喪失の理由を緩和する案についてであり、後段は、たとえば、子を適当な施設に委託すること、一定の財産管理行為を制限することなどの適当な措置を、親権喪失の裁判の仮処分的なものに止めず、独立した制度として認めようとする案についてである。前段の修正案を採用するときは後段の修正案は一層必要なものとなるであろうが、必ずしも必然の関係はない。

（4）第52「後見人の選任方法」

　後見人の選任については、左の諸点につき、なお検討する。
　（イ）後見人はすべて家庭裁判所が選任するものとし、指定又は法定の後見人を廃止すべきか。
　（ロ）職権による後見人の選任（解任）を認むべきか。
　（ハ）後見人本人による後見人の選任（解任）を認むべきか。
　我妻栄は、この事項について、後見に対する家庭裁判所の監督を強化し、その実行を保障するために、まず、その出発点で家庭裁判所をして後見人の存在を把握させようとする考えに立脚する、と解説している。[27]

（5）第53「後見人の数」

　第843条については、後見人は一人に限らないものとすべきか否か、一人に限らないものとした場合に各後見人の権限及び責任をいかに定むべきかにつき、なお検討する。
　この事項につき、我妻栄は、たとえば、叔父（叔母）夫婦が共同して後見人となって協力する場合、数人の後見人が適当なこともあろうかという考え、……親権が共同を原則とする以上、後見人を一人に限る必要はあるまいという考え方である、と解説している。[28]

---

[26] 前掲・我妻栄「解説」法律時報31巻10号11頁。「座談会第2回　親族法の改正」法律時報31巻11号95頁、我妻栄発言。
[27] 前掲・我妻栄「解説」16頁。
[28] 前掲・我妻栄「解説」16頁。

Ⅵ　1947年民法における親権の内容

1　身上監護権

（1）監護教育権

　1947年民法の820条は「親権を行う者は、子の監護及び教育をする権利を有し、義務を負う」と規定した。本条は子の身上監護に関する一般的規定であり、監護とは子の身体的発達に関する監督保護のことをいい、教育とは子の精神的発達に関する配慮をいうが、子の成長過程における両者の厳密な区別に大きな意味はないと解される。子を一人の人間として尊重し、健全な社会人としての成長を図ることが監護教育であり、親権者は、適切な監護教育を通じて子の育成責任を負う。

（2）居所指定権

　明治民法880条を引き継いで、1947年民法821条は、「子は、親権を行う者が指定した場所に、その居所を定めなければならない」とした。

　1947年民法の居所指定権は、一般に、親の監護教育における「子の義務」と解されている。児童福祉法28条に基づく家庭裁判所による被虐待児童の児童福祉施設への入所措置承認の審判は、当該親権者における居所指定権を事実上一部停止するものと解される。

（3）懲戒権

　1947年民法822条1項は、明治民法882条を引き継いだものであり、「親権を行う者は、必要な範囲内で自らその子を懲戒し、又は家事審判所の許可を得て、これを懲戒場に入れることができる」とし、同条2項は「子を懲戒場に入れる期間は、六箇月以下の範囲内で、家事審判所がこれを定める。……」と規定した。しかし、1947年の改正時点において、この懲戒場に相当するものは存在しなかったのである。

（4）職業許可権

　1947年民法823条は、「子は、親権を行う者の許可を得なければ、職業を

〈29〉前掲・於保不二雄・中川淳編『新版注釈民法（25）親族（5）改訂版』（有斐閣、2004年）［明山和夫＝國府剛執筆］64頁は、監護とは身体の保全育成を図る行為であり、教育は精神の発達を図る行為であるとする甲説と、監護とは身体および精神の発達を監督・保護する消極的行為であり、教育は身体および精神の発達完成を図る積極的行為であるとする乙説があり、しいていえば乙説が的確とする。

営むことができない」とする。これは、子が職業を営むことでその子の利益が害されないようにするため、親権者による事前許可を必要とするものである。

ここに職業とは、独立した自営業だけでなく、通説では、会社等に雇用される場合も含むと解されている。[30]

(5) 身分行為の法定代理権

身分行為については、未成年者自身の意思により決定されるべきものであるが、民法は、その例外として、特定の身分行為につき親権者に代理権を認めた。

たとえば、①嫡出否認の訴えの相手方になること（775条）、②認知の訴えの提起（787条）、③15歳未満の子の氏の変更の許可申立て（791条）、④15歳未満の子の養子縁組の代諾（797条）、⑤婚外子を産んだ未成年者の母の親権の代行（833条）、⑥相続の承認・放棄（917条、915条1項）などである。

2　財産管理権

1947年民法824条は、「親権を行う者は、子の財産を管理し、又、その財産に関する法律行為についてその子を代表する」と規定した。ここに代表とは、内容としては代理と同義である。また、1947年民法4条は、「未成年者カ法律行為ヲ為スニハ其法定代理人ノ同意ヲ得ルコトヲ要ス」として、未成年者の財産上の行為に対する親権者の同意権を定めた。財産管理の対象は、現に未成年者に帰属する財産であり、財産の管理は、財産の保存、利用、処分も含む。

未成年者は行為能力を有しないため、法定代理人である親権者がその財産を管理し、又は代理して未成年者の財産の保護を図る趣旨である。

3　親権の喪失

ア　四つの類型

1947年民法は、親権喪失制度として4類型を規定した。①親権喪失宣告（834条）、②管理権喪失宣告（835条）、③親権の辞任（837条）、④管理権の辞任（837条）である。

親権喪失宣告は親権濫用などの場合、管理権喪失宣告は管理が失当で子の財産を危うくした場合に、親権者の意思にかかわらず、家庭裁判所の審判によっ

〈30〉 前掲・於保不二雄・中川淳編『新版注釈民法 (25) 親族 (5) 改訂版』（有斐閣、2004年）[明山和夫・國府剛執筆] 116頁。吉田恒夫・岩志和一郎『親族法・相続法（改訂版補訂）』（尚学社、2008年）148頁。

て親権を剥奪する制度である。一方、親権の辞任と管理権の辞任は、親権者の意思に基づいて、家庭裁判所が親権又は管理権の辞任を許可するものである。

　親権者が親権の濫用等により親権喪失宣告される場合は、身上監護権と財産管理権のいずれも剥奪される。しかし、管理の失当により子の財産を危うくしたときは管理権喪失宣告の原因となるが、それが親権の濫用にまで至らないような場合には、管理権のみの一部剥奪として身上監護権の存続が認められることもある。

イ　親権喪失宣告

　1947年民法834条は、「父又は母が、親権を濫用し、又は著しく不行跡であるときは、家庭裁判所は、子の親族又は検察官の請求によって、その親権の喪失を宣告することができる」と規定した。1947年民法の親権喪失は、民法836条による親権喪失宣告の取消しの審判がない限り無制限に継続し、有期限の親権喪失宣告は、文理上、1947年民法では認められていなかった。

　この親権喪失宣告の申立てから審判まで相当な時間を要するため、親権職務執行停止と親権職務代行者選任という審判前の保全処分を申し立てることが認められていた（旧家事審判法15条の3、旧家事審判規則74条）。

　また、親権喪失原因としては、明治民法の「親権の濫用」と「著しい不行跡」を、1947年民法もそのまま引き継いでいる。戦前において、この「著しい不行跡」を理由として親権喪失を宣告された事例のほとんどが、父死亡後に親権者となった母の「性的不品行」に関してであったとされる[31]。これは、家制度の下で、遺産を承継した子の親権者たる母（嫁）を家から排除するために、「著しい不行跡」なる曖昧な規定が利用されたものであろう。

Ⅶ　小活　2011年民法改正に至るまで

1　親権

（1）監護教育の権利義務

　民法決議203条「夫婦タル者ハ相与ニ其子ヲ養育スヘキ義務アリトス」、皇国民法仮規則95条「夫婦タル者ハ相与ニ其子ヲ養育スヘキ義務アリ」、同109条「子ハ丁年ニ至ル迄父母ノ管督ヲ受クヘシ」に監護教育の権利・義務

---

[31] 中村恵「わが国における親権法をめぐる現状」民商法雑誌136巻4・5号456頁（2007年）。

の萌芽が見られる。

　旧民法草案では、190条「父母ハ其子ヲ養成シ訓戒シ及ヒ教育スルノ義務ヲ負フ……」、238条「子ハ其成年若クハ自治ニ至ルマテ親権ニ服従ス」として、「親権」が初めて法律上の概念として登場した。旧民法草案に関して、民法草案人事編理由書は、190条の父母の養育義務履行のために必要な「多少ノ権力」として親権を位置づけている。さらに、親権は、父母の利益のためではなく、子の教育のために与えられるのであって、一切の権利は子に属し、父母はただ義務を負うにとどまる、としている。これは、親権の義務的側面を強調し、父母の権力をほぼ否定したものである。

　旧民法を経て、明治民法879条は、「親権ヲ行フ父又ハ母ハ未成年ノ子ノ監護及ヒ教育ヲ為ス権利ヲ有シ義務ヲ負フ」として、民法草案人事編理由書の理念とはかなりかけ離れた親権規定となった。そして、1947年民法818条「成年に達しない子は、父母の親権に服する」と820条「親権を行う者は、子の監護及び教育をする権利を有し、義務を負う」に至る。

　1959年の法制審議会小委員会仮決定及び留保事項（その２）では、親権を存続させる案として、①現行どおりとする甲案、②現行第766条の監護権を強化する乙案、③親権は身上監護権を本質的内容とするものとし、必要ある場合には財産管理権を親権者以外の者に行わせることができるものとする丙案、そして、親権という概念ないし制度を廃止する案として、④親権という統一的概念を廃止し身上監護権と財産管理権とに分ける丁案、⑤親権という制度を廃止し後見制度に統一する戊案、の五つの見解に整理し、「なお検討する」とした。

　その後は、この親権論争について、立法上の決着をつけることはなされなかった。しかし、2011年の民法改正で820条に「子の利益のために」を挿入し、親権者を「子の利益のために子の監護及び教育をする権利を有し、義務を負う」とすることによって、親権の概念は大きく転換された。民法草案人事編理由書が親の義務を強調してから120年を経た。そして、2011年民法が「子の利益のための権利義務」と明示したことにより、親権の趣旨は、一般的な親の権利義務ではなく、子に対する親の義務を果たすための権利義務へ質的変化をとげたのである。

（２）居所指定権

　皇国民法仮規則110条「子ハ丁年ニ至ル迄父ノ許可ヲ得スシテ其親ノ家ヲ離ル可ラス」に始まり、旧民法草案241条「子ハ其服従スル父若クハ母ノ允許ヲ得ルニ非サレハ父母ノ家若クハ其指定シタル家ヲ去ル事ヲ得ス」、旧民法

150条「未成年ノ子ハ親権ヲ行フ父又ハ母ノ許可ヲ受クルニ非サレハ父母ノ住家又ハ其指定シタル住家ヲ去ルコトヲ得ス」、明治民法880条「未成年ノ子ハ親権ヲ行フ父又ハ母カ指定シタル場所ニ其居所ヲ定ムルコトヲ要ス」とほとんど内容が変わることなく、1947年民法821条「子は、親権を行う者が指定した場所に、その居所を定めなければならない」に至る。

1959年の法制審議会小委員会仮決定及び留保事項（その2）では、「親権の一部として、なお検討する」とされてきた。今日では児童相談所の強制的な親子分離に虐待親が主張することはあるものの、通常の親子関係では親の居所指定権そのものの重要性は薄れ、自立可能な年齢に達した子に対しては実効性がないものと考える。

（3）懲戒権

皇国民法仮規則111条「子其父ノ意ニ違フ行状アルトキハ父之ヲ懲治スルニ左ノ方法ヲ用ユヘシ」に始まる。これは、旧民法草案243条「父若クハ母ハ家内ニ於テ其子ヲ懲戒スルノ権ヲ有ス但過度ノ懲戒ヲ加フル事ヲ得ス」、旧民法151条「父又ハ母ハ子ヲ懲戒スル権ヲ有ス但過度ノ懲戒ヲ加フル事ヲ得ス」に引き継がれた。

明治民法882条は、「親権ヲ行フ父又ハ母ハ必要ナル範囲内ニ於テ自ラ其子ヲ懲戒シ又ハ裁判所ノ許可ヲ得テ之ヲ懲戒場ニ入ルルコトヲ得」として懲戒場について規定し、1947年民法822条も、「親権を行う者は、必要な範囲内で自らその子を懲戒し、又は家庭裁判所の許可を得て、これを懲戒場に入れることができる」と明治民法を踏襲した。

1959年の法制審議会小委員会仮決定及び留保事項（その2）は、親権の一部として、なお検討するが、822条は削除し、子の監護について必要があるときは家庭裁判所その他の公の機関に対し必要な措置を求めることができる旨の規定を設けるべきか否かについて、「なお検討する」とした。

この点で、法制審議会小委員会仮決定が、懲戒権自体の規定も削除することとしていることは非常に先見性に満ちており、英断といえよう[32]。「懲戒場」関連規定は1947年当時においても実態がなく、2011年の民法改正で削除された。さらには、民法における懲戒権そのものについても、子の利益にとって不要な規定であると解される。

---

[32] 田山輝明『続・成年後見法制の研究』152頁（成文堂、2002年）。

2　親権喪失制度

　1888年の旧民法草案が、192条「何人ト雖トモ父母其教育ノ義務ヲ尽ササルコトヲ聞知シタルトキハ之ヲ検事ニ通知ス可シ裁判所ハ父母ニ対シ親権ノ喪失ヲ宣告スル事ヲ得」、254条「刑法第352条ニ依リ処刑ノ宣告ヲ受ケタル父若クハ母ハ其総テノ子ニ対シテ当然親権ヲ失フ」、255条「父若クハ母親権ヲ濫用スルトキ若クハ其不行跡ノ世上ニ著明ナルトキハ地方裁判所ハ検事ノ請求ニ依リ其失権ヲ宣告スル事ヲ得」と、親権の強制的失権と任意的失権について規定したのが始まりである。

　民法草案人事編理由書は、旧民法草案255条の任意的失権の理由について、「本条ハ二箇ノ場合ヲ規定ス　第一父母其権力ヲ濫用スルトキ例之ハ其子ヲ打擲シ又ハ必要ノ養料ヲ給セサルカ如シ……第二父母ノ不行跡ナルトキ未成年ノ子ヲシテ之ヲ目撃セシムルトキハ竟ニ之ニ感染スヘキヲ以テ其教育ヲ害スルコト太甚シカルヘシ　故ニ其子ヲ遠クルノ必要アリ」と解説している。

　旧民法には規定がなかったが、明治民法では、896条「父又ハ母カ親権ヲ濫用シ又ハ著シク不行跡ナルトキハ裁判所ハ子ノ親族又ハ検事ノ請求ニ因リ其親権ノ喪失ヲ宣告スルコトヲ得」、897条「親権ヲ行フ父又ハ母カ管理ノ失当ニ因リテ其子ノ財産ヲ危クシタルトキハ裁判所ハ子ノ親族又ハ検事ノ請求ニ因リ其管理権ノ喪失ヲ宣告スルコトヲ得」と親権喪失、管理権喪失について詳細に規定した。

　1947年民法は、834条「父又は母が、親権を濫用し、又は著しく不行跡であるときは、家事審判所は、子の親族又は検察官の請求によって、その親権の喪失を宣告することができる」、835条「親権を行う父又は母が、管理が失当であったことによってその子の財産を危うくしたときは、家事審判所は、子の親族又は検察官の請求によって、その管理権の喪失を宣告することができる」として、明治民法とほぼ同じ規定となっている。

　1959年の法制審議会小委員会仮決定及び留保事項（その２）は、「親権者に親権を行わせることを不相当とする事情があるときは、家庭裁判所は親権又は管理権の喪失の審判をすることができるものとすべきか否か、また事情によってこれらの審判とともに又はこれに代えて子の身上の監護又は財産の管理について必要な措置を講ずることができるものとすべきか否かについて、なお検討する」としたが、2011年の民法改正によってその留保事項の法制化が実現した。すなわち、親権喪失の要件が大きく緩和され、さらに親権停止の審判

制度が創設され、管理権喪失の要件も緩和されたのである。とりわけ親権停止の審判制度の創設は、児童虐待への対応などに非常に効果的であり、50余年を経て達成された画期的な法改正と考える。

3　未成年後見制度

　民法決議142条「父失踪セシ時母既ニ死去シ……親族会議シテ其子ノ管照ヲ其最親ノ尊属ノ親ニ任ス可シ若シ尊属ノ親アラサル時ハ仮ノ後見人ニ任ス可シ」に始まり、皇国民法仮規則も、118条「幼年ニシテ家督相続セシトキハ親族ノ内一人ヲ後見人ト定メ戸長ヘ届出ヘシ　但シ親族アラサルトキハ戸長ヨリ後見人ヲ命スヘシ」とする。

　旧民法草案も、266条「後見ハ未成年者ノ父若クハ母ナル生存者ノ死去ニ依リテ開始ス　父母共ニ存シ若クハ生存者アリト雖トモ親権ヲ失ヒ又ハ之ヲ行フ事能ハサル時亦同シ」とし、267条は「未成年者ノ人数ノ多少ヲ問ハス後見人ハ1名タル可シ」と後見人の数も定めた。

　旧民法も同様に、161条「後見ハ未成年者ノ父又ハ母ニシテ生存スル者ノ死亡ニ因リテ開始ス」、162条「一家ニ未成年者数人アルモ後見人ハ一人タル可シ」と同様な規定をしている。明治民法900条は、「後見ハ左ノ場合ニ於テ開始ス　一　未成年者ニ対シテ親権ヲ行フ者ナキトキ又ハ親権ヲ行フ者カ管理権ヲ有セサルトキ」、906条「後見人ハ一人タルコトヲ要ス」と続く。

　1959年の法制審議会小委員会仮決定及び留保事項（その2）では、職権による後見人の選任・解任を認むべきかなど、後見人の選任方法について「なお検討」とした。また、後見人の数については、後見人は一人に限らないものとすべきか否か、一人に限らないものとした場合に各後見人の権限および責任をいかに定むべきかについて、「なお検討する」としている。

　1947年民法838条は、「後見は、左の場合に開始する。一　未成年者に対して親権を行う者がないとき、又は親権を行う者が管理権を有しないとき。二　禁治産の宣告があったとき」、843条は、「後見人は、一人でなければならない」と規定した。1999年に改正されて複数の後見人が認められた成年後見とは異なり、未成年後見については明治民法と同趣旨のまま存置された。

　このように未成年後見人が1名であることは、皇国民法仮規則から一貫しており、それは、親権が、父権として位置づけられていることと不可分である。共同親権となったのは、戦後の民法であり、その際、法制審議会では後見人の数が留保事項となっている。現代の変容する家族状況に鑑み、成年後見と

同様に、未成年後見にも複数後見と法人後見が認められるべきであったところ、2011年の民法改正によってそのいずれもが許容されることとなった。

4　2011年の民法改正

　2011年6月、法制審議会答申「児童虐待防止のための親権に係る制度の見直しに関する要綱」に基づいて、民法改正案が可決、公布された。この改正は、児童虐待防止を唯一の目的としたものである。主な改正事項は、民法820条に「子の利益のために」を挿入したこと、親権喪失の審判の要件緩和と親権停止の審判制度を創設したこと、複数の未成年後見人と法人の未成年後見人を許容したことなどである（第5編2章で詳述）。

第 2 章

児童福祉法による対応と課題

I 市区町村の対応

1 第一義的な相談窓口

　児童福祉法に基づいて、児童虐待に係る市区町村の相談部門が、児童福祉主管課、福祉事務所や市区町村保健センターなどに設置されている。東京都内では、各市区町村に「子ども家庭支援センター」という総合的な相談窓口が設けられている。

　2004年の児童福祉法改正で、市区町村が児童・家庭相談の第一義的な窓口になった。急増する児童虐待の通告に全国の児童相談所が対応しきれなくなったことが法改正の理由であるが、市区町村ではソーシャルワーカーの職員配置が少なく、一部の指定都市を除きその対応能力には限界がある。児童福祉法上は、市区町村では、技術的に難易度の低いケースを担当することが想定されているものの、担当者は通常1～2名であり、その専門性についても市区町村間の格差が大きい[33]。大半の市区町村において、その児童・家庭相談に係る十分な専門的相談援助技術を望むことは難しい。

　さらに、市区町村は、児童福祉法上の諸権限を付与されておらず、市区町村にとって、子育てや諸手当など一般相談は可能であっても、児童虐待に関しては単なる経由又は通告機関とならざるを得ない。仮に重篤な虐待相談を受けたとしても、市区町村は、一時保護や入所措置などの権限がなく、実効性のある独自の対応をとることはできないからである。

---

[33] 岩佐嘉彦「弁護士から見た児童虐待事件（2）」7頁、家庭裁判月報61巻8号1頁（2009年）。

2　児童相談所との関係

（1）児童相談所への依頼や送致など

　市区町村は、①児童の福祉に関する実情の把握、②児童の福祉に関する必要な調査および指導、③専門的な知識や技術を必要とするものに係る児童相談所への技術的援助および助言の依頼、④医学的・心理学的・教育学的・社会学的・精神保健上の判定を必要とするものに係る児童相談所への判定の依頼などを行うことが義務づけられている（児童福祉法10条）。

　また、市区町村は、虐待など保護者に監護させることが不適当であると認められる「要保護児童」については、次のような措置をとらなければならない（児童福祉法25条の7、児童虐待の防止等に関する法律8条）。

①児童相談所に送致

　市区町村は、児童福祉法27条の措置（施設入所など）を要すると認める者、あるいは医学的・心理学的・教育学的・社会学的・精神保健上の判定を要すると認める者を児童相談所に送致する。

②都道府県知事又は児童相談所長に通知

　市区町村は、児童虐待の防止等に関する法律8条の2による出頭要求等、児童福祉法29条若しくは児童虐待の防止等に関する法律9条による立入調査等、児童福祉法33条による一時保護の実施が適当であると認める者を、都道府県知事又は児童相談所長に通知する。

（2）児童相談所における対応

　児童相談所（都道府県）は、市区町村から依頼された専門的な知識や技術を必要とするものに係る技術的援助・助言、および医学的・心理学的・教育学的・社会学的・精神保健上の判定の実施、その他必要な助言を行う（児童福祉法11条）。

　また、児童相談所（都道府県）は、市区町村から児童福祉法27条の措置を要するものとして送致された児童について、必要があると認める場合は、児童福祉法27条による施設入所措置や児童福祉司指導などの措置をとらなければならない。必要があると認めるときは、立入調査を行い、当該児童に一時保護を行い、出頭要求等を行わなければならない（児童福祉法26条、27条、33条、児童虐待の防止等に関する法律8条、8条の2、9条）。

Ⅱ　児童相談所の権限

　児童福祉法に基づき、児童相談所には、児童福祉司、児童心理司、児童精神科医等の専門職員が配置されることになっている。このうちソーシャルワークを担当する児童福祉司の配置数は、児童福祉法施行令の定める配置標準に基づき、各都道府県が定める。

　児童福祉法あるいは児童虐待の防止等に関する法律は、児童虐待への対応に係る権限の帰属を都道府県、都道府県知事、児童相談所長の三つの機関に区分して規定している。しかし、児童相談所において日常的に行われる入所措置などの個別支援を知事決定で行うことは、たとえ事案決定権を補助機関の部長などに下ろしたとしても、その意思決定や事務処理において迅速性と機能性を欠くことになる。さらに、各児童に係る法的対応等の決済区分を知事の補助機関とする場合、施設入所承認の家裁申立てや強制立入調査など重要な行政処分を知事が了知しないまま執行されるなど、当該処分決定についての責任の帰属が曖昧となる可能性がある。

　そのため、多くの自治体では、児童福祉法27条1項（入所措置）、28条（入所措置に係る家庭裁判所承認申立て）、29条（立入調査）、33条2項（一時保護）、また、児童虐待の防止等に関する法律8条の2（出頭要求）、9条（立入調査）、9条の2（再出頭要求）、9条の3（裁判官への許可状請求および臨検・捜索）など知事や都道府県の権限の大半を、地方自治法153条2項に基づいて、各都道府県知事の制定する規則で児童相談所長に委任している。その結果、児童虐待に係るほとんどの業務が児童相談所長の権限とされ、「児童相談所長」の職名によってそれぞれの行政処分が執行されている。

　たとえば東京都の委任規則では、児童福祉法や児童虐待の防止等に関する法律に基づく都知事の権限のほとんどが各児童相談所長に委任されており、例外として接近禁止命令（児童虐待の防止等に関する法律12条の4）と東京都知事による勧告（同法11条3項）のみを知事権限として留保している。

　本書では、児童福祉法や児童虐待の防止等に関する法律の定める「都道府県」

〈34〉人口4万人に1名を配置し、虐待相談対応発生率が全国平均より高い場合は上乗せする（児童福祉法施行令［昭和23年3月31日］3条、2016年改正）。
〈35〉指定都市は、都道府県と同一の責務と権限を有している。
〈36〉2017年3月現在。児童福祉法施行細則1条（東京都昭和41年10月1日、規則第169号）、児童虐待の防止等に関する法律施行細則1条（東京都平成13年3月30日、規則第96号）。

又は「都道府県知事」の権限事項について、大半の権限が児童相談所長に委任されている東京都の規律にならい、原則として「児童相談所長（知事の委任）」あるいは「児童相談所」と表記する。一方、児童福祉法33条の7（親権喪失等の審判請求）のように、法の明文規定に基づいた児童相談所長の専権事項については「児童相談所長」と記す。

全国の児童相談所は、児童福祉法、児童虐待の防止等に関する法律、民法、家事事件手続法などの関係法令に基づき、児童虐待の通告や相談に対して、法と各自治体規則により付与された責任と権限の下に、次のような法的対応を行っている。

III 児童相談所の対応

1 通告

児童福祉法25条は、被虐待児など保護者に監護させることが不適当であると認められる児童すなわち「要保護児童」を発見した者に、児童相談所、市区町村、都道府県設置の福祉事務所への通告を義務づけている。通告を受理した市区町村や都道府県設置福祉事務所において、その対応が困難な事案については、市区町村は、送致・通知などの措置をとることにより、事案を児童相談所に引き渡しあるいは意見付きの伝達をしなければならない（児童福祉法25条の7）。この際、主たる責任を負う機関を明確にするために、児童福祉法および児童虐待の防止等に関する法律における根拠条文を明記して、送致や通知などの措置を実施する必要がある。

通告又は市区町村からの送致等を受けた児童相談所は、関係機関からの情報収集を行い、安全確認を実施する。厚生労働省の児童相談所運営指針が、安全確認は48時間以内に行うのが望ましいと定めているため[37]、各都道府県は48時間以内に当該児童の安全確認を行うことを自ら義務づけている。一部には24時間以内の期限を設定している自治体もある。児童の安全確認は、任意の調査によるが、必要がある場合は立入調査を行って実施する。

たとえば、匿名の虐待通告電話を児童相談所が受信した場合を想定する。「隣は母子家庭のはずだが、最近になって若い男が同居し始めた。その頃から

---

[37] 児童相談所運営指針第3章第3節3（平成2年3月5日児発133号）。

毎日のように男の怒鳴り声や大きな物音と子どもの泣き声が聞こえていた。ところが、この1週間ほどは子どもの声が聞こえず、姿を家の外で見かけなくなった。これは児童虐待ではないかと思い、いろいろ迷ったけれども電話をしてみた。ただ、すぐ隣家だし、若い男はヤクザ風なので、私の名前は名乗りたくない……」

児童相談所は、このような近隣住民からの電話通告、あるいは市区町村や警察署などの関係機関を経由した虐待通告を日常的に受けている。虐待通告を受けた場合、児童相談所は、緊急受理会議を開催して当面の対応を決定する。

2　受理会議

虐待通告を受けた児童相談所は、定期の受理会議または緊急受理会議で当該ケースの受理の可否および当面の対処方針について協議する。各児童相談所において、受理会議は曜日と時間を決めて定期的に行われているが、緊急受理会議は、通告を受けた後、直ちにその事案について協議するものであり、通告時に児童相談所内で執務中の職員のみで行う。

前述のような近隣住民からの匿名電話の場合であれば、直ちに児童相談所長が児童相談所内に在席する児童福祉司等を集めて緊急受理会議を開催する。通常、明らかにいたずら電話や緊急性に欠けるケースと判断される場合を除き、自宅や学校など安全確認を行う場所とその手順、警察や市区町村など協力を依頼する関係機関の特定、一時保護した場合の入所先などについて確認し、所長が担当の児童福祉司又は児童福祉司グループを指名して対応を開始する。

通告に対して緊急対応のできる虐待対策班を設置したり、さらには24時間対応が可能な体制を敷いている児童相談所や都道府県も少なくない。

3　調査

調査は、市区町村などの関係機関の協力を得て行われる。まず、当該児童の居住する市区町村の児童福祉担当課への調査依頼から始まる（児童福祉法12条5項、13条7項、児童虐待の防止等に関する法律13条の4）。地域の民生委員・児童委員や主任児童委員に調査を依頼することもある（児童福祉法17条1項4号、18条4項）。

また、通告内容によっては、医療機関、警察署、学校、保育園、幼稚園、保健所、市区町村の保健センター、児童館、学童クラブなど関係機関への調査も実施する（児童虐待の防止等に関する法律13条の4）。

一般に、児童相談所による初期の調査内容は、対象家庭の住民登録事項、最近の転入家庭であれば前の住所地で状況、各種手当の受給状況、同居人がいれば児童との身分関係や職業、保育園の通園の有無、在籍する学校名と出席状況、乳児の健診記録、学校や保育園での当該児童の状況、近隣住民の目撃情報などが中心である。

一方でこれらの関連情報の収集を行いながら、児童の安全確認等を行う必要があると認められる場合には、児童福祉司は、当該家庭を直接訪問して安全確認と任意調査を行う（児童虐待の防止等に関する法律8条）。突然の自宅訪問にトラブルになる場合も少なくないが、虐待通告があったため児童相談所として当該児童の安全確認をする義務があることを説明し、親と児童の協力を求めることになる。自宅への訪問調査では、第一に、当該児童に直接面会したうえで怪我やネグレクトの有無などについて目視による安全確認を行うこと、第二に、当該児童のおかれている家庭状況と養育環境を、短時間で可能な限り見極めることが主目的となる。

報道によると、2015年5月、東京都A区で当時3歳の男児をウサギ飼育用のケージに監禁・死亡させ荒川に遺棄したとして、両親が監禁致死・死体遺棄の罪で起訴された。[38] 児童相談所は、すでにウサギ用のケージでの監禁が始まっていた時期に当該居宅を訪問し、死亡した3歳児にも面会したが、「子どもは全員元気」と異常を察知することができなかった。その後、立入調査を実施したにもかかわらず、その際には児童に面接して安全確認を行うことを怠り、当該児童の生存と虐待の事実を確認することができなかった。この点では、訪問調査の限界を示すとともに、自宅訪問を行った児童福祉司のソーシャルワーカーとしての資質と判断力が問われるといえよう。

このように適切なプロセスを経た調査の結果、当該児童の生命に関わる重大な危険が現に存在すると認められるときは、たとえ親から抗議されたり強く拒否された場合であっても、通常、児童相談所は当該児童を一時保護して安全を確保する。

4　立入調査

（1）意義

安全確認および調査には、立入調査が必要な場合がある。児童福祉法29条

---

[38] 2015年5月20日朝日新聞（朝刊）。

に基づいて、児童福祉法 28 条の施設入所承認の申立て等を行うために必要があると認めるとき、児童相談所長（知事の委任）は児童の住所、居所、学校など従業する場所に立入調査をすることができる。ただし、親権者に強力に拒否されたときは、強制的に立ち入ることは認められていない。

一方、児童虐待の防止等に関する法律 9 条に基づく立入調査は、「児童虐待が行われているおそれがあると認めるときは、……児童の住所又は居所に立ち入り、必要な調査又は質問をさせることができる」と規定しており、立入調査を実行する条件を「児童虐待が行われているおそれがあると認めるとき」に拡大し、立入調査場所については「住所又は居所」に限定している。したがって実務上は、二つの法律を併せて立入調査の根拠規定とし、立入調査を実行している。

全国の児童相談所の立入調査件数は、2010 年度 202 件、2011 年度 91 件、2012 年度 86 件、2013 年度 84 件、2014 年度 114 件という状況である[39]。

（2）任意立入調査と強制立入調査

児童福祉法による立入調査権は、児童福祉法 28 条の入所承認申立てのために必要があると認めるときに、児童の住所等に立ち入って必要な調査・質問をできるものである。しかし、適正手続の観点から、あくまで任意調査としての域を出ないものであり、保護者の強い拒否にあったときは、実行できない。

虐待する親権者であってもその人権は守られるべきであり、調査の際に家の中で児童が暴行を受けて悲鳴が聞こえるなど、児童の生命身体に危害が切迫し、あるいは現に危害が加えられているような緊急事態の場合を除き、保護者の拒否を実力で突破して屋内への立入調査を行うことはできない。鍵の破壊等は通常の立入調査の権限を超え、適正手続に欠けた違法な行為となる。

また、立入調査は、児童相談所の職務であり、同行する警察官の援助には限界がある。あくまで、児童相談所による職務執行を円滑に実施できるよう、警察官がその警察官職務執行法等の任務と権限に基づいて行うものであり、警察官は児童相談所の権限行使の補助者ではない。もとより、親が児童相談所職員の職務執行を暴行や脅迫により妨げる場合や児童への加害行為等の緊急事態の場合に、警職法 6 条 1 項あるいは刑事訴訟法 220 条 1 項 1 号や 213 条による立入や現行犯逮捕は可能と実務上は解されている[40]。

---

[39] 厚生労働省「福祉行政報告例」。
[40] 警察庁少年課「児童虐待の防止等に関する法律第 10 条を踏まえた援助要領」（平成 12 年 11 月 17 日）、同庁「児童虐待への対応マニュアル」（平成 14 年 3 月）。

このような強制力に欠ける本規定を補うために児童虐待の防止等に関する法律が改正され、2008年4月以降は、一定の手続の下に強制立入調査が認められるようになった（強制立入調査については本編3章で詳述）。

前述の東京都A区の事案を考えてみる。児童相談所は、3歳児がいないとの情報を得て、警察官同行のうえで2014年5月に当該居宅の立入調査を行っている。ところが、児童相談所は、母親の「体調不良」に配慮して、人形などで擬装された児童の寝ている姿や後ろ姿を離れた位置から見るにとどめ、目視による確認を行っていない。このとき当該3歳児はすでに死亡し、居宅外に遺棄されていたと思われる。児童相談所は、安全確認においては児童本人と直接面接して怪我や食事制限などのネグレクトの有無を目視で確認するという基本を怠った点で落ち度がある。

任意の立入調査であっても、立入りを歓迎する親がいるはずもなく、実質的には強制的な捜索とほとんど変わらない。当然に児童の一時保護を前提に調査すべきであり、漫然とした形式的な調査は無益である。裁判官の許可状発付など法の定めるプロセスを経た強制立入調査は、親が施錠や暴力的行動で居宅内への立入りを拒否した場合であっても、児童相談所が施錠を解除するなど実力で室内に入り児童の捜索をすることを適法とする。すなわち、玄関のドアの解錠や抵抗する親の物理的な排除など、児童相談所による実力行使を認める一点で任意立入調査と異なるのである。

5 一時保護

児童相談所長（知事の委任）は、不適切な養育や虐待などの理由で、必要があると認めるときは、児童を一時保護することができる（児童福祉法33条）。通常は、親権者等の同意により一時保護を行う。ただ、一時保護は、児童の安全を迅速に確保し適切な保護を図るため、又は児童の心身の状況、そのおかれている環境その他の状況を把握するために行われるものであり、親権者等や児童の同意は必ずしも必要ではないと解されている。換言すると、児童相談所長（知事の委任）が、「虐待のおそれがあり、親子分離が必要」と判断したときは、親権者等や子ども自身の同意を得ることなく、当該児童を保護することができるのである。行政処分としては、非常に強い権限が児童相談所長（知事の委任）に与えられている（この点につき第5編5章で裁判所許可の必要性について詳述）。

一時保護には、児童の身柄確保と保護という二つの面がある。児童の身柄確

保は児童の安全のための児童相談所の責務であり、身柄を確保された児童は、原則として児童相談所に付置されている一時保護所で保護される。家庭裁判所への審判申立てにより長期化が予測され学校への通学の必要のある場合などには、児童養護施設や里親などに一時保護委託することもある。乳児であれば乳児院に一時保護委託し、当該児童が入院中の場合には一時保護処分を行った上で医療機関での入院を継続する事例もある。

　一時保護の期間は2か月を超えてはならないが、必要があると認めるときは引き続き一時保護を行うことができる。2017年の児童福祉法改正によって、その一時保護の延長が親権者等の意に反するときは、2か月の延長毎に、家庭裁判所の承認を得なければならないこととなった。ただし、児童福祉法28条による施設入所承認の申立て、同法33条の7による親権喪失若しくは親権停止の審判の請求若しくは同法33条の9による未成年後見人解任の請求がなされている場合は、家庭裁判所の承認は必要ない。

　しかし、一般に、被虐待児の一時保護への親の反発はきわめて強い。職権で強制的に一時保護を行った場合、保護者による脅迫や加害行為が、児童相談所の職員に対して行われるケースが少なくない。激昂した保護者による長時間の抗議や暴力的な行為、さらにその暴力的言動が連日または長期間にわたって続く事例もあり、それは全国いずれの児童相談所においても日常的な出来事といえよう。

　前述の東京都A区の3歳児の場合も、立入調査を行うときは、当該児童の一時保護を前提にして立入調査に入るのが通常の手順である。父母が如何に強い拒否や抵抗を行おうとも、児童の安全を最優先する立場から、毅然として児童の安全確認と一時保護処分を図るべき事案であった。

　なお、2016年の児童福祉法の改正により、一時保護中又は児童養護施設措置若しくは里親委託中に18歳に到達した者について、特に必要があると認められるときは、施設入所措置や里親委託あるいは措置変更や措置の更新をとるに至るまで、引き続き一時保護を行うことができることとなった（33条6項～10項）。

6　総合診断

　虐待通告を受理し、調査を行った当該児童については、在宅又は一時保護所への入所あるいは児童相談所への通所を通じて総合診断を行う。
　具体的には、児童福祉司の調査による社会診断、児童心理司の心理診断、児

童精神科医の医学診断、一時保護所での児童指導員による行動診断により、当該児童について心理的・医学的・社会的・日常行動の側面から、総合診断と判定を行う。

7　援助方針会議

　児童相談所長、児童福祉司、児童心理司などが出席して、当該児童の援助方針を決定するためのものである。総合診断を基にして各専門職が意見を述べ、児童の最善の利益にあった援助内容を決定する重要な会議であり、児童相談所長が主宰する。これを援助方針会議といい、通常は、毎週特定の曜日と時間を決めて、定期的に開催する。

　前述の近隣住民による電話通告の事案での援助方針会議を想定してみよう。まず、担当の児童福祉司は、当該児童が保育園に通園している場合、保育園の職員から児童の状況について聞き取り調査を行う。日常的なアザや怪我の有無、衣服の清潔さ、食事が十分与えられているかどうか、児童本人の性格や言動、保育園での特異な行動の有無、送迎の際の親との会話の内容などである。また、母親との面談ができた場合はその生育歴を含む人物像、母親の病歴、母親の勤務先、知り得る範囲で収入額、児童扶養手当の受給状況、同居人の職業など当該家庭の状況についても可能な範囲で調査する。これらの調査結果から、当該児童と親の日常生活を可能な限り明らかにし、今後の児童の援助方針を決定するための基礎的情報として、援助方針会議で各職員間の共有化を図る。これらの一連の調査による診断を社会診断という。

　児童心理司は、当該児童に同居家族と居宅を一緒に描かせた絵や所定の人や動物の人形で作らせた箱庭などによる心理学的分析、プレイルームにおける行動観察や知能検査結果などを総合して心理診断を行い、その有意な特徴について意見を述べる。

　児童精神科医が当該児童や親の診察を行った場合は、医学診断としてその結果の説明と留意事項について説明を受ける。

　一時保護を行っている児童の場合には、児童指導員が一時保護所における当該児童の日常行動の観察をもとに作成した行動診断について、担当の児童福祉司から報告を受ける。

　援助方針会議ではこれらの社会診断、心理診断、医学診断、行動診断の分析を踏まえて、当該児童の援助方針について議論を深め、担当の児童福祉司が、当該児童の具体的な援助方針を提起するのが一般的である。通常は合議の形式

により援助方針を決定するが、いうまでもなく、採用した援助方針に対する最終責任は児童相談所長が負う。

8　援助の決定

　総合診断による判定結果を踏まえ、援助方針会議で児童にとって最善の利益となる援助方針を決定する。援助内容は、次の三つに分類することができる。

（1）在宅指導

　親子を分離せず、児童福祉司指導や継続指導の対象として、家庭訪問や通所の方法により、親子関係の調整や家族指導、児童の心理療法などを行う。在宅指導には、児童福祉法上の処分として児童福祉司指導、行政処分ではないが広義の指導形態として継続指導による関与が児童相談所の実務において行われている。

　児童福祉司指導は行政処分として行う家族への介入であり、児童相談所の援助を通して当該児童の健全な養育を図ろうとするものである。継続指導は、児童福祉法上の規定はないが、当該児童と家族との関わりを維持し、児童福祉司などによる継続的なソーシャルワークを実施することをいう。

　たとえば、関係機関や近隣住民による虐待通告で家庭訪問をしたところ、当該児童に怪我はなく、ネグレクトとまでいえる状態ではないが、貧困状態にある家庭のため十分な養育環境になく公的援助を要すると判断した事案を考える。この場合、児童福祉法27条1項2号の児童福祉司指導の措置をとり、定期的に家庭訪問を行って養育状況を把握し、虐待の防止に留意するとともに福祉施策や社会資源を活用した各種支援を行うなどの介入がなされることになる。

（2）児童福祉施設入所措置など

　親子を分離し、児童福祉法27条1項3号に基づいて児童養護施設や乳児院への入所措置、里親委託などの措置をとることをいう。

　親子を分離することなく、在宅のまま援助するのが児童相談所による支援の原則であるが、親子の同居によって児童の生命・身体に危機が生じると認められるとき、児童相談所は当該親子の分離を図らなければならない。通常は、一定期間の親子分離が必要であることを親に説明し、その同意を得て入所措置等を行う。

（3）家事審判の申立て

　親との同居の下で児童の生命・身体に危機が生じているにもかかわらず、親が当該児童の施設入所等に同意しない場合、児童相談所長（知事の委任）は、

施設入所等の承認を家庭裁判所に申し立てることができる。また、児童相談所長は、児童の利益のために必要がある場合は、親権喪失の審判、親権停止の審判、管理権喪失の審判を家庭裁判所に申し立てることができる（次項9参照）。

9　家事審判の申立て

(1) 施設入所等承認の申立て

　親権者が児童を虐待し、著しく監護を怠り、著しく児童の福祉を害している場合にあっても、親権者の意に反する場合は、児童相談所長（知事の委任）は、児童福祉法27条4項の規定により、同法27条1項3号の入所措置等をとることができない。しかし、児童相談所長（知事の委任）は、家庭裁判所に施設入所等承認の申立てをし、認容の審判が出れば、当該児童について施設入所措置等をとることができる。家庭裁判所の承認による措置期間は2年を超えることはできないが、再び家庭裁判所の承認を得て当該期間を更新することができる（児童福祉法28条）。全国の児童相談所において、児童福祉法28条1項に基づく施設入所承認申立ての全国家庭裁判所における新受件数は、2013年276件、2014年279件、2015年254件、2016年269件である〈41〉。

　法28条に基づく家庭裁判所の承認は、親権の一部を事実上制限するものであるが〈42〉、この承認は児童の身柄確保を行う強制執行力を有さず、また施設入所後に親による強制連れ戻しに遭った場合もそれに対抗することはできない。ただ、児童福祉法28条の審判に基づいて児童福祉法27条1項3号の措置が継続されている限り審判の有効性には変化がないので、当該審判および措置処分を根拠にした人身保護請求は可能であると解する（第5編4章、5章で詳述）。

　一例として、親族からの通告により母子家庭を家庭訪問したところ、母親が統合失調症で判断能力と育児能力に欠け、ゴミが山積みされた部屋の中で、乳幼児が空腹のため泣いているという事案を考える。母親は、精神疾患により判断能力を欠くため、当該乳幼児の生命が危険な状態にあることを認識することができない。このような場合、児童福祉司は、まずは親族等の力を借りて母親を説得するが、母親がどうしても児童の施設入所に同意しない場合がある。その際、児童相談所長（知事の委任）は、まず当該児童を一時保護し、直ちに家

〈41〉最高裁判所事務総局家庭局「親権制限事件及び児童福祉法28条事件の概況（平成28年1月～12月）」。

〈42〉日弁連『子どもの虐待防止・法的実務マニュアル』77頁（1998年）、釜井裕子「児童福祉法28条第1項第1号の家裁の承認について」家庭裁判月報50巻4号53頁（1998年）。

庭裁判所に施設入所承認の申立てを行い、その承認の審判を得た後に当該児童を児童養護施設又は乳児院に入所措置をすることになる。

（２）親権喪失の審判・親権停止の審判・管理権喪失の審判

2011年の民法改正によって従来の親権喪失宣告制度が大幅に改正された。児童相談所長は、児童福祉法33条の7に基づき、児童の利益のために必要がある場合は、親権喪失の審判、親権停止の審判、管理権喪失の審判を家庭裁判所に申し立てることができる（第5編2章および4章で詳述）。

10　立入調査拒否等の罪

立入調査に対して拒否・妨害・忌避等を行った場合は、罰金50万円以下に処せられる（児童福祉法61条の5）。これは戦前の児童虐待防止法11条を引き継いだものであり、児童相談所が活用することはほとんどない。

警察が、本条違反を理由にして裁判所から捜索状を取得し、室内に立ち入ることは法解釈上可能であるが、そのような先例は公の刊行物等では明らかにされておらず、児童福祉法61条の5は、保護者の意思に反して家に立ち入るなどの強制的手段には活用できないものと解される。一方、この規定により「公権力の行使の手段にする」との見解があるが、即応性を求められる被虐待児の保護の手段としての実効性はない。

また、東京都の児童相談所が、2000年に本条に基づいて警視庁に告発した事案が1件あるが、最終的には起訴猶予となっている。

11　要保護児童対策地域協議会

要保護児童対策地域協議会は、地方公共団体による子どもを守る地域ネットワークとして、その設置について地方公共団体の努力義務として規定された（児童福祉法25条の2）。たとえば、東京都では、全区協議会・地域協議会・個別ケア会議の三層構造の形で設置され、市区町村を中心に児童相談所、学校、児童福祉施設、保健・医療機関、警察署などが情報交換と個別ケースの支援内容に関する協議等を行っている。

この協議会は、①乳児家庭全戸訪問事業（児童福祉法6条の3第4項）の実施等により把握した保護者の養育支援が必要な「要支援児童」、②保護者に監護させることが不適当と認められる「要保護児童」、③出産後の養育について出産前において支援が必要な「特定妊婦」への適切な保護や支援を図るために設置される。その実情は、児童虐待の事前防止のために情報交換等を主目的

とする地域の協議機関である。

12　児童福祉審議会

　児童相談所長（知事の委任）が、児童を乳児院や児童養護施設等に入所措置する場合、児童若しくはその保護者の意向と当該措置が一致しないとき、又は児童相談所長（知事の委任）が必要と認めるときは、児童福祉審議会の意見を聴かなければならない。児童相談所が、児童福祉審議会の意見を聴取しなければならないのは、このいずれかの要件に該当する場合に限定される。ただし、緊急を要する場合はこの限りではなく、事後に児童福祉審議会へ報告することで代えることができる（児童福祉法27条6項、同法施行令32条）。

　多くの自治体では、月1回程度の割合で児童福祉審議会の専門部会において審議されている。専門部会は、児童福祉や心理学を専門とする大学教員、児童虐待事件に詳しい弁護士、児童精神科医などで構成され、各児童相談所における児童虐待の困難事案について、当該児童相談所からの諮問に対して部会の答申を行う。

　大学教員、弁護士、児童精神科医等の各委員は、それぞれの専門的知見に基づいて事案に対する意見を述べ、最終的には部会長がまとめを行い、当該事案に係る審議事項について答申を行う。内容は、同意、助言、指示等と事案によって様々である。法的拘束力はないものの、児童福祉審議会部会からの指示や助言は、児童相談所の実務においては、当該児童相談所長に対する事実上の命令的効果を有している。

　たとえば、児童福祉法28条事件として家庭裁判所の承認を得て施設入所措置した事案において、その入所措置を解除する場合は慎重な判断が必要であり、通常は児童福祉審議会への諮問又は意見の聴取を行う。入所期間中の保護者に対する指導状況とその効果、措置児童の精神的・身体的状態などについて、専門家の立場から客観的な評価と措置解除の是非について意見が表明される。

第3章
児童虐待の防止等に関する法律による対応と課題

I 児童虐待の防止等に関する法律の制定過程

1 児童虐待への関心が薄かった時期

　児童虐待の防止のための法律としては、すでに戦前の1933年に旧児童虐待防止法が制定され、その規定の大半が1947年成立の児童福祉法に、親権者の意に反する施設入所措置等（28条）、立入調査（29条）、禁止事項（34条）および罰則事項（60条、61条の5）などとして承継されてきた。

　しかしその後は、アメリカなど海外での児童虐待急増の報道に際しても、わが国には家族を大切にする伝統があるので児童虐待は存在しない、という現実を直視しない見方が支配的であった。そのため、行政やメディア、一般国民も十分な関心を抱くことなく、当時の厚生省にとって児童虐待防止は主要な施策対象とはならなかった。

2 1990年代に児童虐待相談件数が急増

　ところが、1980年代後半から全国の児童虐待相談件数が徐々に増え始め、1990年度には1,101件と1,000件を超えた。8年後にはその6倍、10年後の2000年度には17倍の17,725件と急速に増加した。

　図3-1のように、児童相談所の虐待相談件数は、1990年代後半から急激に増加し、その後も増え続けた[43]。同時に、虐待による児童の死亡事案も増え、メディアからも厚生省（当時）と児童相談所への批判が急速に高まった。そこ

〈43〉各年度の厚生労働省「福祉行政報告例」。

第3編　児童虐待防止法制の実情

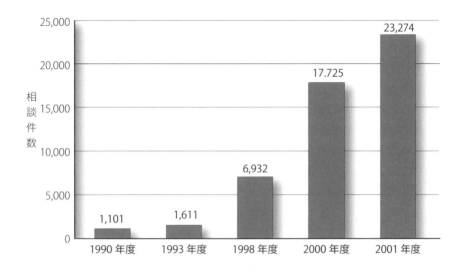

図 3-1　1990 年度〜 2001 年度全国児童虐待相談件数
（厚生労働省「福祉行政報告例」より筆者作成）

で急遽、厚生省が各都道府県と政令指定都市に発したのが、次の「平成9年厚生省児童家庭局長通知」である。

3　平成9年厚生省児童家庭局長通知

　1997 年（平成9年）6月 20 日付厚生省児童家庭局長通知「児童虐待等に関する児童福祉法の適切な運用について」が各都道府県に送付された。通知は、各児童相談所にあっては児童虐待に対する児童福祉法の運用が不十分であり、本通知に沿って適切な解釈運用と積極的な対応を図られたい、という内容である。
　たしかに児童福祉法には通告義務、立入調査、一時保護、施設入所措置、家庭裁判所への家事審判の申立てなど児童虐待への対応条項はあるが、いずれも戦前の旧児童虐待防止法を引き継ぎまたは修正したものであり、立入調査の強制力もなく、警察の協力も得られず、急増する児童虐待に対応するために十分な規定とは言い難いものであった。同時に、この通知は、本来はソーシャルワーク機関である児童相談所に、裁判所や警察署のような強権的な権限をもっと発動せよと叱咤する趣旨といっても過言ではなかった。親権によるしつけと開き

直る親、児童相談所職員に暴力をふるう親、数時間にわたって電話で怒鳴り続ける親などの前で困り果てている児童相談所にとって、児童家庭局長による一編の解釈・運用通知が発せられても、児童相談所を取り巻く厳しい状況を切り開くことができるはずもなかった。

4　議員立法の動き

　厚生省（当時）は平成9年児童家庭局長通知で十分に対応可能とし、児童福祉法の改正や新しい児童虐待防止に関する特別法の制定には消極的な立場を変えなかった。しかし、1999年7月から超党派の議員による立法化の動きが活発化し、衆議院青少年問題に関する特別委員会（以下、「青少年委員会」という）でも議論が精力的にすすめられた。

　具体的には、第145回国会（1999年7月）での参考人意見聴取、引き続き同月の政府答弁、第146回国会（1999年11月）の参考人意見聴取などである。そして、1999年、第146回国会で青少年委員会が、「児童虐待の防止に関する件」として立法化を含めて決議した。その主な項目は、次のとおりである。
①通告義務の啓発
②児童相談所、児童養護施設の体制強化
③24時間対応窓口の整備
④児童相談所による立入調査における警察との連携強化
⑤国および地方自治体における関係機関の連携強化

　このように、決議の内容は、児童虐待事案への初期対応における法制と実施体制の整備確立が中心であった。

　そして、この決議がなされた後、児童福祉法の改正や特別法の制定に消極的であった厚生省の姿勢が大きく変化することになる。

5　児童虐待の防止等に関する法律の制定

　2000年（平成12年）3月の第147回国会において、青少年委員会は、前述の委員会決議を踏まえ、児童福祉法その他関連法の法整備に向けて動き出し、厚生省は、児童虐待に関する特別法の立法化について、その必要性を認める方向に転じた。青少年委員会は、全国児童相談所長会の会長をはじめとする参考人の意見聴取を実施し、4月の政府答弁、さらに同月の参考人意見聴取を経て、5月には児童虐待の防止等に関する法律案を起草し、全会一致により同法案が

成立、5月24日の公布に至ったのである⟨44⟩。

　この児童虐待の防止等に関する法律については、第一に、児童虐待防止を目的とする特別法として法制化したこと、第二に、児童虐待の定義づけを行ったこと、第三に、児童虐待の防止等について国や自治体の責務を明らかにしたこと、第四に、国民の通告義務とその刑事免責を規定したこと、第五に、立入調査などにおける警察官の援助を規定したこと、を有意なものとして一般には評価されている。

　しかし、親権の停止と児童相談所長への付与制度、裁判所の令状に基づく立入調査や一時保護、児童相談所の役割見直しと警察への権限移管など、当時の児童相談所側が強く要望していた事項は立法化されることなく、全体としては実効性に欠けるものであった。端的に言うと、1997年の厚生省児童家庭局長通知（平成9年通知）に若干の加筆を行って立法化したものであり、児童虐待防止への効果はきわめて限定的であったといえよう。

6　児童虐待の防止等に関する法律の立法過程での問題

（1）議員立法の問題点

　1999年から2007年の間の議事録によると、青少年委員会での、内閣への質疑および参考人意見聴取のいずれにおいても、必ずしも深い議論がなされたわけではない。各党の委員からは、基礎的な質問や意見が各回の青少年委員会の質疑で繰り返されている。各分野の参考人の意見陳述を聴取してはいるが、各党の委員が、児童虐待の態様、背景、実施機関のあり方などについて、十分に深い知見を有するに至ったとの印象は受けない。

　厚生省の方針転換もあり、当時の児童虐待相談件数の急増に対応するため、児童虐待の防止等に関する法律を議員立法（衆法）として急いで成立させたとの印象を払拭することはできない。もし、当時の厚生省に、当初から政府提出の閣法として法制化するという積極的な姿勢があれば、法務省、最高裁判所、検察庁、警察庁などとの調整を経て、司法権、検察権や警察権の制度的関与など児童虐待防止に実効性のある実施体制が確立された可能性もあったのではないかと思う。

（2）厚生省の姿勢

　2000年当時の厚生省が、児童家庭局長通知で十分対応できるものと固執し

⟨44⟩　衆議院『青少年問題に関する特別委員会録』（平成12年3月23日〜平成19年4月26日）。本章は、この『会議録』を参照した。

て、児童福祉法の改正や児童虐待防止に関する特別法の制定を拒否した理由は明らかではない。しかし、このことが児童虐待防止法制の整備に関する初期段階での遅れとなり、その後も有効な実施体制を確立することができなかった原因の一つと考える。

　厚生省による当初の法整備への消極性によって、立入調査や虐待通告に関して、児童虐待の防止等に関する法律と児童福祉法が整合性を欠いたり、規定が一部重複しているものもある。また、児童虐待防止に係る実施機関の機能と権限の配分については、裁判所をはじめ検察庁や警察署の所管庁との調整も行われていない。その結果、爾後の法改正においては、都道府県知事とその受任者としての児童相談所長に対して、強力な権限と責任を加重的に付与し続けるという選択肢しかなくなったのは当然の帰結である。そして、その後の時間の経過の中で、全国の多くの児童相談所が、ソーシャルワーク機関としては機能麻痺に近い状態にまで追い込まれていくのである。

（3）参考人の陳述
ア　研究者・活動団体側
　1999年から2007年の児童虐待の防止等に関する法律の制定と改正過程において、児童虐待を議題とする青少年委員会は16回開催され、そのうち7回が参考人の意見聴取に充てられている。児童相談所長、弁護士、精神科医師、元厚生省専門官の大学教授、ソーシャルワーカーなどであり、日本子ども虐待防止学会や子どもの虐待防止センターなどの研究・活動団体に所属する者が多い。いずれもかねてから児童虐待防止のために献身的に行動してきた人たちである。その研究と実践活動を行ってきた実績は評価されるべきであり、多くの経験を踏まえた見解は傾聴に値するが、児童相談所側に対して厳しい見方をする傾向が強かったことは否めない。

イ　児童相談所側
　一方、法的対応の実施機関となる児童相談所側については、全国児童相談所長会長など3名であった。いずれも現役の児童相談所長と児童福祉司であるため、児童相談所への加重的な責任付加や政令で定めた児童福祉司の配置基準の低さなどに強く異議を唱えることは立場上難しく、その点での陳述は不十分であったと思う。なお、全国児童相談所長会長は、2000年3月の青少年委員会において、次の8項目の要望とその理由を述べている[45]。このうち民法に関

---

[45]『第147回国会衆議院　青少年問題に関する特別委員会議録第4号』1頁（全国児童相談所長会長陳述、平成12年3月23日）。

わる事項を除き、その要望の一部は児童虐待の防止等に関する法律に取り入れられた。

①児童虐待の定義の明確化

　国民からの通告の促進のために、児童虐待の定義が必要である。

②児童虐待の禁止および罰則

　児童福祉法60条の罰則規定に児童虐待を加え、児童虐待を抑制する。

③関係機関の通告義務および誤認通告の免責の規定

　医療機関、保育所、学校などの関係機関に通告義務と通告を怠った場合の罰則を科すとともに、通告の免責を規定し、関係機関からの通告の促進を図る。

④立入調査、一時保護と相談・支援機能の役割分担

　立入調査や一時保護などの強制的介入は警察等の機関が行い、相談・支援機能を児童相談所が担うという役割分担が望ましい。

⑤立入調査の具体的権限の付与

　児童相談所の要請に基づき警察署も合同で立ち入るなど、実効性のある立入調査を可能とする法の整備を行う。

⑥未成年後見人に機関後見を容認

　未成年後見人を選任する場合、児童相談所長個人ではなく、児童相談所長という機関の長として就職できるように、機関後見を制度化すべきである。

⑦親権の一部の一時停止

　親権のうち身上監護権について、一時的に停止する措置がとれるよう関係規定を整備すべきである。

⑧懲戒権の廃止

　児童虐待の容認につながりかねない懲戒権は、廃止すべきである。

ウ　役割分担と配置基準

　このうち警察や裁判所との役割分担の見直しについては、現在でも児童相談所の現場において切実な懸案事項である。DV防止法においては、保護命令は裁判所により発せられ、警察官による被害の防止や援助など警察の関与が大きい。これに比べ、児童については、接近禁止命令は都道府県知事の権限と規定され、警察の関与は立入調査などにおける警察官の「同行」だけに限定されているのである。

　また、児童相談所側の参考人から、児童相談所における児童福祉司の配置基準を定めた政令改正の要望は行われていない。当時から現在に至るまで、日本の児童福祉司の配置基準は、担当する業務内容や担当ケース数が異なるため正

確には比較できないが、フランスの ASE やドイツの少年局におけるソーシャルワーカーと比較して低い水準にあると考える（第 5 編 6 章で詳述）。

（4）曖昧な児童相談所の位置づけ

児童相談所は、本来は児童福祉に関するソーシャルワーク機関である。ところが、児童虐待の防止等に関する法律の制定および引き続く同法と児童福祉法の改正によって、その機能の変化を余儀なくされてきた。本来、面会・通信制限や接近禁止命令などは司法権の範疇であり、臨検・捜索などは警察権の範疇である。児童に関するソーシャルワーク機関が裁判所や警察署の職務を兼ね、さらにその範囲が児童虐待の防止等に関する法律の改正を重ねるごとに拡大される傾向にあることは、きわめて問題が大きい（第 5 編 6 章で詳述）。

一方では、児童相談所長や児童福祉司の任用資格について医師や社会福祉士など医療・福祉専門職への限定をすすめ、他方では、児童相談所長（知事の委任）の業務に司法権と警察権に属する法的な権限が加重的に付与されてきた。児童虐待の防止等に関する法律の制定と数多くの改正を経て、児童相談所機能の位置づけの曖昧さはいっそう顕著になったものと考える。

II　児童虐待の防止等に関する法律および関係法令の改正過程

1　児童虐待の防止等に関する法律の評価

児童虐待の防止等に関する法律は、附則第 2 条で法律施行後 3 年を目途にした検討を義務づけており、メディアは、新法制定の意義を評価すると同時に、その不十分さを認識したうえで、早くも 3 年後の見直しに期待する論調が主流であった。また、児童相談所の現場や児童虐待防止を実践している民間団体においては、確かに新法は不十分で実効性に欠ける法律ではあるが、今後の民法や児童福祉法を含めた法改正を通じて、真に抑止効果のある法体系の確立を期待するというのが一般的な共通認識であったと思う。[46]

一方、当時の報道によると、児童虐待の防止等に関する法律の制定に尽力した国会議員の中には、「これで児童相談所は武器を得た」「児童相談所は、法に基づき児童虐待防止に全力を尽くせ」などと過大な評価をする者が少なくな

〈46〉拙稿「児童虐待〜抜け穴だらけの防止法」（朝日新聞『私の視点』2001 年 7 月 16 日）。

かった。一般世論においては、立入調査権の強化など児童相談所の権限が拡大したと認識され、児童相談所と市区町村等との各種の会議においても、出席者から児童相談所に期待する声が数多く聴かれた。

2 児童虐待の防止等に関する法律および関連法の改正

（1）2004年児童虐待の防止等に関する法律の改正

2000年11月の第150回国会では、児童虐待の防止等に関する法律施行と今後の課題等について、警察庁、法務省、厚生省などの政府答弁が行われた[47]。その後、2年半の中断を経て、児童虐待の防止等に関する法律附則に基づいて改正への議論が開始されている。

2003年5月の第156回国会で、政府答弁および参考人意見聴取が各1回ずつ行われた。2004年の第159回国会では、2月に参考人意見聴取、翌3月に児童虐待の防止等に関する法律一部改正案が起草され、4月に児童虐待の防止等に関する法律の一部改正法が公布された。

この2004年改正法は、児童虐待の定義の明確化、通告義務の範囲の拡大、虐待する親との面会・通信の制限強化などが主要な内容であるが、修正内容に重要事項は含まれておらず、抜本的な改正とはならなかった。主な改正内容は次のとおりである。

ア 児童虐待の定義の見直し（法2条）

①保護者以外の同居人による児童に対する身体的・性的・心理的虐待を保護者が放置することも、保護者によるネグレクトとして児童虐待に含まれるものとされた。

②児童の目前でドメスティックバイオレンス（DV）が行われる等、直接児童に対して向けられた行為でなくても、児童に著しい心理的外傷を与えるものであれば児童虐待に含まれることとされた。

イ 国および地方公共団体の責務の改正（法4条）

①児童虐待の予防および早期発見から児童虐待を受けた児童の自立支援まで、これらの各段階に国および地方公共団体の責務があることが明記された。

②国および地方公共団体は、児童虐待の防止に寄与するよう、関係者に研修等の必要な措置を講ずるとともに、児童虐待を受けた児童のケア並びに保護者の指導および支援のあり方その他必要な事項について、調査研究および検証

---

[47] 前掲・衆議院『青少年問題に関する特別委員会議録』（平成12年3月23日～平成19年4月26日）。

を行うものとされた。

ウ　児童虐待の早期発見義務（法5条）
①児童虐待の早期発見に関する努力義務につき、学校の教職員や保育所職員などの個人だけでなく、学校、保育所、病院等の団体も責任を負うことが明確にされた。
②学校や保育所等の「団体」、教職員や保育士などの「個人」は、児童虐待の予防と防止、児童虐待を受けた児童の保護、自立の支援に関する国および地方公共団体の施策に協力するよう努めなければならないとされた。
③学校や幼稚園、保育所などの児童福祉施設は、児童や保護者に接する機会が多いことを踏まえ、児童および保護者に対して、児童虐待の防止のための教育又は啓発に努めなければならないこととされた。

エ　児童虐待に係る通告義務の拡大（法6条）
　従来の「児童虐待を受けた児童」から「児童虐待を受けたと思われる児童」を通告義務の対象とし、児童虐待に係る通告義務が拡大された。この法の趣旨に基づくものであれば、それが結果として誤りであったとしても、そのことによって刑事上、民事上の責任を問われることはないと厚生労働省は説明している。しかし、民事上の損害賠償責任が生じる場合はあり得ると考える。

オ　通告又は送致を受けた場合の措置（法8条）
　児童相談所が通告又は送致を受けたとき、児童相談所長は、近隣住民、学校教職員、保育所職員等の協力を得て、速やかに、当該児童との面会その他の手段により当該児童の安全の確認を行うよう努めることとされた。

カ　警察署長に対する援助要請等（法10条）
①児童相談所長は、児童の安全確認および安全の確保に万全を期する観点から、必要に応じて適切に、警察署長に対し援助要請を行う義務があることが明確にされた。
②援助要請を受けた警察署長は、必要と認めるときは、速やかに、所属の警察官に必要な措置を講じさせるよう努めなければならないとされた。

キ　児童虐待を行った保護者に対する指導（法11条）
　児童虐待を行った保護者に対する指導について、親子の再統合への配慮その他良好な家庭環境で生活するために必要な配慮の下に適切に行われなければならないとされた。

ク　面会又は通信の制限等（法12条の2）
　保護者の同意に基づく施設入所等の措置がとられている場合であっても、一

時保護を経由して、児童福祉法28条に基づく家庭裁判所の承認を求めることにより、必要に応じて、保護者の児童との面会・通信を制限することが可能となった。

ケ　児童虐待を受けた児童等に対する支援（法13条の2［現13条の3］）

　市区町村は、児童福祉法の規定により保育所に入所する児童を選考する場合には、児童虐待の防止に寄与するため、特別の支援を要する家庭の福祉に配慮しなければならないこととされた。

(2) 2004年児童福祉法の改正

　2004年の児童虐待の防止等に関する法律の改正と同時に、児童福祉法の改正も行われた。修正内容は、次のとおりである。

ア　市区町村は第一義的な児童相談窓口（法10条）

①児童相談に関する第一義的な相談窓口として市区町村を位置づけ、その役割を法律上明確にした。これは2005年4月に施行された。

②市区町村の業務として、児童の福祉に関し、必要な実情の把握および情報の提供を行うとともに、家庭その他からの相談に応じ、必要な調査および指導を行うことが義務づけられた。

③市区町村長は、児童相談業務のうち、専門的な知識および技術を必要とするものについては、児童相談所の技術的援助および助言を求めなければならないものとされた。

④市区町村長は、医学的、心理学的、教育学的、社会学的および精神保健上の判定を必要とする場合には、児童相談所の判定を求めなければならないものとされた。

⑤市区町村は、児童相談等に関する業務を適切に行うために必要な体制の整備、人材の確保と資質の向上のために必要な措置を講じなければならないものとされた。

イ　児童相談所は専門的および後方支援的な役割（法11条、12条）

①児童相談所の役割が、専門性の高い困難事例への対応や市区町村に対する後方支援に重点化された。

②都道府県又は児童相談所の業務として、市区町村に対する必要な援助を行うこと、児童に関する家庭その他からの相談のうち、専門的な知識および技術を必要とするものに応ずること、などが規定された。

ウ　要保護児童対策地域協議会（法25条の2）

　地方公共団体は、要保護児童の適切な保護を図るために、必要な情報交換を

行うとともに、要保護児童等に対する支援の内容に関する協議を行う要保護児童対策地域協議会を置くことができるとされた。

エ　乳児院および児童養護施設の入所児童の年齢要件の見直し（法37条、41条）

　安定した生活環境の確保等の理由により、とくに必要がある場合には、乳児院に幼児を、児童養護施設に乳児を入所させることができるものとされた。具体的には、乳児院では2歳未満の児童を入所させていたが、これを小学校就学前までの児童も入所を認め、児童養護施設では、1歳未満児を対象外としていたものを、1歳未満児も入所を認めることとしたものである。

オ　家庭裁判所の承認を得て行う入所措置の有期限化（法28条2項）

　児童福祉法28条に基づいて、家庭裁判所の承認を得て行われる児童福祉施設への入所措置の期間は、2年を超えてはならないものとされた。ただし、当該入所措置に係る保護者に対する指導措置の効果等に照らし、当該入所措置を継続しなければ著しく児童の福祉を害するおそれがあると認めるときは、家庭裁判所の承認を得て、当該期間を更新できるものとされた。

カ　保護者の指導に関する家庭裁判所の勧告等（法28条5項、6項）

　家庭裁判所は、児童福祉法28条に基づく入所措置の承認の申立てがあった場合は、都道府県（実際には児童相談所）に対し、期限を定めて、当該申立てに係る保護者に対する指導の措置に関し報告および意見を求めることができるものとされた。

　また、当該承認の審判をする場合において、当該措置の終了後の家庭その他の環境の調整を行うため当該保護者に対し指導の措置をとることが相当であると認めるときは、当該保護者に対し指導の措置をとるべき旨を都道府県（実際には児童相談所）に勧告することができるものとされた。

キ　児童相談所長が親権喪失宣告の請求をできる対象の拡大（法33条の7）

　児童相談所長は、親権者が親権を濫用しているとき、児童および児童以外の満20歳に満たない者についても、親権喪失宣告の請求を行うことができるものとされた。これは児童福祉法の対象外である18歳と19歳の未成年者が、親権喪失の要件に該当するほどの重篤な虐待を親から受けているような場合、児童相談所長による当該虐待親の親権喪失宣告の請求を可能として、当該未成年者を支援することができるように改正されたものである。

（3）児童虐待相談件数の増加と虐待死事件の頻発

　これらの法改正後も児童虐待相談件数は増え続け、大阪府岸和田市の中学生衰弱死事件、福島県泉崎村の3歳児衰弱死事件、京都府長岡京市の暴行死事件

など実に痛ましい虐待死事件が連続した。その都度、児童相談所は介入の遅れや判断ミスをテレビカメラの前で謝罪し、メディアは児童相談所を厳しく非難した。

（4）2007年児童虐待の防止等に関する法律の改正

　このような中で、国会は二度目の児童虐待の防止等に関する法律の改正に着手した。2006年12月の第165国会の青少年委員会政府答弁に始まり、第166国会では、2007年3月の参考人意見聴取を一度経ただけで、同年4月26日に僅か2時間の質疑で児童虐待の防止等に関する法律改正案が起草された。同案は全会一致で可決された後、参議院でも直ちに審議、可決し、同年6月1日公布された。改正法は、2008年4月から施行された。

　2007年の法改正は、議員立法の形式ではあるが、実際は厚生労働省雇用均等・児童家庭局が対応している。しかし、裁判所を含む関係省庁との調整が十分とはいえず、その重要な改正点から見て、青少年委員会でほとんど論議することなく短時間で改正法案を決定したことには疑問がある。厳しい児童虐待が全国で繰り返されるという状況下で法改正を急いだため、結果的には、強制立入調査や保護者の面会・通信の制限強化などに関して、いっそう児童相談所長（知事の委任）に加重な負担を負わせたことに危惧を抱くからである。

　2007年の法改正の中心点は、今まで厚生労働省が消極的であった強制立入調査制度を法制化し、被虐待児の安全確保のために虐待を行う保護者の面会・通信の制限強化と罰則付きの接近禁止命令を創設したことにある。

　しかし、強制立入調査における裁判所の許可状発付を除けば、実体上、新たな責任と権限が児童相談所長（知事の委任）に重畳的に付加されたにすぎない。この点については、法務省や警察庁などの関係省庁や裁判所との十分な調整をすることなく、安易に児童相談所長（知事の委任）の職務としたとの感は否めない。

　一方、2007年改正法の附則2条は、改正法の施行後3年以内に、児童虐待の防止等の観点から親権に係る制度の見直しを検討して必要な措置を講ずることを政府に義務づけた。この附則に基づいて、2011年の児童虐待防止を目的に民法親権規定の改正が行われたのであるから、2007年の本法改正における最も評価すべき事項は、附則2条であるということもできよう。

　2007年の児童虐待の防止等に関する法律に係る主な改正点は、次のとおりである。

ア　強制立入調査制度の創設（法8条の2～10条の6）
①出頭要求

　虐待通告があれば、児童相談所長は当該児童の安全確認を実施するが、児童の安全確認ができず、児童虐待が行われているおそれがあると認めるとき、児童相談所長（知事の委任）は、保護者に当該児童を同伴して出頭するよう要求することができる。

②立入調査

　児童相談所長（知事の委任）は、当該保護者が出頭要求に応じない場合、又は児童虐待が行われているおそれがあると認めるときは直ちに立入調査を行うことができる。

③再出頭要求

　児童相談所長（知事の委任）は、当該保護者が立入調査を拒否、妨害、忌避するときは、再出頭要求をすることができる。

④臨検・捜索

　児童相談所長（知事の委任）は、当該保護者が、再出頭要求に応じない場合、児童虐待が行われている疑いがあるときは、裁判官の発する許可状に基づいて、当該児童の住所若しくは居所を臨検し、当該児童を捜索することができる。この際、必要があるときは、解錠その他必要な処分をすることができる。

イ　面会、通信の制限と入所先等の不告知（法12条）
①面会・通信の制限

　児童相談所長および施設長は、一定の条件の下で、児童の保護のために必要がある場合は、保護者に対して当該児童との面会、通信の全部又は一部を制限することができる。

②入所先等の不告知

　児童相談所長は、一定の条件の下で、施設入所措置などがとられている場合、当該保護者による連れ戻しのおそれがある等と認めるときは、保護者に対し児童の住所又は居所を告知しないものとする。

ウ　接近禁止命令の創設（法12条の4）

　都道府県知事は、一定の条件の下で、6月を超えない期間を定めて、保護者に対して、当該児童の身辺につきまとい、又ははいかいしてはならないことを命ずることができる。これに違反した場合は、1年以下の懲役又は100万円以下の罰金に処せられる。

エ　安全確認義務（法8条）

児童相談所長、市町村長などは、児童虐待を受けたと思われる児童について、当該児童との面会その他の安全の確認を行うために必要な措置を講じることを義務づけられた。

オ　児童虐待を行った保護者に対する指導（法11条）

都道府県知事は、児童虐待を行った保護者が児童福祉司指導の受け入れ勧告に従わなかった場合、当該児童について一時保護や施設入所措置など必要な措置を講じることとなった。また、児童相談所長は、児童虐待を行った保護者が児童福祉司指導の受け入れ勧告に従わず、その児童に対して親権を行わせることが著しく当該児童の福祉を害する場合には、必要に応じて、適切に、親権喪失宣告の請求を行うこととなった。

カ　関係機関等相互の情報提供（法13条の3［現13条の4］）

地方公共団体の機関は、児童相談所長等から児童虐待に係る児童とその保護者に関する資料又は情報の提供を求められたとき、必要と認める場合、その提供をすることができるものとした。

キ　親権制度に係る法改正検討の義務づけ（附則2条）

法附則2条は、「政府は、この法律の施行後3年以内に、児童虐待の防止等を図り、児童の権利利益を擁護する観点から親権に係る制度の見直しについて検討を行い、その結果に基づいて必要な措置を講ずるものとする」とした。その後、当該附則が2011年民法改正の契機となった。

（5）2007年児童福祉法の改正

2007年児童虐待の防止等に関する法律の改正と同時に児童福祉法の改正も行われている。主な改正内容は、次のとおりである。

ア　要保護児童対策地域協議会の努力義務化（法25条の2）

地方公共団体は、要保護児童対策地域協議会を置くように努めなければならないとされた。

イ　未成年後見人選任請求の間の親権の代行（法33条の7［現33条の8］）

児童相談所長は、未成年後見人の選任の請求がされている児童につき、親権を行う者又は未成年後見人があるに至るまでの間、親権を行うものとされた。

ただ、この規定は、児童相談所長によって未成年後見人の選任申立てがなされている児童について、未成年後見人が選任されるまでの間に限定した一時的な親権代行である点に留意する必要がある。

ウ　立入調査拒否等の罪（法61条の5）

正当な理由がなく立入調査を拒否、妨害、忌避等をした者に対する罰金の額

を、30万円以下から50万円以下へ引き上げた。ただし、本条に基づいて立入調査拒否等の罪として起訴され、有罪になった事案が公にされたことはない。この罰金の額の引き上げ効果については疑問がある。

(6) 2011年民法改正

2007年に改正された児童虐待の防止等に関する法律附則2条が、「法律の施行後3年以内に、親権に係る制度の見直しについて検討を行い、……必要な措置を講ずる」と規定したことを受けて、2009年6月、法務省に児童虐待防止のための親権制度研究会が発足した。同研究会は、計9回の論議を経て、2010年1月に、「児童虐待防止のための親権制度研究会報告書」を作成した。

法制審議会の児童虐待防止関連親権制度部会が、2010年3月に第1回会議を開催した。議事は、「児童虐待防止のための親権制度研究会報告書」に基づき、その議論状況をたたき台として開始された。全10回の会議を経て、2011年2月、法制審議会は、「児童虐待防止のための親権に係る制度の見直しに関する要綱」を法務大臣に答申した。この答申に基づく民法等一部改正案は、全会一致で衆議院および参議院本会議で可決、2011年6月3日に公布され、2012年4月1日に施行された。

民法の主な改正事項は次のとおりである（第5編2章で詳述）。

① 親権は子の利益のために子の監護および教育をする権利と義務であることを明確にした。
② 親権喪失宣告制度を廃止し、親権の行使が著しく困難又は不適当などの場合に、家庭裁判所は、親権喪失の審判をすることができる制度に替えた。
③ 親権の行使が困難又は不適当などの場合に、家庭裁判所は、親権停止の審判をすることができる制度を新設した。
④ 子の財産の管理権の行使が困難又は不適当などの場合に、家庭裁判所は、管理権喪失の審判をすることができることとした。
⑤ 複数の未成年後見人と法人の未成年後見人を許容した。

(7) 2011年児童福祉法の改正

2011年6月の民法改正と同時に、次のように児童福祉法の一部改正も行われた。

ア 一時保護に係る児童福祉審議会の意見聴取（法33条5項）

一時保護を2月を超えて引き続き行うことが親権者又は未成年後見人の意に反する場合は、都道府県児童福祉審議会の意見を聴取しなければならない。また、引き続き一時保護を行った後、2月を経過するごとに意見聴取が必要で

ある。ただし、児童福祉法28条に基づく入所承認申立て、親権喪失又は親権停止の審判の請求をしている場合はこの限りではない。

イ　一時保護を行った児童に係る児童相談所長の権限（法33条の2）
　児童相談所長は、一時保護を加えた児童で親権者等のないものに対し、親権者又は未成年後見人があるに至るまでの間、親権を行う。
　児童相談所長は、一時保護を加えた児童で親権者等のあるものについても、監護、教育および懲戒に関し、その児童の福祉のため必要な措置をとることができる。児童の親権者等は、当該措置を不当に妨げてはならない。また、当該措置は、児童の生命又は身体の安全を確保するため緊急の必要があると認めるときは、その親権者等の意に反しても、これをとることができる。

ウ　児童相談所長による親権喪失の審判の請求（法33条の7）
　児童又は児童以外の満20歳に満たない者（以下ウおよびエにおいて「児童等」という。）の親権者に係る民法の規定による親権喪失、親権停止、管理権喪失の審判の請求等について、児童相談所長も行うことができることとした。
　また、33条の8により、児童相談所長は、親権者のない児童等について、その福祉のため必要があるときは、家庭裁判所に対し未成年後見人の選任を請求しなければならないとされた。この場合、未成年後見人があるに至るまでの間、児童相談所長は、親権を行う（第5編4章で詳述）。

エ　児童福祉施設の長等の権限など（法47条）
　児童福祉施設の長は、入所中の児童等で親権者等のないものに対し、親権者又は未成年後見人があるに至るまでの間、親権を行う。児童相談所長は、小規模住居型児童養育事業を行う者又は里親に委託中の児童等で親権者等のないものに対し、親権者又は未成年後見人があるに至るまでの間、親権を行う（第5編4章で詳述）。
　児童福祉施設の長、里親等は、入所中又は受託中の児童等で親権を行う者又は未成年後見人のあるものについても、監護、教育および懲戒に関し、その児童等の福祉のため必要な措置をとることができる。児童等の親権者等は、当該措置を不当に妨げてはならない。当該措置は、児童等の生命又は身体の安全を確保するため緊急の必要があると認めるときは、その親権者等の意に反しても、これをとることができる。
　以上のように、2011年児童福祉法改正では、親権の一時代行、「不当に妨げてはならない」、「その親権者等の意に反しても、これをとることができる」など児童相談所長等の権限が明文によって強化されたようにみえるが、これを

もって親権の制限が実際に可能とみることは現実的ではない。虐待する親が、児童相談所長等がとる児童の福祉のための正当な措置を妨害したり、親権者として必須の協力を拒否したりすることによって児童の利益が害される場合も少なくなく、親権喪失や親権停止の審判が必要となる事案は決して稀ではない。

(8) 2016年児童福祉法の改正
ア　児童福祉の理念の明確化（法1条）

「全て児童は、児童の権利に関する条約の精神にのっとり、適切に養育されること、その生活を保障されること、愛され、保護されること、その心身の健やかな成長及び発達並びにその自立が図られることその他の福祉を等しく保障される権利を有する」と、第1条の児童福祉の理念が改正された。

これは、児童の権利に関する条約の内容を取り入れてわが国の児童福祉の理念として明文化したものであり、同条約と同じように、「児童の権利」が強く表明されている。

イ　児童の育成責任の明確化（法2条、3条の2）

2条1項は、「全て国民は、児童が良好な環境において生まれ、かつ、社会のあらゆる分野において、児童の年齢及び発達の程度に応じて、その意見が尊重され、その最善の利益が優先して考慮され、心身ともに健やかに育成されるよう努めなければならない」とした。これは、旧1条1項を2条に移し、条約の定める意見表明権の尊重や最善の利益の考慮などの文言を加えて、国民の努力義務としたものである。

また、2条2項は、児童の権利に関する条約18条と同様、保護者の第一義的な育成責任を明示するとともに、2条3項は、国と地方公共団体は、保護者とともに児童の育成責任を負うことを定めた。さらに3条の2は、国と地方公共団体は、児童の家庭における養育に関し保護者を支援するとともに、家庭における養育が適当でない場合に家庭と同様の環境又は家庭的環境における児童の養育の推進に対しても、必要な措置を講ずるものとした。

ウ　養子縁組里親などの法定化（法6条の4）

従来の養育里親に加えて、養子縁組里親と親族里親を法で定めた。さらに、特別養子縁組を含む養子縁組里親に関する相談・支援を都道府県の業務（実際は児童相談所長に委任）と明文規定した（法11条1項2号ト）。

エ　児童相談所の職員体制（法12条、12条の3、13条）

児童相談所に、児童心理司、医師又は保健師、指導および教育担当の児童福祉司（スーパーバイザー）を配置し、弁護士の配置又はこれに準ずる措置を行

うとした。
オ　児童福祉司の配置基準（法13条）
　児童相談所の児童福祉司の数は、政令で定める配置基準を標準として都道府県が定めるとした。従来は児童福祉法施行令に規定していたものを児童福祉法で定め、都道府県が児童福祉司の配置数を決定することを明文化した。
カ　特別区に児童相談所設置（法59条の4、附則3条）
　特別区について、政令による児童相談所設置を認めた。改正法の施行後5年を目途に、特別区および中核市における児童相談所の設置支援その他必要な措置を講ずるとした。

（9）2016年児童虐待の防止等に関する法律の改正
ア　臨検・捜索手続の簡素化（法9条の3）
　立入調査が行われた児童の保護者が、その立入り又は調査を拒み、妨げ、又は忌避した場合、都道府県知事（児童相談所長に委任）は、再出頭要求の手続を経由することなく、裁判所の許可状を得て、当該児童の住所若しくは居所を臨検・捜索することができるようになった。
イ　関係機関等による資料又は情報の提供（法13条の4）
　児童相談所長などから児童虐待に係る児童や保護者等に関する資料又は情報の提供を求められた場合、従来の地方公共団体の機関に加え、医療機関、児童福祉施設、学校並びに医療機関の医師、看護師、児童福祉施設の職員、学校の教職員なども、当該資料又は情報を提供することができることとなった。

（10）2017年児童福祉法の改正
ア　被虐待児の保護者に対する指導への裁判所の関与（法28条）
　都道府県（児童相談所長に委任）が、被虐待児について児童福祉法28条に基づき施設入所措置等の承認申立てを行った場合、家庭裁判所は、都道府県に対して保護者への指導措置をとるよう勧告することができ、その旨を当該保護者に通知するものとした。また、家庭裁判所は、施設入所等承認の申立てに対する認容あるいは却下の審判のいずれの場合においても、都道府県に指導措置の勧告をすることができ、その旨を保護者に通知するものとした。
　これは法28条の施設入所等承認申立ての事案において、家庭裁判所が都道府県に保護者への指導措置を勧告し、その旨を保護者に通知することによって、在宅での養育を含めて、都道府県による保護者指導が司法関与の下にあることを示す趣旨と解されるが、虐待親に有意な効果があるかどうか疑問である。
イ　家庭裁判所による一時保護の審査（法33条）

児童相談所長（知事の委任）による一時保護について、2か月を超えて引き続き一時保護を行うことが必要と認められる場合、それが親権者等の意に反するときは、2か月を超える毎に、家庭裁判所の承認を得なければならないとした。ただし、児童福祉法28条の施設入所等承認の申立て、法33条の7による親権喪失若しくは親権停止の審判の請求、法33条の9による未成年後見人の解任請求がなされている場合は、家庭裁判所の承認を得る必要はない。

家事審判申立に係る事案を除いて、一時保護が2か月を超える状況は、児童相談所の被虐待児に対する援助の怠慢によるものといえよう。2か月を超えなければ家庭裁判所の承認は不要であるため、一時保護への司法関与は限定的であるが、児童相談所の不作為を防止する効果は期待し得る。

(11) 2017年児童虐待の防止等に関する法律の改正

接近禁止命令の対象は児童福祉法28条に基づく家庭裁判所の承認による施設入所等の措置の場合に限られていたが、親権者等の同意による施設入所等の措置や一時保護が行われている場合も、都道府県知事または児童相談所長は、接近禁止命令を発することができることとなった（法12条の4）。

III 児童虐待の防止等に関する法律の概要

1 児童虐待の定義

児童虐待の防止等に関する法律2条は、児童虐待を①身体的虐待、②性的虐待、③ネグレクト、④心理的虐待の4類型に分けてそれぞれ定義づけを行っている（第1編2章で既述）。しかし、この4類型のいずれにも分類し難い「代理によるミュンヒハウゼン症候群（MSBP）」のようなものや、いたずらっ子への「おしりペンペン」程度の体罰もあり、本条文の文言から児童の養育における「しつけ」と「不適切な養育」と「児童虐待」の三つの近接した概念を明確に分別することはできない。また、2017年6月、親などによる性的虐待の罪が刑法に新設されたが、他の類型の児童虐待罪の規定はない。

〈48〉Munchausen Syndrom by Proxy, MSBP。1977年に英国の小児科医ロイ・メドウが症例報告した児童虐待の特殊な形態である。母親が子の病気を捏造し、子を複数の医療機関へ繰り返し連れて行き、子が様々な医学的検査や治療にさらされる事態が頻発するものをいう（M.E.ヘルファほか編『虐待された子ども 第5版』773頁［明石書店、2003年］）。わが国の4類型のいずれかに分類するのであれば、身体的虐待に属することになろう。

〈49〉刑法179条に、監護者（親権者など）によるわいせつ及び性交等の罪が新設された。

児童虐待の定義化によって、近隣住民や関係機関からの虐待通告が促進される効果のあることは間違いないが、ネグレクトや心理的虐待は非常に曖昧で広い概念であり、このように法律で児童虐待が定義されていても、その効果や効力は限られたものとなり、行政統計上の意義しかないとの見方もできる。

2　児童虐待の早期発見と通告

児童福祉法25条では、虐待などによる「要保護児童」を発見した者に児童相談所等に通告する義務を負わせており、全国民が通告義務の対象となっている。一方、児童虐待の防止等に関する法律6条では、「児童虐待を受けたと思われる児童」を発見した全ての国民に、児童相談所等への通告を義務づけている。後者のほうが、「虐待を受けたと思われる」として、被虐待児童の峻別を通告者の主観に委ねているため、対象の幅が広くなっている。

また、同法5条は、児童虐待を発見しやすい立場にある団体および職員に早期発見に努めることを義務づけている。団体としては、①学校、②児童福祉施設、③病院、④その他児童福祉に業務上関係のある団体、個人としては、①学校教職員、②児童福祉施設職員、③医師、④歯科医師、⑤保健師、⑥助産師、⑦看護師、⑧弁護士、⑨その他児童福祉に職務上関係のある者である[50]。ただし、この特別な通告義務者にあっても、通告懈怠の罰則が付されておらず、訓示規定にとどまる。

さらに、同法6条3項は、当該通告義務を遵守する場合、刑法の秘密漏示罪その他守秘義務に関する規定につき刑事免責されることを定めているが、民事上の責任についての明文の規定はない。

3　児童虐待を行った保護者に対する指導

児童虐待を行った保護者に対し、児童相談所長（知事の委任）は、児童福祉法27条1項2号に基づいて児童福祉司指導等の措置をとることができる。保護者がこの指導を受けないとき、都道府県知事は、当該保護者に指導を受けるよう勧告することができる。

都道府県知事は、この勧告に従わない場合において必要があると認めるときは、児童相談所長をして、当該児童に一時保護、施設入所措置、家庭裁判所への入所承認申立て等の必要な措置を講じさせなければならない（法11条4項）。

〈50〉 2017年法改正によって、④⑥⑦が加えられた。

また、勧告を受けた保護者が当該勧告に従わず、その監護する児童に対し親権を行わせることが著しく当該児童の福祉を害する場合、児童相談所長は、必要に応じて親権喪失・親権停止等の審判を請求しなければならない（法11条5項）。
　この法11条は児童相談所の指導に従わない虐待親に対して、段階的な手順による法的対応の実行を都道府県知事（実務は児童相談所長）に義務づけた規定であるが、現実の虐待親への対応がこのような事務的な手順で行われることはない。実際には、常に児童福祉司の根気強いソーシャルワークによる虐待親への指導と援助が基本となる。友好的な関係を保つソーシャルワークの実践とともに、その一方で、同一の児童福祉司が強権的な一時保護や家事審判申立てなど法的対応をすすめることは、本来はソーシャルワーカーにとって両立することの難しい行動であり、法11条のように事務的・機械的な手順で法的対応をすすめることは通常は行われない。児童相談所は、虐待親について公正で冷静な評価を行い、まずは虐待を受けた児童の将来的な利益に十分に配慮したうえで、強制的な方法しか選択肢がないと判断した場合に限って、法的対応に着手する。

4　強制立入調査制度

（1）内容
　立入調査を何度も拒否された虐待事例などが契機となって、2007年、児童虐待の防止等に関する法律が大幅に改正され、強制的に児童の安全確認と安全確保を行う強制立入調査制度が創設された（法8条の2、9条の2～9条の9）。その後、2016年には、再出頭要求を臨検・捜索の必須条件とせず臨検・捜索を簡略化するための改正が行われた。
　強制立入調査の流れは、次のとおりである。
①虐待通告があれば、児童相談所は緊急受理会議を開催する。
②児童相談所は、48時間以内に当該児童の安全確認を実施する。
③児童相談所長（知事の委任）は、児童の安全確認ができず、児童虐待が行われているおそれがあると認めるときは、直ちに立入調査を行う。
　この場合、事前に保護者に当該児童を同伴して出頭するよう要求し、保護者が出頭要求に応じない場合に、立入調査を行うこともできる。
④児童相談所長（知事の委任）は、当該保護者が立入調査を拒否、妨害、忌避するとき、児童虐待が行われている疑いがあるときは、所管の地方裁判所・家庭裁判所・簡易裁判所に臨検・捜索の許可状の請求を行う。

この場合、事案によっては、臨検・捜索手続とあわせて再出頭要求を行うこともできる。

⑤児童相談所長（知事の委任）は、裁判官の発する許可状に基づき、当該児童の安全確認と安全確保のために、当該児童の住所若しくは居所を臨検し、当該児童を捜索することができる。この際、必要があるときは、解錠その他必要な処分をすることができる。

また、これらの職務執行に際し必要があると認めるときは、所管の警察署長に援助を求めることができる。

⑥児童相談所長（知事の委任）は、児童の安全確認と安全確保を行う。必要があると認める場合は、当該児童の一時保護を行う。

（2）強制立入調査の積極的活用は困難

　裁判所の許可状発付を除いて、すべて児童相談所長（知事の委任）の権限として構成されているため、今後も児童相談所長（知事の委任）による強制立入調査制度の積極的運用は期待できないと考える。

　裁判所の許可状が即日あるいは短期間で発付されるにもかかわらず、実際に臨検・捜索を行った事案は、2015年度において全国の児童相談所で3件、2014年度は1件、2013年度は0件、2012年度は1件であった。臨検・捜索に至る各過程の実績は、①2015年度において、出頭要求28件、再出頭要求7件、②2014年度において、出頭要求28件、再出頭要求4件、③2013年度において、出頭要求35件、再出頭要求1件、④2012年度において、出頭要求31件、再出頭要求5件であった。[51]

　この強制立入調査制度は、児童相談所側の要望も踏まえて法制化されたものである。しかしこのような実態から判断すると、臨検・捜索については、多くの児童相談所長（知事の委任）にとって、本来のソーシャルワーク機能に反する強権的な実力行使であるため、実際に執行することが困難なものになっていることが推測される。

　この点について、2016年に再出頭要求を省略できる強制立入調査の簡略化の法改正が行われたところであるが、実情は再出頭要求などの手続が面倒だから活用されていないのではない。児童相談所にとって、臨検・捜索の執行それ自体がソーシャルワーク機関としての機能を逸脱するため実施が難しいのであって、今後も強制立入調査の件数が大幅に増加することはないと思われる。

---

[51] 厚生労働省『平成27年度全国児童福祉主管課長・児童相談所長会議資料』（2015年）、同『平成28年度全国児童福祉主管課長・児童相談所長会議資料』（2016年8月）。

5　面会、通信の制限と入所先等の不告知

（1）面会・通信の制限

　児童相談所長および施設長は、児童福祉法27条1項3号に基づいて施設入所措置（同意入所を含む）がとられているか、若しくは一時保護が行われている場合において、児童の保護のために必要があると認めるときは、保護者に対して当該児童との面会、通信の全部又は一部を制限することができる（法12条1項）。また、一時保護中の18歳以上20歳未満の者についても、同様である（法16条）。

（2）入所先等の不告知

　また、児童福祉法28条に基づいて家庭裁判所の承認を受けて施設入所措置がとられている場合、又は一時保護が行われている場合に、当該児童の住所又は居所を明らかにしたとすれば当該保護者による連れ戻しのおそれがあるなど再び児童虐待が行われるおそれがあり、又は当該児童の保護に支障をきたすと認めるときは、児童相談所長は、児童の入所施設等の名称や住所を当該保護者に告知してはならない（法12条3項）。

6　接近禁止命令

　都道府県知事又は児童相談所長は、施設入所措置がとられ、又は一時保護が行われ、かつ当該保護者に対して面会・通信の全部が制限されている場合において、児童の保護のためにとくに必要があると認めるときは、聴聞手続を経た後、6月を超えない期間を定めて、保護者に対して、当該児童の住所、居所、就学する学校など児童の身辺につきまとい、又は当該児童の通常所在する場所の付近をはいかいしてはならないことを命ずることができる。命令禁止期間は、6月を超えない範囲を定めて更新することができる（法12条の4）。2017年の法改正によって一時保護や同意による施設入所の場合も対象となった。

　これに違反した場合は、1年以下の懲役又は100万円以下の罰金に処せられる（法18条）。入所施設からの連れ戻しなどの虐待事例などが勘案され、強制連れ戻し等の抑止手段として法制化されたのものである。

　しかし、いずれも都道府県知事又は児童相談所長に対しすべての権限の付与を行っており、この点でDV防止法とは異なっている。本来、これらの職務は司法権に属するものである。都道府県知事又は児童相談所長が、面会・通信の全部制限を行い、さらに厳格な聴聞手続を経て親権者につきまとい・はいかい

禁止命令を発するのは現実的には困難と思われる。全国の児童相談所を総合計しても年1件程度であり、実際にはほとんど活用されていない〈52〉。虐待親といえども当該児童にとっては親であり、親が懲役刑などに処されることを求めて刑事告発をすることは、さらに難しい。

　児童の福祉のために親子の長期的な完全分離を維持する必要があるのであれば、接近禁止命令違反の犯罪者として告発するのではなく、児童福祉法および民法に基づいて親権喪失又は親権停止の審判の申立てを行うべきである。

7　関係機関等相互の情報提供

　地方公共団体の機関および医療機関、児童福祉施設、学校、その他の医療・福祉・教育関係機関並びに医療機関の医師、看護師、児童福祉施設の職員、学校の教職員、その他の医療・福祉・教育関係機関の職務従事者は、児童相談所長等から児童虐待に係る児童又はその保護者の心身の状況、置かれている環境その他の資料又は情報の提供を求められたときは、児童相談所長等が児童虐待の防止等に関する事務又は業務の遂行に必要な限度で利用し、かつ、利用することに相当の理由があるときは、これを提供することができる（法13条の4）。

　しかし、本条が「できる」規定であるため、虐待に係る保護者や児童の精神疾患の有無や病歴など、虐待対応における重要情報の提供が拒否される場合も決して少なくない。この点で、地方公共団体の機関、医療機関、児童福祉施設、学校およびその職務に従事する個人に、情報提供を義務づける規定に改正することが望まれる。

Ⅳ　児童相談所による法的対応の流れ

　このような民法、児童福祉法、児童虐待の防止等に関する法律の規定に基づき、児童相談所長（知事の委任）が被虐待児を保護するまでの法的対応の流れの概略を整理すると、次のようになる（本文と図3-1の番号は対応）。

〈52〉全国の都道府県において接近禁止命令が出された実績は、2008年度が0件、2009年度が0件、2010年度が1件、2011年度が2件、2012年度が1件、2013年度が1件、2014年度が1件である（「第2回児童虐待対応における司法関与及び特別養子縁組制度の利用促進の在り方に関する検討会資料」［2016年8月］）。

□児童福祉法に基づく対応

❶児童虐待の通告を受けた児童相談所は、受理会議又は緊急受理会議で通告内容と対応を協議する。48時間以内に調査に着手し、通告された児童の安全確認を行う。

❷必要があると認めるときは、当該児童を一時保護する。

❸心理診断・医学診断・社会診断・行動診断の総合診断を行う。

❹援助方針会議で協議し、援助の決定を行う。

❺親子分離が不要なときは在宅指導とする。

❻親子分離が必要な場合に、親が同意したときは施設入所措置等を行うが、親が同意しないときは、家庭裁判所の承認を得て施設入所措置等を行う。

□児童虐待の防止等に関する法律に基づく対応

❼通告された児童の安全確認が拒否されたときは、直ちに立入調査を行う。事案によっては、出頭要求を経由して立入調査を行うこともできる。

❽立入調査を親が拒否・妨害・忌避するときは、裁判官の許可状を得たうえで臨検・捜索を実施し、必要があれば当該児童の一時保護を行う。事案によっては、再出頭要求を臨検・捜索手続と同時に行い、再出頭要求を経由して臨検・捜索を行うこともできる。

❾また、入所措置されている児童の安全確保を図るため、当該親に対し面会・通信の制限、接近禁止命令を行うことができる。

□民法に基づく対応

❿虐待する親の親権行使が著しく困難又は不適当な場合などにおいては、家庭裁判所に親権喪失・親権停止・管理権喪失の審判請求を行う。

⓫親権喪失・親権停止の審判があったときは、直ちに未成年後見人選任申立てを行う。家庭裁判所が未成年後見人を選任する。

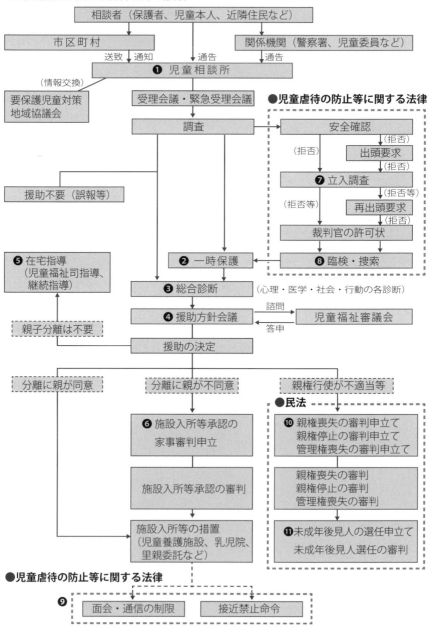

図 3-1　被虐待児を保護するまでの法的対応の流れ　（筆者作成）

第4編
児童の権利に関する国際的潮流と各国の児童援助法制

第1章
児童保護に関する国際条約の変遷

1　ジュネーブ宣言（1924年）

　1924年9月、「児童の権利に関するジュネーブ宣言」が国際連盟総会で採択された。一般に「ジュネーブ宣言」として、戦後の児童権利宣言と児童の権利に関する条約の先駆けとなるものである。

　このジュネーブ宣言は、すべての国の人々が、児童に対して最善のものを与える義務を負い、すべての児童に次の五つの事項の保障を宣言し、かつそれを自己の義務とすることを宣言している。

①児童は、身体的ならびに精神的両面における正常な発達に必要な手段を与えられなければならない。
②飢えた児童は、食物を与えられなければならない。
　病気の児童は、看護されなければならない。
　発達の遅れている児童は、援助されなければならない。
　非行を犯した児童は、更生させられなければならない。
　孤児および浮浪児は、住居を与えられ、かつ、援助されなければならない。
③児童は、危機の際には、最初に救済を受ける者でなければならない。
④児童は、生計を立てる地位におかれ、かつ、あらゆる形態の搾取から保護されなければならない。
⑤児童は、その才能が同胞への奉仕のために捧げられるべきであるという自覚のもとで育成されなければならない。

2　世界人権宣言（1948年）

　世界人権宣言は、1948年12月の国連総会において採択された。前文は、

人類のすべての構成員の固有の尊厳と平等な権利を承認することは、世界における自由、正義および平和の基礎であるとし、また、すべての人民とすべての国とが達成すべき共通の基準であるとした。第1条は、すべての人間は、生れながらにして自由であり、かつ、尊厳と権利について平等であるとし、第7条は、すべての人は、法の下に平等であると規定している。

世界人権宣言の採択から18年後に、その趣旨は、締約国を法的に拘束する国際人権規約（1966年）として結実することになる。

3　児童の権利に関する宣言（1959年）

1959年の国際連合総会は、児童の権利に関する宣言（Declaration of the Rights of the Child）を採択した。児童の権利宣言は、1924年のジュネーブ宣言を引き継ぎ、世界人権宣言を踏まえて、前文と全10条で構成されている。

前文は、「人類は、児童に対し、最善のものを与える義務を負う。」とする。本文では、児童の権利と差別の禁止、姓名と国籍を持つ権利、社会保障を受ける権利、障害児の保護、親の責任の下で養育される権利、教育を受ける権利、放任や虐待や搾取からの保護などが規定された。また、児童は、身体的、知能的、道徳的、精神的、社会的に健全な成長をする便益等を与えられるべきものとし、この目的のために法律を制定するに当っては、児童の最善の利益（the best interests of the child）について、最高の考慮が払われなければならないと定めている。この「児童の最善の利益」の理念は、1989年の児童の権利に関する条約に引き継がれることになる。

4　国際人権規約（1966年）

1948年に採択された世界人権宣言は法的拘束力を持たなかったため、国際連合は、宣言の趣旨を具体化した国際人権規約を1966年の総会で採択し、わが国は1979年に批准した。国際人権規約は、二つの国際規約と選択議定書で構成されている。

（1）経済的、社会的及び文化的権利に関する国際規約（A規約）

「経済的、社会的及び文化的権利に関する国際規約」は、日本ではA規約あるいは社会権規約とも呼ばれる。A規約は、労働の権利と労働組合結成と同盟罷業の権利、社会保険その他の社会保障の権利、健康を享受する権利、教育を受ける権利や中・高等教育での無償教育の漸進的導入などを規定している。

日本は、A規約のうち、同盟罷業をする権利や中・高等教育での無償教育の

漸進的導入など3項目に拘束されない権利を留保し、1項目に解釈宣言をしたうえで批准した。このうち無償教育の漸進的導入の留保については、児童の学習する権利の保障の観点から批判があったところであるが、高校授業料の無償化を契機として、2012年9月、A規約13条2（b）および（c）の「特に、無償教育の漸進的導入により」に拘束されない権利の留保を撤回することを国連に通告した。

（2）市民的及び政治的権利に関する国際規約（B規約）

「市民的及び政治的権利に関する国際規約」は、日本ではB規約あるいは自由権規約とも呼ばれる。B規約は、男女の平等、身体の自由と安全、移動と居住の自由、プライバシーの保護、思想・良心・宗教の自由、表現の自由、集会の権利、結社の自由、法の前の平等と差別の禁止、などについて規定している。

わが国は、B規約に関しては留保事項なしで批准しているが、B規約の第1選択議定書（権利侵害の個人通報に関する国連の審議手続）と第2選択議定書（死刑の廃止）については批准していない。

5　児童の権利に関する条約（1989年）

1924年に国際連盟はジュネーブ宣言を採択し、人類は児童に対して最善のものを与えるべき義務を負うことを認めた。1959年には、国際連合が児童の権利宣言を採択して、児童に対する特別の保護とその健全な成長のための法律の制定にあたっては「児童の最善の利益」について最高の考慮を払うべきことなどを宣言した。

さらに、1966年の国際人権規約は、A規約が、社会保障の権利、教育を受ける権利など経済的、社会的及び文化的権利を定め、B規約は、男女の平等、法の前の平等と差別の禁止などの市民的及び政治的権利を規定した。このような児童を含むすべての人の権利保障をすすめようとする国際的潮流の中で、「児童の権利に関する条約（Convention on the Rights of the Child）」が生まれたのである。

1978年の国連人権委員会でのポーランドの提唱に始まり、翌年の国際児童年を経て12年間に及ぶ審議の結果、国際連合は1989年に児童の権利に関する条約を採択した。ただ、本条約には、「漸進的に」「その能力の範囲内で」のように緩和条件の付されている条項が少なくない。これは、この条約が、発展

途上国における児童の人権環境の改善を主たる目的としたからである[1]。

2000年には、同条約の追加文書として、「児童の売買、児童買春及び児童ポルノに関する児童の権利に関する条約の選択議定書」および「武力紛争における児童の関与に関する児童の権利に関する条約の選択議定書」が採択された。選択議定書は、条約とは別途に締約国の署名と批准を要し、わが国では、条約は1994年、選択議定書は2005年に批准された。

この条約は、児童について、保護される客体としての権利を改めて確認するとともに、意見表明権の保障のように児童を権利行使の主体として位置づけ、児童の権利を包括的に規定している。全54条のうち、主な内容は、次のとおりである。

①児童の基本的な権利（1条、2条、3条）

児童の最善の利益（the best interests of the child）を優先的指標とする。

②児童の生存権の保障（24条、26条、27条）

健康・医療への権利、社会保障を受ける権利などを認める。

③児童の意見表明権の保障（12条）

自己の意見を形成する能力のある児童が、その児童に影響を及ぼすすべての事項について自由に自己の意見を表明する権利を認める。この児童の意見は、その児童の年齢および成熟度に従って、相応に考慮される。

④親の権利義務（5条、7条、18条）

親の児童の発達に応じた適当な指示および指導を与える責任、権利および義務が尊重される。児童は、氏名および国籍を得る権利があり、可能な限り親を知る権利とその親に養育される権利を有する。

親は、児童の養育および発達について第一義的な責任を有するが、その際児童の最善の利益が重視される。締約国は、児童の養育について、親に対して適当な援助を与える。

⑤児童の教育についての権利と遊ぶ権利の保障（28条、31条）

児童は、教育についての権利が認められる。また、児童は、遊びやレクリエーション活動など文化的生活等へ参加することが認められる。

⑥児童の福祉サービスを享受する権利（18条、20条、23条）

家庭環境に何らかの問題を抱えた児童の保護と援助を受ける権利、児童の保育サービスを受ける権利、障害児童の援助等を受ける権利が認められる。

---

[1] 波多野里望『逐条解説　児童の権利条約（改訂版）』まえがきiv頁（有斐閣、2005年）。

⑦児童の市民的自由の保障（13条、14条、15条、16条、17条）
　表現・情報の自由、思想・良心・宗教の自由、結社の自由や集会の自由、プライバシーの保護、メディアへのアクセス権保障など児童の市民的自由権が保障される。
⑧児童の虐待・放置・搾取等からの保護（9条、19条、34条、39条）
　児童は、親から分離されない権利を確保されるとともに、分離される場合は司法審査手続が条件とされる。また、児童は、あらゆる形態の身体的・精神的暴力、放置や怠慢、搾取、性的搾取、性的虐待などから保護される。虐待等による被害児童の身体的、心理的回復および社会復帰の促進の措置がとられる。

6　児童の売買等に関する児童の権利条約選択議定書（2000年）

　正式名称は、「児童の売買、児童買春及び児童ポルノに関する児童の権利に関する条約の選択議定書」である。
　児童の売買が、様々な法的規制にも拘わらず世界各地で減らない主な理由は、第一に、売春などの性産業への従事、第二に、小さな子どもにしかできない織物などの児童労働への従事、第三に、ITやDVDなどの普及による児童ポルノの被写体、第四に、非合法な臓器移植の提供主体、とされている。[2]
　児童売買などが世界各地で横行する厳しい現実の下、国際連合の人権委員会は、1994年に児童売買等の根絶のために必要な措置を内容とする選択議定書草案検討のための作業部会を設置した。作業部会の最終案は、国連経済社会理事会の承認を経て、2000年5月の国連総会において、「児童の売買、児童買春及び児童ポルノに関する児童の権利に関する条約の選択議定書」として採択された。なお、児童買春という邦訳は大人の責任を明確にするための日本独自の造語であり、選択議定書の英文ではchild prostitution（児童売春）となっている。[3] わが国は、この選択議定書を2002年に署名し、2005年に批准した。
　本議定書は前文と本文17条で構成されている。
　前文は、まず、児童の権利に関する条約の目的およびその達成を目的として、児童の売買、児童買春および児童ポルノから児童保護を保障するための各締約国の措置を拡大することが適当であるとする。また、当該条約が児童が経済的な搾取や児童の健康若しくは身体的、精神的、道徳的、社会的な発達に有

〈2〉　前掲・波多野里望『逐条解説　児童の権利条約（改訂版）』352頁。
〈3〉　前掲・波多野里望『逐条解説　児童の権利条約（改訂版）』354頁。

害となるおそれのある労働への従事から保護される権利を認めていることを考慮し、児童売買・児童買春・児童ポルノを目的とした児童の国際的な取引が相当数にのぼりかつ増加していること、インターネットその他の技術による児童ポルノの入手が更に容易になっていることなどを深刻に憂慮して、本議定書を協定したことを宣言している。

第1条は、締約国が、この議定書に従って児童の売買、児童買春および児童ポルノを禁止することを義務づけ、第2条は、「児童の売買」とは、報酬その他の対償のために、児童が個人若しくは集団により他の個人若しくは集団に引き渡されるあらゆる行為又はこのような引渡しについてのあらゆる取引をいい、「児童買春」とは、報酬その他の対償のために、児童を性的な行為に使用することをいい、「児童ポルノ」とは、現実の若しくは擬似のあからさまな性的な行為を行う児童のあらゆる表現又は主として性的な目的のための児童の身体の性的な部位のあらゆる表現をいうと定義している。

第3条は、児童売買等の犯罪が国内か国外で行われたかを問わず、児童売買、児童買春、児童ポルノに係る行為が各締約国の刑法又は刑罰法規の適用を完全に受けることを確保し、各締約国は、これらの犯罪について、その重大性を考慮した適当な刑罰を科することができるようにする、と規定している。しかし、この3条の規定中、「適当な刑罰」は必ずしも厳罰に処することを意味せず、「科することができるようにする」は刑罰を科すこと自体が義務づけられていないものと解される〈4〉。この点では、児童の権利に関する条約が発展途上国における児童の人権環境の改善を主たる目的としたため免除規定や緩和条件が目立つのと同様に、本議定書においても発展途上国への配慮から不十分で曖昧な規制内容になっていることに留意する必要がある。

一方、国連での児童の売買等に関する児童の権利条約選択議定書の検討過程や採択は、日本における児童売買、児童買春、児童ポルノなどの児童の人権侵害への対応に政治的影響を与え、わが国では1999年に児童買春・児童ポルノ等処罰法（現行法の正式名称は、児童買春、児童ポルノに係る行為等の規制及び処罰並びに児童の保護等に関する法律）が制定されている。日本においては、本議定書の趣旨に則って、国内だけでなく国外犯も罰し、刑罰も厳しいものとなっている。

〈4〉 前掲・波多野里望『逐条解説　児童の権利条約（改訂版）』356頁。

第 2 章
イギリスにおける児童援助法制

I　イギリスにおける児童保護の歴史

1　救貧法

（1）エリザベス救貧法

　エリザベスⅠ世の統治下にあった英国においては、第 1 次エンクロージャームーブメント（enclosure movement 囲い込み運動）による農業から牧羊産業への転換が、大量の農民の失業と浮浪者や浮浪児を出現させた。その対策として実施されたのがエリザベス救貧法（1601 年）と称される貧困者政策である。

　エリザベス救貧法は、労働能力の有無を基準に、貧民を有能貧民と無能力貧民と児童の 3 類型に分類し、それぞれ強制労働や就労、親族扶養の徹底、徒弟奉公などを促進した。具体的には、治安判事と貧民監督官の任命、救貧税の課税、無能力農民の保護、懲治監や救治院などの収容施設の建設、浮浪者や乞食の処罰等を実行したのである。現代の英国にも引き継がれている治安判事には、当時の地主など中産階級の民間人が任用された。

　このようにエリザベス救貧法は、貧民救済の名をかりて、就労の強制、浮浪者の統制、児童に徒弟奉公を強要するなど、あくまでも国内の治安対策が主な目的であった。

（2）救貧法（1834 年）

　18 世紀後半になると、フランスのルソーやスイスのペスタロッチなどの啓蒙主義者たちが現れ、児童の教育を受ける権利を主張した。1802 年には児童労働者の保護を目的とした「徒弟の健康と徳性を守るための法律」が定められ、1833 年には工場法の制定によって 9 歳未満の児童の雇用制限や労働時間の制

限が図られた。9歳に満たない児童の労働が、普通に行われていた時代である。

　また、18世紀半ばから19世紀初めにかけては、英国に農業革命が起き、新しい農具と新しい作物による農業の資本主義化が促進された。同時期に、蒸気機関や紡績機など各種機械発明による産業革命が始まり急速に進展した。これらは、一方で農民の困窮、他方では手織職人の失業や多くの低賃金労働者を生み出した。さらに、徒弟を中心にした悲惨な児童労働も大量に出現する。そのような社会の混乱の中で、1834年に新しい救貧法が制定され、貧困者対策がすすめられることになる。

　救貧法には三つの原則があった。第一に劣等処遇の原則で、貧民を救済する場合に救済の水準は独立自活する最下層の労働者よりも劣った条件とすべきだという考え方である。保護による「堕民」増加抑制が目的とされる。第二にはワークハウスシステム（労役場制度）であり、有能貧民の院外救済すなわち在宅保護を廃止し、救済はワークハウスへの収容に限定した。第三は均一処遇の原則で、救済水準は全国一律とし、規則の施行を監督指導する中央統制機関を設置した。

　もとより救貧対策とはいっても現代とは比較にならない不十分なものであり、ディケンズ著『オリバー・ツイスト』の「あらゆる貧民は、救貧院に入って少しずつ餓死させられるか、それとも救貧院に入らないで忽ち餓死させられるか、どちらか一つを選ぶ自由が与えられていた」〈5〉という一節は、この時代の救貧法の実態を率直に表現しているといえよう。

2　児童保護に関する諸法の成立

　救貧法の後、児童保護に関する法律の制定が続く。1857年の「授産学校法（Industrial School Act 1857）」は、浮浪児や虞犯少年を、靴作りや洋服の仕立てなどの職業訓練と規律ある生活習慣の獲得のために授産学校に収容して教育する制度を定めたものであり、児童保護制度の重要な一分野である。1889年の「児童虐待防止及び保護法（Prevention of Cruelty to, and Protection of, Children Act 1889）」は、法律の名称どおり、親による子の虐待や放置から児童を保護することを目的に制定されたものである。さらに、1908年児童法（Children Act 1908）は、浮浪児や虞犯少年の保護手続と児童虐待防止のための保護手続などを定め、児童保護のための少年裁判所を新たに設置した。

〈5〉　チャールズ・ディケンズ著、中村能三訳『オリバー・ツイスト（上巻）』23頁（新潮社、2005年改版。原作は1838年刊）。

1933年児童少年法（Children and Young Persons Act 1933）は、要保護状態にある14歳未満の児童と14歳以上17歳未満の少年を強制的に保護するための仕組みとして「ケア手続」を定め、児童虐待防止の推進、虞犯・非行少年の処遇を福祉施策として位置づけた。

また、1942年のベヴァリッジ報告も、児童保護にとって重要な政策提言である。ベヴァリッジ（William Henry Beveridge）は経済学者であると同時に国会議員の経歴も有する。ベヴァリッジ報告は、正式には「社会保険及び関連サービス」というレポートで、社会保険を中心とする社会保障制度の提言である。

主たる内容は、次のとおりである。

（1）五つのプログラムからなる包括的社会保障制度
①最低生活の定額給付、定額保険料、適正な給付など6原則を具体化した社会保険
②困窮者に国庫より支払われる現金給付で社会保険を補完する公的扶助
③15歳以下の児童（全日制教育を受けている児童は16歳以下）に給付する児童手当
④包括的な保健及びリハビリテーションサービス
⑤大量失業の回避による雇用の維持

（2）五つの巨人（five giants）からの解放
①Want（欠乏）は所得保障政策で対応、②Disease（疾病）は保健医療政策、③Ignorance（無知）は教育政策、④Squalor（不潔）は住宅政策や都市計画、⑤Idleness（無為）は雇用政策で解決を図る。

（3）福祉国家への道
1944年国民保健省の設置、1945年家族手当法の制定、1946年国民保険法、国民保険業務災害法、国民保健サービス法（NHS）の制定、1948年国民扶助法および児童法の制定と、ベヴァリッジ報告の提言は着実に実行された。ベヴァリッジ報告は、国家無料医療と家族手当を土台にし、社会保険を中核にして、公的扶助を補完的に配置する、という構造になっており、「ゆりかごから墓場まで」のイギリス社会保障制度確立と福祉国家の成立を図る基本計画となった。

〈6〉　秋元美世『児童青少年保護をめぐる法と政策〜イギリスの史的展開を踏まえて』13頁以下（中央法規、2004年）。
〈7〉　ウィリアム・ベヴァリッジ『社会保険および関連サービス』[一圓光彌]（法律文化社、2014年）。

これらのうち児童手当や医療保障は、児童保護をすすめるうえで、その基幹施策として位置づけられていたといえよう。

第２次大戦後には、1946年のカーチス委員会報告により要保護児童に対する里親による養護や小規模施設での養護の重視が図られ、1948年児童法、1963年児童少年法、1969年児童少年法の制定を経た後、1989年に画期的な1989年児童法に至る。<8>

3　1989年児童法の制定

1989年児童法は、子の福祉、親責任、ケア命令など各種の命令、要保護児童への地方当局の支援などを規定した。1989年児童法は、従来の法律の廃止を含む大幅な見直しを行い、総合的な児童保護に関する法として新たに制定されたものである。<9>1989年児童法１条は、子の養育または子の財産の管理等に関して、裁判所が判断する場合の最も重要な判断基準が「子の福祉」にあることを明確に示した。また、「親責任」は、本法によって初めて導入された概念である。この1989年児童法の内容をわが国の現行法体系で考えると、民法親族編、児童福祉法、児童虐待の防止等に関する法律、家事事件手続法など児童に関する私法と公法を総合的な一つの法律として再編成したようなものといえよう。

Ⅱ　1989年児童法

1　イギリス児童援助法制の進展

イギリスにおいて、親による子の監護・養育に関する法制度は、1989年児童法（Children Act 1989）が基礎となっている。<10>1989年児童法は、監護・保護・養育および児童と家庭への行政サービス等に関する総合的な児童福祉のための基本法である。この1989年児童法を基本に、2002年養子及び児童法（Adoption and Children Act 2002）、2004年児童法（Children Act 2004）、2006年児童及び養子法（Children and Adoption Act 2006）、2014年児童及び家族法

〈8〉　前掲・秋元美世『児童青少年保護をめぐる法と政策～イギリスの史的展開を踏まえて』85頁以下。

〈9〉　英国保健省編・林茂男ほか監訳『英国の児童ケア：その新しい展開』167頁（中央法規、1995年）。

〈10〉　本章Ⅱ、Ⅲにおけるイギリスとは、イングランドおよびウェールズをいう。

（Children and Families Act 2014）など関連する児童・家族関係法が次々に制定されてきた。イギリス法は、従来から親権という概念をもたず、子に対する親の法的地位は後見（guardianship）と理解されてきたが、1989年児童法が親責任という新しい概念を導入したことによって、親と後見人が明確に区別されることになった。父がその嫡出子の自然の後見人（natural guardian）であるという法準則は、1989年児童法2条4項により廃止されている。

　また、児童虐待に対応するため、保健省・内務省・教育雇用省の協同作成による政府指針として『Working together to safeguard children（児童保護のための共同作業）』が1991年に発付され、その後も逐次改正を行いながら運用されている。この政府指針は、「地方当局の社会福祉事業施策の実施は、国務大臣の全般的な指針（guidance）の下に行わなければならない」と規定する1970年地方当局社会サービス法（Local Authority Social Services Act 1970）第7条1項に基づくものであり、実際には法律と同様の拘束力を有していると解される。

2　親責任

（1）意義

　1989年児童法は、親責任（parental responsibility）とは、子の親が子および子の財産に関して有するすべての権利(rights)、義務(duties)、権限(powers)、責任（responsibilities)、権威（authority）であると定義している（1989年児童法3条1項。以下、本章の根拠条文の表示では「法」という）。親責任は、子の監護養育および財産に関する広義の権利と義務と解され、ある者が親責任を有し又は有しないという事実は、子を扶養する制定法上の義務など子に関してその者が負う義務については影響がない（法3条4項a号、b号）。

〈11〉イギリスでは、基本法に新しい制定法や関連法改正が連動し、制定法とともに国王の裁判所が発展させたコモンロー（common law）と大法官裁判所が発展させたエクイティ（equity）という2系統の判例法によって運用されるという複雑な法体系であることに留意する必要がある（北村一郎編『アクセスガイド外国法』50頁、東大出版会2004年）。

〈12〉許末恵「英国における親責任をめぐる法規制について」民商法雑誌136巻4・5号534頁（2007年）。

〈13〉本章では、『Working together to safeguard children ～ A guide to inter-agency working to safeguard and promote the welfare of children, March 2015』を参照。

〈14〉本章は、2017年3月31日版 legislation.gov.uk（http://www.legislation.gov.uk）に基づいている。訳出は、前掲・英国保健省編・林茂男ほか監訳『英国の児童ケア：その新しい展開』173頁以下を参照した。

親責任の具体的内容について法文上の明示はなされていないが、一般には、子の養育と保護、子の教育の決定と提供、子の宗教の決定、子の医療への同意、子の養子縁組の同意、子の財産の管理、法手続における子の代理などに関する権利義務が親責任を構成するものとされており、フランス法の親権やドイツ法の親の配慮権における権利義務と大きな違いはない。

また、1989年児童法には、要保護児童（Children in need）の定義とその支援に関しての定めがあり、重大な危害を受けているか又はそのおそれがある児童についても、裁判所によるケア命令や緊急保護命令など、児童虐待における被虐待児童の保護に関する広範な規定がなされている。しかし、児童虐待という概念の定義や類型化は行っていない。

（2）親責任の取得

ア　親による取得

子の父母が、子の出生時に相互に婚姻していた場合、父母それぞれが親責任を有する（法2条1項）。子の父母が、子の出生時に相互に婚姻していなかった場合、母が子の親責任を有するが（法2条2項a号）、父は裁判所命令など本法の規定に従って親責任を取得したときは、子に対する親責任を有する（法2条2項b号）。

イ　親でない者による取得

1989年児童法における親責任は、子の親だけでなく、親でない者も裁判所命令などの一定の手続によって取得する。

①地方当局

子に関するケア命令（care order）が効力を有する間、命令によって指名された地方当局（local authority）は、子に対する親責任を有し、かつ、子の親、後見人又は特別後見人などが親責任を果たすことのできる範囲を決定することができる（法33条3項）。

また、子の緊急保護命令が効力を有する間、当該子に対する親責任は、地方当局や権限を付与された者（全国児童虐待防止協会など）等の「申立人」に与えられる（法44条4項c号）。

②後見人

子の後見人に選任された者は、当該子に対する親責任を有する（法5条6項）。裁判所は、子に対する親責任を有する親がいない場合などに、申立て又は職権

〈15〉前掲・許末恵「英国における親責任をめぐる法規制について」民商法雑誌136巻4・5号543頁。

により後見人を選任することができる（法5条1項、2項）。
③特別後見人
　特別後見命令により選任された特別後見人は、命令が効力を有する間、その発令された子に対する親責任を有する（法14C条1項a号）。また、特別後見人は、他の特別後見人を除き、子に対する親責任を有する他のすべての者を排除して親責任を行使する権限を付与される（法14C条1項b号）。
④その他
　養子命令が発令された場合、子に対する親責任が養親に付与され、養親以外の者の有する親責任は消滅する（2002年養子及び児童法46条1項、2項）。

（3）複数の者による親責任の行使

　親責任については、二人以上の者が同一の子について親責任を同時に有することができる（法2条5項）。さらに、子に対する親責任を有する者は、いかなる時も、他の者がその子に対する親責任を後で取得したという理由だけで、その親責任を喪失することはない（法2条6項）。1989年児童法には、フランス法やドイツ法とは異なり、親責任の取上げや剥奪に係る規定は存在しない。

　また、二人以上の者が子に対する親責任を有している場合、二人以上の親責任を有する者の同意を要する旨の制定法の定めがある場合を除き、各人は、単独でその親責任を果たす行為を行うことができる（法2条7項）。親責任の行使について合意できず争いがある場合は、申立権者による申立て又は裁判所の職権により、1989年児童法8条などに基づいて、裁判所が決定する。

　もとより、親責任を有する者であっても、1989年児童法に基づいて子に関して発令されたいかなる命令とも矛盾する方法で行為を行う権限は与えられておらず（法2条8項）、例えば、特別後見命令による特別後見人やケア命令で指名された地方当局によって親責任の行使が制限される（法14C条1項、33条3項）。

3　裁判所の介入

（1）1989年児童法における裁判所とは

　1989年児童法において、裁判所とは、高等法院（High Court）又は家庭裁判所（family court）をいい（法92条7項）、高等法院はその固有の管轄権を有している。高等法院は、女王座部（Queen's Bench Division）、大法官部（Chancery Division）、家事部（Family Division）の3部で構成されている。高等法院家事部は、後見、養子縁組、離婚など家事事件の第一審管轄権を有し、家庭裁判所と競合する場合がある。

子に関する裁判所命令の多くは両親の離婚等に関連して発令されるものであるが、そのうちケア命令など児童虐待の防止において重要な役割を果たしているものも少なくない。

（2）裁判所の介入における配慮事項

1989年児童法1条は、子の養育や財産に関する裁判所の決定に関して、次のような配慮すべき事項を規定している。

ア　子の福祉への配慮

裁判所が、子の養育又は子の財産管理若しくはそれから生じる収益の利用に関する諸問題を決定する場合、子の福祉を最高の配慮事項としなければならない（法1条1項）。

イ　決定の遅れ防止への配慮

子の養育に関する諸問題が生じるすべての手続において、裁判所は、問題を決定する際のいかなる遅れも子の福祉を害するおそれがあるという一般原則を考慮しなければならない（法1条2項）。

ウ　8条命令やケア命令等における配慮

裁判所が8条命令の発令等を考慮し、その命令が手続当事者に反対されている場合、あるいは、特別後見命令若しくはケア命令等の発令を考慮している場合、裁判所は、次のことを考慮しなければならない（法1条3項、4項）。

①子の年齢と理解力に照らして当該子の確認し得る要望と感情
②子の身体的、情緒的および教育的なニーズ
③子の状況における変化が子に及ぼすおそれのある効果
④子の年齢、性別、背景および裁判所が関連があると認める子の特徴
⑤子が受けた危害又は受けるおそれのある危害
⑥子の父母のそれぞれ、および裁判所がその問題に関連があると考える他の者が、子のニーズを満たすことのできる能力
⑦問題の手続において、本法に基づき裁判所が利用できる権限の範囲

エ　不介入原則への配慮

裁判所が、子に関して、本法に基づく一つ又は複数の命令を発令すべきかどうかを考慮するとき、裁判所は、それが全く何の命令も発令しないときよりも子にとってより良いと考えられる場合を除いて、いかなる命令も発令してはならない（法1条5項）。すなわち、裁判所は、発令の有無それぞれの場合を比較考量して、子の福祉に資するものと判断したときに限り、8条命令やケア命令等を発令することができるのである。

4　親責任の行使における裁判所命令

(1) 8条命令の内容

　親責任の行使について、父母の別居や離婚等に伴って双方の合意ができず、当事者間の争いになった場合には、裁判所が介入して調整する。1989年児童法8条は、次の3種類の命令を規定している（法8条1項）。この命令およびそれを変更若しくは取り消す命令を「8条命令（a section 8 order）」という（法8条2項）。

　なお、本法における「家族手続（family proceedings）」とは、子に関する高等法院の固有の管轄権に基づく手続、ならびに本法Ⅰ部の親責任や後見人、Ⅱ部の8条命令や特別後見命令、Ⅳ部のケア命令や監督命令の規定に基づく手続、および1973年婚姻事件法や2002年養子及び児童法などの制定法に基づく手続をいう（法8条3項、4項）。

ア　子の取決め命令

　子の取決め命令（child arrangements order）とは、子が誰と、同居し、時を過ごし、さもなければ交流をするか、そして、子がいつ、その人と同居し、時を過ごし、さもなければ交流をするかについて、取決めを定める命令をいう。換言すると、子の両親の離婚等に際して、子が誰といつ同居するか、あるいは、子が誰といつ一緒に時を過ごし、交流するかを取り決めることである。従来、前者は居所命令（residence order）、後者は交流命令（contact order）として本条に規定されていたものであるが、2014年児童及び家族法によって修正され、子の取決め命令に一本化された。

イ　特定行為禁止命令

　特定行為禁止命令（prohibited steps order）とは、親が子に対するその親責任を果たす際にとられる行為で命令で特定された種類のものは、裁判所の合意なくして、いかなる者によっても行われてはならないとする命令をいう。具体的には、親や第三者との交流禁止、子の姓や学校や宗教の変更禁止、国内での移動禁止など様々な目的のために利用される[16]。

ウ　特定事項命令

　特定事項命令（specific issue order）とは、子に対する親責任のさまざまな状況で生じたか、若しくは生じるかもしれない特定の問題について判断する目的

---

[16] 前掲・許末恵「英国における親責任をめぐる法規制について」民商法雑誌136巻4・5号551頁。

で指示する命令をいう。たとえば、子の入院や手術など子の養育における特定の重要な問題について、裁判所が子の福祉のために判断し命令するものである。

（2）8条命令の発令
ア　申立人

裁判所は、子に関して8条命令を申し立てる権限を有する者、若しくは申し立てることについて裁判所の許可を得た者によって申立てがなされた場合に、8条命令を発令することができる（法10条1項、2項）。また、子の福祉に関する家族手続においては、このような申立てがなされていないが、裁判所が命令を発令するべきであると考える場合、裁判所は8条命令を発令することができる（法10条1項b号）。すなわち、申立人による申立て又は裁判所の職権によって、8条命令は発令され得る。

子に関して8条命令を裁判所に申し立てる権利が与えられているのは、①子の親、後見人又は特別後見人、②子の継親で4A条に基づいて子に対する親責任を有する者、③子に関して有効な取決め命令において、その子が同居する者として指名された者である（法10条4項）。これ以外の者が8条命令を申し立てるには、裁判所の許可を得る必要がある（法10条1項a号ii、2項b号）。申立人が当該子の場合は、裁判所が8条命令の申立てを行うのに十分な理解力を有していると認めて許可を与えたときに限り、申し立てることができる（法10条8項）。

イ　発令の制限

裁判所は、法31条のケア命令により地方当局のケアの下にいる子に関しては、法9条6B項の適用に係る子の取決め命令を除いて、8条命令を発令してはならない（法9条1項）。

一方、地方当局は、子の取決め命令を申し立ててはならず、裁判所は、地方当局のためにそのような命令を発令してはならない（法9条2項）。地方当局には、子の福祉のために、31条に基づくケア命令の申立てが認められている。

また、裁判所は、事案の状況が例外的と認められる場合を除き、子が16歳に到達した後に終了するような8条命令、あるいは、16歳に到達した子に関してその命令を変更若しくは取り消すもの以外の8条命令を発令してはならない（法9条6項、7項）。

ウ　発令の効力

8条命令の当事者となっている子に関してケア命令が発令された場合は、その8条命令は取り消される（法91条2項）。一方、ケア命令の当事者となっ

ている子の居所の取決めに関して、子の取決め命令が発令された場合は、その
ケア命令は取り消される（法91条1項）。

　また、8条命令が16歳に達した子に関して効力を有する場合、子が18歳
に到達するときに効力を失い、本法の他の規定に基づいて子に関して発令され
た命令についても、子が18歳に到達するときに効力を失う（法91条11項、
13項）。

5　未成年者の後見制度

（1）親のいない子の後見制度
ア　後見人の選任
　1989年児童法5条に基づいて子の後見人（guardian）に選任された者は、
当該子に対する親責任を有し（法5条6項）、親のいない子の親代わりとして
選任される公的な職務に就く。その親責任の範囲は親とほぼ同様であるが、当
該子の扶養義務を負わず、又は当該子に対する相続権がないなどの点において
親とは異なる（法3条4項a号、b号）。[17]

①裁判所命令による選任

　子に関する申立てが個人によって裁判所に行われたとき、裁判所は、次の場
合、命令によりその個人を子の後見人に選任することができる（法5条1項）。

　(a) 子に、その子に対する親責任を有する者がいない場合、又は、

　(b) 子の取決め命令によって同居する者として指名されたその子の親、後見
　　　人若しくは特別後見人が、その命令が有効な間に死亡した場合、又は、

　(c) 上記(b)が適用されず、その子の唯一若しくは最後に生きていた特別後見
　　　人が死亡した場合

　また、たとえ申立てがされていない場合でも、裁判所が命令を発令すべきと
考えるときには、裁判所は、いかなる家族手続においても職権で行使すること
ができる（法5条2項）。

②個人による選任

　子に対する親責任を有する親は、他の個人を、自己が死亡した場合の子の後
見人に選任することができる（法5条3項）。子の後見人は、自己が死亡した
場合の子の後見人としてその地位を引き継ぐために、他の個人を選任すること
ができ、また、子の特別後見人は、その死亡した場合の子の後見人に、他の個

---

[17] 前掲・許末恵「英国における親責任をめぐる法規制について」民商法雑誌136巻4・5
　　号537頁。

人を選任することができる（法5条4項）。この5条3項若しくは4項に基づき後見人の選任をした者が死亡した場合、その親責任を有する親がいないときには、直ちに選任の効力が生じるが、親責任を有する親がいるときは、その親が死亡したときに効力が生じる（法5条7項、8項）。

イ　後見の終了

後見人の選任は、次のような申立てあるいは職権によって、いつでも裁判所命令により終了させることができる（法6条7項）。

(a) 子に対する親責任を有する者の申立てがある場合
(b) 裁判所の許可を受けた当該子の申立てがある場合、又は
(c) 家族手続において、たとえ申立てがなされていなくても、それを終了させるべきだと裁判所が考える場合

ウ　裁判所による後見

高等法院は、申立権者からの申立て又は職権により、子の利益のために、子に関する個別事項を決定する固有の管轄権を有し、また、後見裁判権に基づいて子を裁判所の継続的な保護の下に置く裁判所による後見（wardship）を決定することができる[18]。

なお、裁判所の被後見人である子に関してケア命令が発令された場合、その裁判所による後見は終了する（法91条4項）。

(2) 特別後見制度

ア　特別後見の意義

特別後見は、2002年養子及び児童法の制定によって1989年児童法が一部改正され、新設された制度である[19]。特別後見は、実親が子に対する親責任を行使することが不適切な場合に、地方当局などの支援の下に、祖父母などの親族が親代わりとなって親責任を果たすこと等を想定したもので、「実親に親責任を残した形での養親」のように位置づけられており、親族が選任されることが多い。実親による養育は困難であるが養子縁組は適切でない場合、たとえば年長の児童や親族等に養育されている子、宗教的文化的な事情から養子縁組が困難な子などのために運用されている[20]。地方当局の関与する未成年後見制度と解することができよう。

---

[18] 大村敦志ほか編著『比較家族法研究』411頁（商事法務、2012年）。
[19] 特別後見命令などに係る第14A条以下の挿入。
[20] 許末恵「英国の特別後見制度」『家族と法の地平』248頁（尚学社、2009年）。田巻帝子「イギリス（イングランド及びウェールズ）における離婚後の親権制度」比較法研究センター『各国の離婚後の親権制度に関する調査研究業務報告書』70頁（2014年）。

イ　特別後見命令の申立てと発令

特別後見命令は、一人又は複数の個人を、子の特別後見人に選任する命令をいう（法 14A 条 1 項）。特別後見人は、18 歳以上の者でなければならず、当該子の親であってはならない（法 14A 条 2 項）。

裁判所は、次のような場合、個人の申立て又は複数の共同申立てに係る子に関して、あるいは、子の福祉に関して生じた問題での家族手続における子に関して、申立て又は職権により特別後見命令を発令することができる（法 14A 条 3 項、6 項）。

①子に関する申立てを行う権利を付与された者が申し立てた場合（法 14A 条 3 項 a 号、14A 条 6 項 a 号）。

②申立てを行うことについて裁判所の許可を得た者が申し立てた場合（法 14A 条 3 項 b 号、14A 条 6 項 a 号）。

③裁判所が、たとえ申立てがなされないときでも、子の福祉の家族手続において、特別後見命令が発令されるべきだと考える場合（法 14A 条 6 項 b 号）。

上記の子に関して特別後見命令の申立てを行う権利を付与された者（法 14A 条 3 項 a 号）とは、子の後見人、子が同居する者として子の取決め命令で指名された者、少なくとも 3 年間その子と同居した者、申立ての直前に少なくとも 1 年間同居した子の地方当局里親又は親族などをいう（法 14A 条 5 項）。

ウ　特別後見命令の効果

①排他的な親責任の付与

特別後見命令の効果として、その命令が効力を有する間、命令により選任された特別後見人は、その発令された子に関して、その子に対する親責任を有する（法 14C 条 1 項 a 号）。

また、子に関して効力のある他の命令に服しながら、特別後見人は、他の特別後見人を除き、子に対する親責任を有する他のすべての者を排除して親責任を行使する権限を付与される（法 14C 条 1 項 b 号）。

②排他的権限の制限

特別後見人の排他的な権限は、子に影響のある事項で親責任を有する複数の者の合意を求める制定法若しくは法準則の効力、又は、養子縁組若しくは養子縁組の託置に係る子の親の権利には効力が及ばない（法 14C 条 2 項）。換言すると、特別後見人が選任された場合も、親責任を有する者全員の合意が必要な事項については特別後見人の排他的な権限行使は許されず、また、子の養子縁

組若しくは養子縁組の託置に係る親の同意権には影響が及ばないということである。

また、子に関して特別後見命令が効力を有する間、特別後見人を含むいかなる者も、親責任を有するすべての者の書面同意若しくは裁判所の許可がない限り、子に新しい姓を名乗らせること、又は子を英国（United Kingdom）から国外に移動させることはできない（法14C条3項）。

エ　特別後見と後見、養子縁組との違い

特別後見人は、申立てをする権利を付与された者若しくは申立てについて裁判所の許可を得た者による申立て又は職権によって、裁判所が特別後見命令で選任する。また、特別後見人は、後見人と同様に当該子の親責任を付与されるが、その親責任は親や後見人を含む他の親責任を有する者を排除して行使することができ、親の存否には影響されない。

これに対して、後見人は、子に対する親責任を有する者のいないとき若しくはすべての親責任を有する者が死亡したときに申立て又は職権によって裁判所命令で選任されるか、又は、子の親、後見人若しくは特別後見人が生前にその親等の死亡した場合の子の後見人として選任するか、いずれかの方法で選任される。後見人に付与される親責任は親とおおむね同一であるが、通常は、子に対する親責任を有する親がいないか死亡したときに後見人選任の効力が生じる。

一方、養子縁組では、特別後見又は後見と異なり、子と実親との法的関係のすべてが断絶し、養親のみが子の親となる。実親およびその他の者の親責任は終了し、養親だけが親責任を有することとなる。子は養親の子となり、実子と同様な権利を取得する。この点で、実親の親責任を残したまま排他的親責任を行使するにすぎない特別後見とは異なる。

6　子の保護に係る制度

1989年児童法Ⅳ部およびⅤ部は、裁判所命令によって地方当局が子を保護する制度と手続を定めている。Ⅳ部はケア命令と監督命令を規定し、Ⅴ部においては緊急保護命令と警察保護が定められている。

（1）ケア命令

ア　ケア命令の発令

地方当局又は権限を付与された者の申立てにより、裁判所は、申立てに係る子を指名された地方当局のケアに託置する命令を発令することができる（法

31条1項a号)。これをケア命令(care order)という(法31条11項)。

　ただし、裁判所は、次のことが満たされるときに限り、ケア命令を発令することができる(法31条2項)。
①当該子が重大な危害を加えられているか、又は加えられるおそれがある。
②かつ、その危害又は危害のおそれが、次のことに帰すものである。
　(i)もし命令が発令されないときに子に与えられる配慮若しくは与えられるであろう配慮が、その子に対して与えられると親に期待することが合理的でないこと。又は、
　(ii)子が親の管理の範囲を超えていること。

　また、当該子の受けている危害が「重大な」ものかどうかという疑義の判断が、子の健康又は発達の如何による場合は、その健康又は発達は、類似した子に対して合理的に期待され得るものと比較されなければならない(法31条10項)。

　換言すると、子が重大な危害を加えられているか、若しくはそのおそれのある危機的な状況にあるとき、親に子に対する合理的な配慮を期待することができず、その同意に基づく通常の行政上の対応では子の安全を確保できない場合、地方当局などの申立てにより、裁判所は、当該子を地方当局の保護の下に置くケア命令を発令することができるのである。重大な危害かどうかは、当該子と類似した子について合理的に期待される健康又は発達の状況と比較して判断される。ケア命令を発令された地方当局は、当該子を親から分離して保護し、通常は里親委託などの措置をとることになる。

　なお、31条における文言は、次のように定義されている(法31条9項)。「権限を付与された者」とは、全国児童虐待防止協会(National Society for the Prevention of Cruelty to Children；NSPCC)とその職員、ならびに国務大臣の命令によって権限を付与された個人及び団体の職員をいう。

　「危害」とは、不適当な扱い又は健康若しくは発達の侵害をいう。たとえば、他の不適当な扱いを見たり聞いたりすることを経験するという侵害も含む。「発達」とは、身体的、知的、情緒的、社会的又は行動的な発達をいい、「健康」とは、身体的又は精神的健康をいう。そして、「不適当な扱い」には、性的虐待、及び身体的ではない不適当な扱いの形態が含まれる。

イ　ケア命令の効果
①地方当局の権限行使
　子に関してケア命令が発令された場合、命令によって指名された地方当局は、その子をそのケアの下に引き取り、そしてその命令が効力を有する間は、その

子をそのケアの下にとどめる義務を負う（法33条1項）。

　子に関するケア命令が効力を有する間、ケア命令によって指名された地方当局は、子に関する親責任を有し（法33条3項a号）、かつ、子の親、後見人若しくは特別後見人、又は、4A条に基づいて子に対する親責任を有する者（継親）が、子に対する親責任を果たすことのできる範囲を決定する権限を有する（法33条3項b号）。

　ただし、地方当局は、子の福祉を保護若しくは増進するためにそうすることが必要と認められる場合を除き、上記の法33条3項b号の権限を行使してはならず（法33条4項）、法33条3項b号の規定は、子の監護を行うと指名された者が、子の福祉を保護若しくは増進する目的で、様々な状況において合理的な行為をすることを妨げない（法33条5項）。また、前記の法33条3項b号の地方当局の権限は、法33条の他の規定に服するほか、他の制定法に基づいて、その規定により指名された者が子およびその財産に関して有する権利、義務、権限、責任又は権威に服する（法33条9項）。

　なお、ケア命令が発令された場合でも、当該子の親は引き続き親責任を有する（法2条6項）。

②地方当局の権限の制限

　子に関してケア命令が効力を有する間、命令によって指名された地方当局は、もし命令が発令されなかったら育てられたであろう宗教の教義と異なる教義でその子を育てるようにさせてはならない（法33条6項a号）。また、地方当局は、子に関する養子命令若しくは2002年養子及び児童法84条に基づく命令に同意又は同意を拒否する権利を持たず、子のために後見人を選任する権利を持たない（法33条6項b号）。

　さらに、子に関するケア命令が効力を有する間、いかなる者も、子に対する親責任を有するすべての者の書面同意若しくは裁判所の許可がない限り、子に新しい姓を名乗らせること、又は英国（UK）から子を移動することをしてはならない（法33条7項）。ただ、当該子をケアの下に置く当局が、1か月未満の期間、英国から移動させることは妨げられない（法33条8項a号）。

③子と親の交流

　子が地方当局のケアの下にある場合、当局は、子の父母、子の後見人又は特別後見人、4A条に基づいて子の親責任を有する者（継親）、ケア命令の直前に子の取決め命令により子と同居する者と指名された者、ケア命令の直前に高等法院の固有の管轄権の行使による命令で子を監護する者と合理的な交流を認め

なければならない（法34条1項）。

　しかし、地方当局又は子による申立てに対して、裁判所は、子と上記の34条1項に列挙された者および命令で指名された者との交流を、地方当局が認めない権限を授与する命令を発令することができる（法34条4項）。さらに、地方当局は、子の福祉を保護若しくは増進するためにそうすることが必要であると認める場合で、その拒否が緊急事態として決定され、かつ、7日を超えて継続しない限り、法34条1項又は34条による命令に基づいて要求される交流を認めることを拒否することができる（法34条6項）。

　すなわち、地方当局は、そのケアの下にある子とその父母等との合理的な交流を認めるのが原則であり、それを拒否する場合は、裁判所に申し立てて交流を拒否する権限授与の命令を得る必要がある。ただ、地方当局は、緊急事態で必要があると認める場合には、7日以内に限り、当該子とその父母等との交流を拒否することができる。

（2）監督命令

ア　監督命令の発令

　地方当局又は権限を付与された者の申立てにより、裁判所は、申立てに係る子を指名された地方当局の監督の下に置く命令を発令することができ（法31条1項b号）、これを監督命令（supervision order）という（法31条11項）。裁判所は、当該子が重大な危害を加えられているか、又は加えられるおそれがあるなど、ケア命令の発令と同一の要件において、監督命令を発令することができる（法31条2項）。

　監督命令が効力を有する間、監督者としての地方当局は、次の義務を負う。①監督を受ける子に助言し、援助し、そして味方となること、②命令を実行するために合理的に必要な処置をとること、③命令が完全に守られていないとき又は監督者が命令はもはや必要ではないと考えているときは、裁判所にその変更又は取り消しを申し立てるか否かを考慮すること（法35条1項）。

イ　監督命令の効果

　監督命令が発令されると、監督者たる地方当局は、監督を受ける子に対し、指定した場所に住むこと、指定した者のところへ出頭すること、指示した活動に参加することを命じることができる（法附則3条2項）。

　また、監督命令が発令されている子に関しその子について責任ある者は、監督者に聞かれたとき、子の住所を知らせなければならず、もし、その子と同居しているときは、監督者に当該子との合理的な交流を許可しなければならない（法

附則3条8項2号）。この権限を行使しようとする監督者が、当該家屋敷への立入りを拒否され、又は当該子への面会を拒否されることによってその行動を妨げられたか、若しくはこのような権限の行使を妨げられるおそれがある場合、裁判所は、監督者がこれらの権限を行使することを援助するために、必要なときには合理的な力を使用する権限を警察官に与える令状を発付することができる（法102条1項、6項b号、法附則3条8項1号bおよび2号b）。

なお、監督命令は、ケア命令とは異なり、地方当局に親責任を与えない。

（3）暫定命令

ケア命令又は監督命令の申立ての手続において手続が延期されるか、又は裁判所が法37条1項に基づく指示（子の状況の調査）を命じる場合、裁判所は、当該子に関して暫定ケア命令又は暫定監督命令を発令することができる（法38条1項）。

暫定命令（interim order）は、その命令において定められ得る期間において効力を有する。しかし、裁判所が法37条1項に基づいて子の状況調査を指示している場合で、①裁判所による法37条4項の別段の指示がなく、かつ、子に関してケア命令又は監督命令の申立てがないときは、命令が発令された日から始まる8週間の期間の満了で暫定命令の効力は消滅し（法38条4項da号）、②裁判所が法37条4項に基づく指示を行ったが、しかし、子に関してケア命令又は監督命令の申立てがないときは、その指示によって定められた期間の満了で暫定命令の効力は消滅する（法38条4項e号）。

（4）緊急保護命令

ア　緊急保護命令の発令

いかなる者も、裁判所に対し、子に関して緊急保護命令（emergency protection order）の発令を申し立てることができる。その際、裁判所は、次に列挙する場合にあたると認めるときに限り、命令を発令することができる（法44条1項）。

①申立人により又は申立人に代わって提供された収容施設に子が移動されないとき、又は、そのときに子が収容されていた場所に子が留まらないとき、そのことによって子が重大な危害を受けるおそれがあると信ずべき合理的な理由がある場合。

②地方当局による申立てにおいて、(i)子に関して法47条1項b号に基づく地方当局の調査（47条調査）が行われており、(ii)面会を求める権限を付与された者に対し、子との面会が理由なく拒否されることによって調査が妨げら

れ、かつ、申立人が、子との面会が緊急事項として必要であると信ずべき合理的な理由を有する場合。
③権限を付与された者の申立てにおいて、(i) 子が重大な危害を受け、又はおそれがあると疑う合理的な理由を申立人が有しているとき、(ii) 申立人が子の福祉に関して調査を行っており、かつ、(iii) 面会を求める権限を付与された者に対し、子との面会が理由なく拒否されることによって調査が妨げられ、かつ、申立人が、子との面会が緊急事項として必要であると信ずべき合理的な理由を有する場合。

なお、この法44条における「権限を付与された者」とは、法31条のケア命令等に係る全国児童虐待防止協会（NSPCC）などをいい、「面会を求める権限を付与された者」とは地方当局の職員などをいう（法44条2項）。

イ　緊急保護命令の効果
この緊急保護命令が効力を有する間、命令は、
①そうする立場にいる者のいずれに対しても、申立人による子の引き渡しを求めるいかなる要求にも従うべき指示として効力を有する（法44条4項a号）。
②申立人により又は申立人に代わって提供される収容施設に子をいつでも移動しそこに留めること、又は、命令が発令される直前に子が収容されていた病院その他の場所からの子の移動を阻止することについての権限を与える（法44条4項b号）。
③申立人に対し、その子に対する親責任を与える（法44条4項c号）。

なお、法44条4項b号に基づいて権限を行使する者による子の移動、又は子の移動阻止を故意に妨げた者は、犯罪として有罪とされる（法44条15項）。

ウ　緊急保護命令の期間
緊急保護命令は、命令で定め得る8日を超えない期間、効力を有する（法45条1項）。

緊急保護命令の結果として子に対する親責任を有する者で、かつ、子に関してケア命令を申し立てる権限を付与されている者は、緊急保護命令の有効期間の延長を裁判所に申し立てることができ、裁判所は、命令の有効期間を適当と考える7日を超えない期間、1回に限り延長することができる（法45条4項、5項、6項）。

（5）警察保護
さもなければ子が重大な危害を受けるおそれがあると信ずる合理的な理由を警察官が有する場合、警察官は、その子を適切な収容場所に移動させて留める

か、又は、子がその時収容されている病院その他の場所からの移動を阻止することを確保するために合理的な処置をとることができる（法46条1項）。

この法46条に基づいて警察官がその権限を行使した子は、警察保護（police protection）に引き取られた子とされる（法46条2項）。ただし、いかなる子も72時間を超えて警察保護に留められてはならない（法46条6項）。また、子が警察保護に留められている間に、指定された警察官は、適当な当局に代わって、その子に関して法44条に基づく緊急保護命令を発令するよう申し立てることができる（法46条7項）。

この警察保護について、前述の政府指針『Working together to safeguard children（児童保護のための共同作業）』第2章21は、「警察は、1989年児童法46条に基づいて、子の迅速な保護を確保するために、家屋敷内に立ち入り、子を分離することのできる緊急の権限を有する。この権限は、警察が、子が重大な危害を受けているか、又は受けるおそれがあると信ずる合理的な理由を有するときに行使することができる。警察の緊急の権限は、緊急事態において、必要なときに限り行使することができる。親又は養育者から子を分離する決定は、可能な限り、裁判所によって行われるべきである」と定めている。

この点について、1989年児童法46条は、警察保護を行う場合の立入調査等の権限については明文で規定していない。しかし、実際の警察保護においては、この政府指針の規定に沿って、関係諸法の積極的な適用により、警察独自の判断で対応している。裁判所の令状なしでドアを解錠し、子の居住する家屋敷内に強制的に立ち入るなどの方法によって、危険な状態のある子の緊急保護が行われている[21]。

Ⅲ　イギリス法からの示唆

1　親責任

1989年児童法が新たに採用し、その後30年近く運用されてきた親責任という概念に注目したい。制定法としてはその内容を明示していないが、学説では、子を養育すること、子を保護すること、子に教育を提供すること、子の財産を

---

[21] 町野朔ほか編『児童虐待と児童保護』87頁（上智大学出版、2012年）、川崎二三彦ほか『イギリスにおける児童虐待の対応視察報告書』47頁（子どもの虹情報研修センター、2008年）。

管理すること、法手続において子を代理することなどとされており、(22)わが国の親権における親の権利義務とほとんど変わりはない。

ただ、親責任は子の父母だけでなく、親でない者も裁判所命令になどによって取得することができる。子に関するケア命令が有効な間の地方当局、子の緊急保護命令が有効な間の地方当局あるいはNSPCC（全国児童虐待防止協会）など申立権を付与された者、裁判所あるいは親・後見人・特別後見人により選任された後見人、裁判所の特別後見命令により選任された特別後見人などである。

また、同一の子に対して親又は親でない者の複数の親責任が併存することができ、親責任者は、他の者が親責任を取得したという理由だけで、その親責任を喪失することはない。ケア命令が発令された場合でも、指名された地方当局によって父母の親責任の行使が制限されるにとどまり、父母は引き続き親責任を有する。

この親責任については、それを「親の義務」と読み替えることによって理解が容易となる。子の福祉のための義務を果たすべき者が複数人存在しても、義務履行者の優先順位が明確であれば、子の利益にとって何ら差し支えはない。

わが国の親権も、「子の利益のために」子の監護および教育をする権利義務とされており、一方で居所指定権や懲戒権の存在意義が薄くなっていることを勘案すると、その実質的な内容は「親の義務」と解されるところである。今後、わが国の家族法改正の議論においては、イギリス法の「親責任」の理念も十分に検討されるべきであろう。

2　未成年者の後見制度

子に親責任を有する者がいない場合、個人による申立てあるいは裁判所の職権で後見人を選任することができる。後見人に選任された者は、当該子に関する親責任を有する。後見人の親責任の範囲は、扶養義務などを除き、親とほぼ同様である。わが国の未成年後見人と大きな違いはないが、個人による申立てとともに、裁判所の職権によっても後見人の選任ができる点に留意する必要がある。

また、高等法院は、申立権者からの申立て又は職権により、子を裁判所の継続的な保護の下に置く「裁判所による後見」を決定することができる。

さらに、裁判所は、申立権を付与された者等による申立て又は職権による特

〈22〉 前掲・許末恵「英国における親責任をめぐる法規制について」民商法雑誌136巻4・5号543頁。

別後見命令によって、特別後見人を選任することができる。選任された特別後見人は、その命令が有効な間、当該子に対する親責任を有し、他の親責任を有する者のすべてを排除して親責任を行使する権限が付与される。特別後見は、実親による親責任の行使が不適切な場合に、地方当局の継続的な支援を受けながら、祖父母などの親族が、当該子の養親のような形で養育を行う。わが国に特別後見制度があれば、精神疾患のひとり親による重篤なネグレクトのような場合、健康で見識のある祖父母などの親族が存在するときは、親権喪失や親権停止の審判を申し立てることなく、裁判所の職権で実親に親権を残したまま祖父母を特別後見人に選任し、子の養育に係るすべての権利義務を委ねることができよう。親権の効力との調整を行うことができれば、わが国においても、立法化により有意な効果をもたらす後見制度と考える。

3　子の保護体制

　1989年児童法は、地方当局に子を保護する一般的な義務を課し、その義務の履行のために地方当局に対して、裁判所へのケア命令申立権、監督命令申立権、緊急保護命令申立権あるいは47条調査権などを付与している。

　裁判所は、地方当局などの申立てに基づいて、子が重大な危害を受けているか若しくは受けるおそれがあるときなどには、ケア命令によって当該子を地方当局のケアの下に託置し、あるいは監督命令によって当該子を地方当局の監督の下に置き、あるいは緊急保護命令によって当該子を収容施設に移動させるか若しくは入院中の病院等に留め置く命令を発令することができる。

　一方、警察は、子が重大な危害を受けているか又は受けるおそれがあると認められるときは、独自の判断で、子の迅速な保護を行うために家屋敷内に立ち入り、その身柄を保護することができる。

　このように、裁判所は子の保護のために必要な命令を発令し、この裁判所命令に従って、地方当局や警察が当該子の援助や保護を実行する。警察には独自に子を保護する権限もある。わが国では、児童福祉法28条に基づく家庭裁判所の入所措置承認などを除き、子の一時保護の決定、一時保護の実行、子の身柄確保後の援助のすべてについて児童相談所の責務とされており、その違いが顕著である。

4　小括

　1989年児童法の規定する親責任は、子に対する親の義務に重点を置くことにおいてドイツ法の親の配慮権やフランス法の親権と共通するものであるが、ケア命令や緊急保護命令が有効な間は、地方当局やNSPCCなど親以外の行政機関等も親責任を取得することができる点に大きな特徴がある。

　また、未成年後見においては、個人の申立てだけでなく、裁判所の職権によっても後見人が選任される。この点は、親権者の不在が直ちに未成年後見開始とされるわが国においても検討されるべきである。

　特別後見制度は、実親に親責任を残す形での養子縁組のようなものであり、祖父母などの親族が選任されることによって、子の利益を増進する事案も決して少なくないと考える。わが国においても検討に値しよう。

　子の保護においては、必要な命令を発令する裁判所の司法上の権限、ソーシャルワーク機関としての地方当局の行政上の権限、警察権に基づく警察の実力行使の権限が明確に区分されており、それぞれの機能に応じた役割分担をしながら個別事案に対応する仕組みになっている。わが国においては、子の保護における大半の権限が児童相談所に集中している。イギリス法に学ぶことは少なくない。

第3章

ドイツにおける児童援助法制[23]

Ⅰ 概要

1 基本法

ドイツ基本法（Grundgesetz für die Bundesrepublik Deutschland, 以下 GG という）6条2項は、「子の養育及び教育は、親の自然的権利であり、かつ、何よりもまず親に課せられた義務である。その実行に関しては、国家共同社会がこれを監視する」と、同条3項は、「子は、教育権者が義務を怠る場合、又は子がその他の理由で放置されるおそれがある場合に、法律の定めがあるときに限り、教育権者の意思に反して家族から引き離されることが許される」と規定している。

GG 6条2項の「親の自然的権利」という規定は、国家介入に対する親の優位、さらには親の権利の防御権としての性格を強調するものであり、同条3項は、ナチスのヒットラーユーゲントなどに対する反省から、国家による子の親からの分離を厳格に制限するものである[24]。

これは、親の自然的権利として子の養育における親の優越的権利を認める一方で、子の養育の監視役を与えられた国家は、民法典の配慮権制限規定に基づいた裁判所の決定や命令によることを条件として、親の権利に介入することができる旨を表明したものと解されている[25]。

---

[23] 本章は、拙論「親権および未成年後見制度に関する考察」田山輝明編『成年後見制度と障害者権利条約』351頁（三省堂、2012年）に加筆、修正したものである。

[24] 横田光平「親の権利・子どもの自由・国家の関与（2）」法学協会雑誌119巻11号13頁、26頁（2002年）。

[25] 岩志和一郎ほか「ドイツ『児童ならびに少年援助法』全訳（1）」比較法学36巻1号

2　民法典、社会法典第8編、家事事件および非訟事件手続法

　ドイツにおける児童・少年援助法制は、主に三つの法律で構成されている。

　第一は、親の配慮権や未成年後見などについて規定する民法典（Bürgerliches Gesetzbuch, 以下BGBという）である。

　第二は、親の配慮が十分行われない場合の児童保護と援助手続を定めた社会法典第8編（Sozialgesetzbuch Ⅷ，以下SGB Ⅷという）であり、未成年後見に係る官庁後見などを規定している。

　第三に、家事事件及び非訟事件手続法（Gesetz über das Verfahren in Familiensachen und in den Angelegenheiten der freiwilligen Gerichtsbarkeit, 以下FamFGという）も、児童の保護における諸手続や暫定命令などについて、重要な役割を果たしている。

Ⅱ　民法典

1　ドイツ民法典の沿革

　1896年にドイツ民法典親権法規定が制定された。BGB親権法規定は近代的な児童保護法として成立したものだが、嫡出子については父が単独の親権者となるなど家父長制的な色彩を強く残していた。当時のBGB1631条1項は「子を教育し、監督し、またその居所を指定する権利と義務を含む」とし、2項は「父は、教育権に基づき、子に対して相当の懲戒手段を用いることができる」と定めている。日本の明治民法にも影響を与えたことが窺われる。

　第2次大戦後、1957年6月18日の「男女同権法」により、母にも父と同等の親権者の地位が認められ、同時にBGB1631条2項の懲戒手段の使用に関する文言が削除された。1979年7月18日の「親の配慮の権利の新たな規制に関する法律」は、親権制度を、子の福祉を指導理念とし、子の保護と補助のための制度へと大きく転換させた。BGB1626条などにおいて親権（elterliche Gewalt）が廃止され、親の配慮（elterliche Sorge）という新しい概念に改められた。

　1997年12月16日の「親子関係法の改正のための法律」は、嫡出子と非

304頁（2002年）。

嫡出子の区別を廃止した。また、BGB1626条1項1文の「権利と義務」の文言を「義務と権利」へと逆転させ、親の配慮責任の主要な趣旨が義務であることを強調した。さらに、BGB1631条2項においても「身体的並びに精神的な虐待は許されない」と規定がなされた。

2000年11月2日の「教育からの暴力の排除と子の扶養法の改正に関する法律」で、BGB1631条2項は、1997年の改正からさらにすすめて、「子は、暴力によらずに教育される権利を有する」とその権利性が明記された[26]。

2008年7月4日、BGB1666条1項の例示を削除し、同条3項において、家庭裁判所のとり得る危機防止措置を例示列挙する改正が、「子の福祉の危機における家庭裁判所の措置を容易化する法律」によって行われた。

2　親の配慮権

（1）親権から親の配慮へ

BGB1626条1項1文は、「親は、未成年の子のために配慮する義務と権利を有する」とし、未成年の子を養育する親の義務と権利を、elterliche Sorge（親の配慮）と定義した。同項2文は、「親の配慮は、子の身上に関する配慮（身上配慮）と子の財産に関する配慮（財産配慮）を含む」と規定している[27]。

この「親の配慮権」は、共同配慮が原則である。婚姻中の両親は、BGB1626条1項1文により、その未成年の子について共同の配慮権者となり、両親が離婚した場合も、共同配慮は変わらない。

一方、子の出生時に両親が婚姻していない場合、親が共同で配慮を行うという配慮表明（Sorgeerklärungen）をするか、親が事後に婚姻をするか、又は家庭裁判所が両親に共同配慮を委譲したときは、親は共同で配慮を行う。なお、一方の親の申立てがあれば、家庭裁判所は、子の福祉に反しない限り、両親に

---

[26] BGBの沿革については、岩志和一郎「ドイツ親権法規定（仮訳）」早稲田法学76巻4号225頁（2001年）、岩志和一郎「暴力によらずに教育される子の権利」早稲田法学80巻3号1頁(2005年)、岩志和一郎「ドイツの親権法」民商法雑誌136巻4・5号497頁以下(2007年)、西谷祐子「ドイツにおける児童虐待への対応と親権制度（1）」民商法雑誌141巻6号1頁（2010年）を参照。

[27] 本書で引用したドイツの各法律は、2017年3月現在のドイツ連邦司法・消費者保護省（Bundesministerium der Justiz und für Verbraucherschutz）のJURIS版による。BGB訳出は、岩志和一郎「ドイツ親権法規定（仮訳）」早稲田法学76巻4号225頁（2001年）、岩志和一郎「ドイツの親権法」民商法雑誌136巻4・5号497頁(2007年)、ドイツ家族法研究会「親としての配慮・補佐・後見（1）」民商法雑誌142巻6号633頁（2010年）、同「親としての配慮・補佐・後見（4）」民商法雑誌145巻1号85頁以下（2011年）を参照した。

共同配慮の全部またはその一部を委譲しなけれならない。これ以外の場合には母が単独で親の配慮を行うことになる（BGB1626条a）[28]。

子の出生後に、共同配慮権を有する両親が一時的でない別居をした場合、両親の一方は、自己に単独配慮の委譲を家庭裁判所に申し立てることができ、次の場合に、単独配慮に移行することが認められる。①他方の親が同意し、14歳に達した子が異議を唱えない場合、②あるいは、共同配慮の終了および申立人たる親への委譲が子の福祉に最も適合すると認められる場合である（BGB1671条1項）。また、両親が一時的ではなく別居しており、BGB1626条a第3項に基づいて母親が単独で親の配慮権を有している場合、父親は家庭裁判所に親の配慮権の全部またはその一部を自己に単独で委譲することを申し立てることができ、次の場合に認められる。①母親が同意し、その委譲が子の福祉に反しない場合、または14歳に達した子が委譲に異議を唱えない場合、②あるいは、共同配慮を考慮することができず、かつ父親への委譲が子の福祉に最も適合すると認められる場合である（BGB1671条2項）。

（2）身上配慮の内容
ア　身上配慮の定義

身上配慮は、とくに、子を養育し、教育し、監督し、またその居所を指定する義務と権利を含む（BGB1631条1項）。敷衍すると、身上配慮とは、子の監護・養育の義務と権利、子の居所を指定する義務と権利を主内容とし、子の身体的・知的・精神的成長の助成と社会生活を送る能力を備えた人格を身に付ける教育のための事実行為と法的行為のすべてを包含するものである[29]。

子の監護・教育は、日常の子育てとして行われる事実行為を中心に、両親が共同で行う法定代理権（BGB1629条）[30]や居所指定権などの法律行為あるいは法的行為によって実践される。

子に対する医療行為において、親は、法定代理人として医療機関と診療契約を締結し、通常の医的侵襲行為について同意を与えることができる[31]。

イ　体罰等の禁止

第2次大戦前のBGB1631条2項が、父の教育権に基づく相当の懲戒手段を認めていたため、親による体罰が戦後も引き続き問題となってきた。そこで、

〈28〉前掲・岩志和一郎「ドイツの親権法」民商法雑誌136巻4・5号505頁。
〈29〉前掲・岩志和一郎「ドイツの親権法」民商法雑誌136巻4・5号513頁。
〈30〉BGB1629条1項「親の配慮は子の代理を含む。両親は子を共同して代理する。」
〈31〉前掲・西谷祐子「ドイツにおける児童虐待への対応と親権制度（1）」民商法雑誌141巻6号571頁。

2000年の法改正で現行のBGB1631条2項に改められ〈32〉、「子は、暴力によらない教育を受ける権利を有する。体罰、精神的加害及びその他の屈辱的な処置は許されない」と明記された。

体罰や精神的加害などによって子に危機が生じる場合は、BGB1666条等に基づき、親子分離などによる子の保護がなされることになる。

ウ　家庭裁判所の親への援助義務

BGB1631条3項は、「家庭裁判所は、適切な場合には、身上配慮の行使について申し立てた親を援助しなければならない」とし、子の養育に対する親への援助義務も定めている。

3　子の福祉の危機における法的措置

（1）家庭裁判所による措置義務

ア　身上配慮における危機

BGB1666条1項は、「子の身体的、精神的又は心理的福祉、あるいはその財産が危険になる場合において、親が危険を防止する意思がないか、又は危険を防止できる状態にないときには、家庭裁判所は、危険防止に必要な措置を講じなければならない」として家庭裁判所の法的対応を義務づけている。これは、子の福祉の危機に際して、当該親について子の危険防止の意思または能力の欠如を法的介入の判断基準とするものと解される。

BGB1666条1項～4項は、GG6条2項の「親の自然的権利」を制限し、子の福祉および財産の保護のための家庭裁判所による親と子および家族への介入を認める根拠条文であり、BGB1666条aの公的援助の優先と相当性の原則と併せて、家庭裁判所による子の福祉の危機への対応の義務とその範囲を明文で規定したものである。

2008年まで、BGB1666条1項前段には、家庭裁判所が法的措置を取るべき理由として、「親の配慮の濫用的行使（missbräuchliche Ausübung der elterlichen Sorge）、子の放置（Vernachlässigung des Kindes）、親の責に帰すことのできない養育拒否（unverschuldetes Versagen der Eltern）、第三者の行為（Verhalten eines Dritten）」の4類型が列挙されていたが、2008年の法改正ですべて削除された。改正の目的は、法的介入の判断を親の責めに帰すかどうかではなく、子の状態や子の危険の有無で判断すべきものとし、家庭裁判所

〈32〉前掲・岩志和一郎「暴力によらずに教育される子の権利」早稲田法学80巻3号1頁。

の裁量権を拡大して措置を容易にするためと解される。

　子の福祉の危機の例としては、身体的虐待、性的虐待、養育の拒否や懈怠、必要な医療行為への同意の拒否、不衛生な養育環境、義務教育を受けることの禁止、子に対する犯罪の教唆、トルコ系移民家庭の父の女児に対する婚姻の強要などがあげられる〈33〉。移民家庭における父からの婚姻の強要を除けば、わが国における児童虐待の事例とおおむね共通している。

イ　財産配慮における危機

　BGB1666条2項は、子の財産に対する財産配慮権につき、「財産配慮を有する者が、子に対する扶養義務若しくは財産配慮に関連する義務に違反するか、又は財産配慮に関する裁判所の命令に従わない場合は、一般に、子の財産が危うくされているとみなされる」と規定している。この場合は、家庭裁判所による法的措置がなされることになる。

（2）家庭裁判所による法的措置の内容

　BGB1666条3項は、「第1項に基づく裁判所の措置には、特に次のことが属する」と例示列挙している。

①児童及び少年の援助並びに健康上の配慮等の給付について、公的援助の請求を求める命令

②就学義務の遵守に配慮を求める命令

③一時的又は無期限の家族住宅あるいは他の住宅利用の禁止、住宅周辺の特定範囲における滞在の禁止、子が通常滞在する特定の他の場所を捜すことの禁止

④子に連絡をとること、又は子との出会いを図ることの禁止

⑤親の配慮権を有する者の意思表示の代行

⑥親の配慮権の一部又は全部剥奪

　以上について換言すると、①は少年局に対する養育援助等の申立てをすることの命令、②は子を義務教育のための学校に通わせる就学命令、③は家族の住居などからの退去命令およびその住宅周辺のはいかい禁止命令、④は子への連絡やつきまとい禁止命令、⑤は子の入院、医的侵襲行為、輸血など医療行為、その他子に関する法的行為への同意、⑥の配慮権一部剥奪は親子分離の際の居所指定権剥奪など、さらに親の配慮権全部剥奪もあり得る、となろう。

〈33〉西谷祐子「ドイツにおける児童虐待への対応と親権制度（2・完）」民商法雑誌142巻1号4頁。

4　親の配慮権剥奪

（1）公的援助優先の原則

　BGB1666条a第1項は、親の家庭からの子の分離を伴う措置は、公的援助を含め、その他の方法によっても危険を回避することができない場合に限って許されるとし、在宅援助が原則であることを明記している。このことは、親の一方に、一時的または期限を定めずに家族の住宅の使用を禁ずる場合にも適用されている。これは、GGの規定から、家庭裁判所は親の配慮権の一部または全部の剥奪において慎重でなければならず、常に公的援助の優先を強調したものと解される。

（2）相当性の原則

　BGB1666条a第2項は、身上配慮権の全部剥奪について、他の措置では効果が生じないか、あるいは他の措置では危険を防止するために十分ではないと認められるときに限り、全部剥奪することが許されるとする。これは一般に、相当性の原則と呼ばれるもので、安易な身上配慮権全部剥奪の抑止が目的と解される。

5　親の配慮権停止

　親の一方が行為無能力者、あるいは制限行為能力者であるとき、この法的障害のある親の配慮権は停止する（BGB1673条）。また、親の一方が、勾留や精神疾患等の理由により長期間にわたって親の配慮権を事実上行使できないとき、家庭裁判所は親の配慮権を停止することができる（BGB1674条1項）。ただ、この配慮権停止は、日本民法の親権停止の審判とは異なり、児童虐待に対処するための規定ではない。

Ⅲ　社会法典第8編

1　意義

　社会法典第8編は、児童及び少年援助法（Kinder- und Jugendhilfegesetz, KJHG）として制定されたものである。[34] SGB Ⅷの規定する「児童及び少年」の

---

[34] SGB Ⅷの訳出においては、前掲・岩志和一郎ほか「ドイツ『児童ならびに少年援助法』全訳（1）」比較法学36巻1号304頁（2002年）、「同（2）」比較法学37巻1号219頁（2003

うち、児童（Kind）は 14 歳未満、少年（Jugendlicher）は 14 歳以上 18 歳未満をいう（SGB Ⅷ 7 条 1 項）。

前述のとおり、GG 6 条においては、子の養育および教育が親の自然的権利および義務であると同時に、国家は、親の職務の実行を監視する役割を与えられ、BGB と SGB Ⅷ の規定によって、裁判所の判断を条件として、親の権利に介入することが義務づけられている。

SGB Ⅷ は、児童および少年の権利擁護と支援について、行政機関としての少年局の任務をはじめ、児童・少年援助の具体的な内容を規定している。日本の児童福祉法と児童虐待の防止等に関する法律を併せたものに近いが、内容ははるかに詳細である。

2　少年局

ドイツの少年局（Jugendamt）は、少年援助の実施および監督にあたる行政機関であり、日本の児童相談所に相当する。少年局は、単独で行動し、独立性の高い機関であるが、家庭裁判所の介入が必要と判断するときは、裁判所に介入を要請しなければならない。また、緊急の危機があり、かつ裁判所の決定を待つことができないとき、少年局は、自ら児童又は少年を保護する義務を負っている（SGB Ⅷ 8 条 a 第 2 項）。

少年局は、危機の回避のために、他の給付実施機関、保健援助機関または警察の介入が不可欠の場合には、教育権者による請求を働きかけなければならない。さらに、即時介入が必要であり、かつ身上配慮権者または教育権者の協力が得られない場合は、少年局が自ら、危機回避に関して権限のある他の官署を介入させなければならない（SGB Ⅷ 8 条 a 第 3 項）。

少年局は、州又は郡あるいは大都市の各自治体がこれを設置するものである。たとえば、「ベルリン市ミッテ区少年局」のような形で設置され、ソーシャルワーカーとして少年援助司（Jugendhilfe）が相談や援助に携わっている。各少年局の広域的機関として州少年局（Landesjugendamt）が置かれている（SGB Ⅷ 69 条）。少年局は、児童虐待対応、非行対応、一時保護、家事事件での裁判手続への協力、官庁後見の引き受け、里親委託、養子斡旋、保育園設置などの包括的な児童福祉に関する業務を行う。[35]

年）、「同（3）」比較法学 39 巻 2 号 267 頁（2006 年）参照。
[35] 春田嘉彦「ドイツ連邦共和国における児童虐待の取り扱いの実情について」家裁月報 58 巻 1 号 123 頁（2006 年）。平湯真人ほか『ドイツ・フランスの児童虐待防止制度の視察報

3 一時保護

　一時保護は、差し迫った危機にある児童または少年を保護するために、少年局に与えられた最も重要な職責の一つである。SGB Ⅷ 8条aは、児童の福祉に危機が及ぶときの少年局による保護義務を定め、さらに SGB Ⅷ 42条は、少年局の一時保護の手順について、次のように規定している。

（1）一時保護の権利と義務（SGB Ⅷ 42条1項）

①少年局は、次の場合、児童又は少年を保護する権利を有し、義務を負う。
　　i　児童又は少年が保護を求めるとき、又は、
　　ii　児童又は少年の福祉に対する差し迫った危険があるため、一時保護が必要なときで、かつ、
　　　(a) 身上配慮権者が異議を述べないとき、又は、
　　　(b) 家庭裁判所の決定が適切な時期に出されないとき
　　iii　外国人の児童又は少年が単身でドイツに来て、かつ、国内に身上配慮権者も教育権者も滞在していないとき
②一時保護は、児童又は少年を、適切な人物の下に、又は適切な施設もしくはその他の居住形態に暫定的に収容する権限を含む。また、児童又は少年の福祉に対する差し迫った危険があるため一時保護が必要な場合で、かつ、身上配慮権者が異議を述べないとき若しくは家庭裁判所の決定が適切な時期に出されないとき〔前記（1）①ii〕は、児童又は少年を他の人物から引き離す権限を含む。

（2）一時保護中の対応（SGB Ⅷ 42条2項）

①少年局は、一時保護の間に、児童または少年とともに一時保護に至った状況について解明し、かつ、援助と扶助の可能性を明白に示さなければならない。
②児童又は少年は、その信頼できる人物に、遅滞なく連絡する機会を与えられなければならない。
③また、少年局は、一時保護の間、児童又は少年の福祉のために配慮し、かつ、その際、必要な扶養及び疾病援助により安全を保障しなければならない。
④さらに、少年局は、一時保護の間、児童又は少年の福祉のために必要不可欠なすべての法的行為を行う権限を付与される。その際、身上配慮権者又は教

告書Ⅰ　ドイツ連邦共和国編』17頁（子どもの虹情報研修センター、2004年）。佐藤和英「実務ノートドイツにおける児童虐待に関わる家庭裁判所の手続及び少年局の活動について」ケース研究2003年3号179頁（家庭事件研究会）。

育権者の推定される意思が適切に考慮されなければならない。

(3) 身上配慮権者への対応（SGB Ⅷ 42条3項）

①少年局は、児童若しくは少年が保護を求める場合、又は児童若しくは少年の福祉に対する差し迫った危険があるため一時保護が必要な場合で、かつ、身上配慮権者が異議を述べないとき若しくは家庭裁判所の決定が適切な時期に出されないとき〔前記（1）①ⅰおよびⅱ〕は、身上配慮権者または教育権者に一時保護したことを遅滞なく告知し、かつ、ともにその危険度について評価しなければならない。

②身上配慮権者又は教育権者が、一時保護に異議を述べる場合、少年局は、遅滞なく、次のことを行わなければならない。

　ⅰ　少年局の評価で児童の福祉の危機が存在しないか、又は身上配慮権者若しくは教育権者が危機を回避する準備ができ、かつそれが可能な状況にあるときは、児童又は少年を身上配慮権者または教育権者に引き渡す。
　　あるいは、
　ⅱ　児童又は少年の福祉にとって必要な措置について、家庭裁判所の決定を求める。

③身上配慮権者又は教育権者に連絡が取れないときは、少年局は、児童又は少年の福祉にとって必要な措置についての家庭裁判所の決定を求めなければならない。

④単身でドイツに来て、かつ、国内に身上配慮権者も教育権者も滞在していない外国人の児童又は少年の場合〔前記（1）①ⅲ〕は、遅滞なく後見人（Vormund）又は保佐人（Pfleger）の選任が行われなければならない。

⑤また、身上配慮権者が一時保護に異議を述べないときは、少年局は、遅滞なく、援助の実施のための援助計画手続を開始しなければならない。

(4) 一時保護の終了（SGB Ⅷ 42条4項）

　少年局による一時保護は、次の場合に終了する。
①身上配慮権者又は教育権者への児童または少年の引き渡し
②社会法典に基づく援助実施の決定があったとき

　ここに社会法典に基づく援助実施とは、家庭裁判所による配慮権の一部剥奪（居所指定権剥奪）によって里親委託等が行われる場合などをいう。

(5) 児童・少年の自由剥奪（SGB Ⅷ 42条5項）

　一時保護の枠内での自由剥奪の措置は、児童又は少年の身体又は生命の危険、あるいは第三者の身体又は生命の危険を回避するために必要な場合で、かつ、その限度においてのみ許される。自由剥奪は、裁判所の決定がないときには、

遅くともその開始から1日が満了するまでに終了しなければならない。
　ここに身体又は生命の危険とは、自殺や第三者への加害行為や疾病の危険などを指し、施錠や外出禁止などによって実行される。これは主として、非行や麻薬・アルコール依存などに係る児童または少年への支援である。

（6）強制力を伴う一時保護（SGB Ⅷ 42条6項）

　一時保護に際し、直接強制の使用が必要なときは、少年局は、そのための権限を有する官署の参加を求めなければならない。
　権限を有する官署とは、具体的には警察署の警察官や裁判所の強制執行官などである。少年局からの要請によって、一時保護に警察官が同行したり、あるいは、家庭裁判所は、必要があると認める場合には、親子分離の強制執行命令や暫定命令を発令することができる[36]。

4　家庭裁判所への少年局の協力

　SGB Ⅷは、少年局に、児童及び少年の身上配慮に関するすべての措置について、家庭裁判所を支援することを義務づけている（SGB Ⅷ 50条1項）。
　少年局は、FamFG（家事事件及び非訟事件手続法）に基づき、次の事件について家庭裁判所の手続に協力しなければならない。
①親子関係事件（FamFG162条）
②血統事件（同176条）
③養子縁組事件（同188条2項、189、194、195条）
④夫婦同居住室事件（同204条2項、205条）
⑤暴力保護事件（同212、213条）
　また、少年局には、家庭裁判所に対する意見陳述義務が課されている。少年局は、とくに提案され提供された給付について家庭裁判所に報告し、児童又は少年の発達についての教育的、社会的見解を表明し、他の援助の可能性について指摘する義務がある。さらに、親子関係事件においては、FamFG155条2項の期限内すなわち手続開始から1か月以内に協議経過の状況を家庭裁判所に報告する（SGB Ⅷ 50条2項）。

---

[36] 前掲・平湯真人ほか『ドイツ・フランスの児童虐待防止制度の視察報告書Ⅰドイツ連邦共和国編』34頁。

Ⅳ 未成年後見制度

1 未成年後見の開始

　未成年者は、親の配慮の下にない場合、又は親が身上配慮や財産配慮に関する事件において、未成年者を代理する権限を有しない場合は、後見人を付される。棄児のように、未成年者の身分が判明しないときも、同様に後見人を付される（BGB1773条）。〈37〉

　この場合、家庭裁判所は、職権により後見を命じなければならない（BGB1774条1文）。

　BGB1775条は、後見人は原則として一人だけ選任されるとするが、親族や里親などの夫婦が共同後見人になることを認めている。また、管理財産が多くて後見事務が複雑であったり、身上配慮と財産管理の後見事務を分掌することが適切である場合など、特別の理由があるときは、複数の後見人選任が認められることがある。〈38〉虐待等により親の配慮権が全部剥奪されたときは、BGBの関係条項に基づき、後見人の選任と就職が命ぜられる。

2 未成年後見人の権限

　後見人は、被後見人の身上および財産に配慮し、とくに被後見人を代理する権利と義務がある（BGB1793条）。すなわち、後見人は、親の配慮権に準じた権利と義務を負い、被後見人の身上配慮と財産管理に係る権利と義務を有するとともに、被後見人の法定代理人となる。

　後見人の身上配慮の範囲については、親の配慮権に関するBGB1631条（身上配慮の内容と限界）をはじめ、1631条a（職業教育と職業）、1631条b（自由剥奪を伴う収容）、1631条c（不妊処置の禁止）、1631条d（男児の割礼）、1632条（子の引き渡し、交流の決定、家庭養育の維持命令）、1633条（婚姻した未成年者に対する身上配慮）の規定が適用される。後見人は、被後見人の養育及び教育を人的に援助し、かつ、保証しなければならない（BGB1800条）。後見人の財産配慮についても、親の配慮権と同様であり、BGB1802条以下に規定されている。

〈37〉 本書では、Vormund 後見人、Pfleger 保佐人、Beistand 補助人と訳出する。
〈38〉 前掲・ドイツ家族法研究会「親としての配慮・補佐・後見（4）」民商法雑誌145巻1号90頁。

複数の後見人があるときは、共同して後見を行う。意見の相違があるときは、後見人選任の際に特段の定めのない限り、家庭裁判所が決定する。また、家庭裁判所は、複数の後見人の間で、その職務範囲を分けて、後見事務を分掌させることができる。このとき各後見人は、その分掌する職務の範囲内において、単独で後見を行う（BGB1797条）。

3　社団法人による後見・保佐・補助

社団法人（rechtsfähiger Verein）は、州少年局により、後見について適格と認められたときは後見人に選任され得る。社団法人は、名誉職の個人後見人に適格者がいない場合、又は親から後見人に指名された場合に限り、後見人に選任され得る。その選任は、社団の同意を必要とし、家庭裁判所の決定により行われる（BGB1791条a）。

また、社団法人は、州少年局が許可を与えたときは、保佐または後見を引き受けることができ、州法が規定する場合には、補助を引き受けることができる（SGB Ⅷ 54条）。社団法人による後見、保佐、補助の担い手としては、カトリックやプロテスタントなど宗教系の慈善福祉団体などがあり、この児童及び少年の後見等の業務を行っている[39]。

4　少年局による官庁後見・官庁保佐・補助

名誉職の個人後見人の適格者がいない場合、家庭裁判所は、少年局を後見人として選任することができる。この際に、少年局は、被後見人の親から指名されることも排除されることもあり得ない。この選任は、家庭裁判所の決定により行われる（BGB1791条b）。

ただ、未成年後見人選任の実情は、少年局が後見人や保佐人に選任されることが非常に多いとされている[40]。

後日、被後見人の福祉に資す適格な名誉職の個人後見人が確保できたときは、家庭裁判所は、後見人としての少年局又は社団を解任し、名誉職の個人後見人を選任しなければならない。この決定は、家庭裁判所の職権、又は少年局若しくは社団等の申立てによりなされる（BGB1887条、1889条2項）。

〈39〉前掲・春田嘉彦「ドイツ連邦共和国における児童虐待の取り扱いの実情について」154頁。
〈40〉ヨハネス・ミュンダー（岩志和一郎訳）「子の福祉に危険が及ぶ場合における少年援助と司法の協力」比較法学45巻2号114頁（2011年）は78％とする。前掲・西谷祐子「ドイツにおける児童虐待への対応と親権制度（2・完）」44頁では75〜80％。

これを受けて、SGB Ⅷには、次のように詳細な定めがある。
①少年局は、BGB が規定する場合において、補助人、保佐人、後見人になることができる。それぞれ補助（Beistandschaft）、官庁保佐（Amtspflegschaft）、官庁後見（Amtsvormundschaft）という（SGB Ⅷ 55 条 1 項）。
②少年局は、補助人、官庁保佐人、官庁後見人の職務行使を、個別に、その官庁職員（Beamten oder Angestellten）に委譲する。少年局は、官庁保佐人または官庁後見人への職務委譲を行う前に、官庁職員の後見人等選任に関し、その児童または少年の年齢と発達状態に応じて、可能な限り、児童または少年から口頭で聴問しなければならない。（SGB Ⅷ 55 条 2 項）
③官庁職員への委譲によって、官庁職員には、児童または少年の法定代理人として、委譲の範囲内で法定代理権の行使が認められる。また、官庁保佐人および官庁後見人は、BGB の規定に基づいて、個人的な交流をし、さらにその養育及び教育を個人的に援助し、かつ、保証しなければならない（SGB Ⅷ 55 条 3 項）。
④補助、官庁保佐、官庁後見の行使においては、他に規定がない限り、BGB の各規定が適用される（SGB Ⅷ 56 条 1 項）。

この SGB Ⅷ 55 条および 56 条の規定により、児童虐待の事案において、親の配慮権全部剥奪の場合は少年局による官庁後見が開始され、居所指定権剥奪など配慮権一部剥奪のときは官庁保佐が開始される。

官庁後見人に選任された少年局は、親の配慮権とほぼ同様の権利と義務を負担し、被後見人である児童の日常的な身上配慮と財産管理に係る権利義務を果たし、かつ、当該児童の法定代理人としての職務を行うこととなる。

Ⅴ 家事事件及び非訟事件手続法

1 家事事件及び非訟事件手続法の制定

FamFG（家事事件及び非訟事件手続法）が、2008 年 6 月に制定され、2009 年 9 月から施行された[41]。これまで FGG（非訟事件手続法）、ZPO（民事訴訟法典）、BGB その他の法に分散されていた規定が、FamFG で体系化された。FamFG によって、後見裁判所が廃止され、すべての家事事件を家庭裁判

---

[41] Kemper『FamFG-FGG-ZPO』（Nomos,2009）。

所（Familiengericht）が管轄し、同時に、高齢者の世話については、創設された世話裁判所（Betreuungsgericht）が対応することとなった。〈42〉

2　福祉の危機にある子の関連事項

（1）子の福祉の危機に係る手続の優先
子の居所、交流権又は子の引渡に関する親子関係事件、ならびに子の福祉の危機を理由とする手続は、優先かつ迅速に行わなければならない（FamFG155条1項）。

（2）子の手続補助人
家庭裁判所は、未成年の子の利益を擁護するために必要である場合、その身上に関する親子関係事件において、適切な手続補助人（Verfahrensbeistand）を選任しなければならない。BGB1666条（子の福祉の危機における裁判所の措置）および1666条a（相当性の原則、公的援助の優先）に基づく手続において、親の身上配慮権の一部又は全部の剥奪が考察される場合には、適切な手続補助人を選任することが必須とされる（FamFG158条）。

（3）親の聴問
子の身上に関する手続においては、家庭裁判所は、親と直接対面して聴問を行わなければならない。上記のBGB1666条および1666条aの手続においては、親から直接に聴問が行われる（FamFG160条）。

（4）少年局の聴問
家庭裁判所は、子の身上に関する手続においては、少年局を聴問しなければならない。また、少年局は、BGB 1666条及び1666条aの手続に参加し、子の身上に関する手続において、少年局には審理の期日が通知され、かつ、家庭裁判所のすべての決定が通知されなければならず、少年局はその決定に対し抗告する権利がある（FamFG162条）。

（5）暫定命令
家庭裁判所は、当該法律関係について基準となる規定によって認められ、かつ即時介入をする緊急の必要性が存在するときには、暫定命令（Einstweilige Anordnung）により、暫定的な措置をとることができる。この措置は、現在の状態を保全し、又は暫定的に規制することができる。関係人に対し、一定の行

〈42〉ミヒャエル・ケスター「ドイツ家事手続法改正案の基本的特徴」渡辺惺之（訳）、立命館法学2006年4号、佐々木健「ドイツ親子法における子の意思の尊重」立命館法学2008年1号246頁以下参照。

為を命じるか、又は禁止し、とくに対象に関する処分を差し止めることができる。家庭裁判所は、この暫定命令によって、その執行に必要な命令をすることができる（FamFG49条）。また、前記BGB1666条及び1666条aに基づく手続においては、家庭裁判所は、遅滞なく暫定命令の発令を審査しなければならない（FamFG157条3項）。

このようなFamFG49条に基づく暫定命令は、その緊急性と迅速性ゆえに、児童虐待防止に向けて効果的な法的強制力を持つものと評価することができる。

Ⅵ　ドイツ法からの示唆

1　ドイツにおける関係機関の介入の実情

ドイツ法においては「虐待（Mißhandlung）」という用語は使用されず、身体的、精神的、心理的あるいはその財産に関する「子の福祉の危機」の状態という広く一般的な文言で規定されている。児童虐待件数の全国的な統計もない。すなわちドイツ法制は、子の利益を最優先するという観点から、親の非難可能性や有責性の存否とは無関係に、子の福祉が侵害されていると認められる場合は、躊躇することなく介入し、家庭裁判所や少年局などの関係機関にBGBやSGBⅧなどの諸規定に基づいて、子の福祉のための様々な支援あるいは親子関係への法的対応を行うべきことを定めているといえよう。

また、BGB1666条を法的根拠とする親の配慮権の一部又は全部剥奪の件数は、2000年に7,500件であったものが、2009年には12,162件となり、年々増加傾向にある[43]。親の配慮権の一部剥奪は、居所指定権の剥奪、医的侵襲行為や輸血などの医療同意その他法的行為を代行するための配慮権一部剥奪などが想定される。居所指定権の剥奪は、わが国の児童福祉法28条に基づく家庭裁判所による施設入所承認に近い。その内容の詳細が不明なため厳密な比較はできないが、わが国の2016年における児童福祉法28条1項に基づく入所承認の認容は199件であり、すべての親権喪失、親権停止および管理権喪失の審判の認容が111件であることと比較すると、相当に多い件数である[44]。

---

[43] 前掲・ヨハネス・ミュンダー（岩志和一郎訳）「子の福祉に危険が及ぶ場合における少年援助と司法の協力」比較法学45巻2号99頁。

[44] 最高裁判所事務総局家庭局「親権制限事件及び児童福祉法28条事件の概況（平成28年1月〜12月）」。

2　家庭裁判所

　人口1300万人の東京で、家庭裁判所は東京家庭裁判所と立川支部の2か所しかない。一方、ドイツでは、地方の小都市にも区裁判所（Amtsgericht）が配置され、その区裁判所に家庭裁判所（Familiengericht）が附属しているため、各家庭裁判所は、わが国に比べて非常に所管地域が狭く、管轄人口も少ない。このように、両国における裁判所の設置状況が大きく異なっており、ドイツの家庭裁判所の果たす役割をそのままわが国の家庭裁判所に期待することは現実的でない。しかし、わが国においては、ドイツと違って、本来は司法権の範疇に属する業務を行政機関である児童相談所が行っていることも事実である。

　ドイツの家庭裁判所は、親の配慮権の一部又は全部剥奪だけでなく、必要があると認めるときは、少年局への公的な養育援助申立の命令、義務教育への就学命令、はいかい禁止やつきまとい禁止命令、医的侵襲行為や輸血などの医療行為その他の法的行為への同意など、多くの命令を発し、医療同意の代行まで行う。しかしわが国では、親権喪失・親権停止・管理権喪失の審判は家庭裁判所の所管であるが、それ以外の虐待親への対応と法的行為の指導や支援の大半が、都道府県知事の委任を受けた児童相談所長の職務とされている。

　司法と行政の役割は明確に区別されるべきであり、児童虐待の事案における親への強制力のある命令や親の意に反する子の一時保護の決定などは、明らかに司法の役割である。この点について、関連法制を整備して厳密に役割分担をしているドイツ法制から、わが国が学ぶべきことは少なくない。

3　少年局と公的後見制度

　少年局は、児童又は少年に関する公的ソーシャルワーク機関である。同時に、子の福祉の危機が生じたとき、家庭裁判所の介入が必要と判断する場合は、裁判所の介入を要請しなければならず、緊急の場合には自ら児童又は少年を一時保護することもある。介入の要請を受けた家庭裁判所は、少年局から当該児童又は少年の発達についての教育的、社会的見解について報告を受け、さらに他の援助の可能性について意見を聴取する。これら少年局の報告や意見をもとに、親と直接対面してその意見を聴取し、家庭裁判所は当該児童又は少年に係る法的措置を決定する。家庭裁判所は、法的措置として親の配慮権の全部又は一部を剥奪した場合、その事案の80％の割合で、少年局を官庁後見人又は官庁保佐人に選任している。

この80％という高率で少年局が官庁後見人又は官庁保佐人に選任されていることは、少年局の業務への過重な負担となっているものと推測し得る。ただ、法制度のあり方と法に基づく実施体制の可否は区別して考えなければならない。仮に実施体制が不十分であったとしても、それは行政機関の運営責任に帰属するものであって、法制度自体についての当否を判断する理由とはならないからである。

BGBおよびSGB Ⅷに基づいて、名誉職の個人後見人も社団の後見人も確保できない場合に、少年局が後見人や保佐人に選任される。また、事後に適格な名誉職の個人後見人が見つかったときは、家庭裁判所は、少年局を解任して名誉職の個人後見人を選任する。したがって、立法趣旨としては、あくまで少年局による官庁後見や官庁保佐は暫定的な措置として位置づけられていると解される。

ドイツの公的後見制度は、わが国においても、子の利益を守るために児童相談所など行政機関を暫定的な未成年後見人に選任すること、すなわち機関後見制度の立法化が必要であることを示唆している。

4　小括

以上のように、ドイツ児童保護法制は、暫定命令などを発する家庭裁判所の職権主義の下に、ソーシャルワーク機関としての少年局、緊急時には実力行使機関の警察署および裁判所強制執行官が役割分担を担っており、家庭裁判所をいわば扇の要とする整然とした児童援助体制が敷かれている点に留意するべきである。わが国の児童虐待防止法制は、ドイツの関連法制から様々な示唆を受け取ることができる。

第4章

フランスにおける児童援助法制

I フランス児童援助法制の構成

1 民法典

　フランスの児童援助法制は、民法典（Code civil）と社会福祉家族法典（Code de l'action sociale et des familles）が中核となっている[45]。

　フランス民法典は、序章、第1編「人（Des personnes）」、第2編「財産および所有権の様々な変容」、第3編「所有権を取得する様々な態様」、第4編「担保」、第5編「マヨットに適用される規定」で構成される。

　第1編「人」のうち、第7章は親子関係、第8章は養親子関係（完全養子縁組、単純養子縁組）を定める。第9章親権（De l'autorité parentale）では、子の身上に関する親権として親権の行使、育成扶助、家計援助に係る司法上の措置、親権の委譲、親権の全部又は一部取上げ、親による遺棄の司法宣言、さらに子の財産に関する親権について規定している。第10章は、未成年者、後見および未成年解放、第11章は、成年および法律によって保護される成年者に係る裁判上の保護、保佐および後見など、第12章は、未成年者および後見に付された成年者の財産管理、第13章は、民事連帯契約および内縁について定めている。

　このうち親権については、1970年6月4日の法律第459号が、民法典第1編第9章を改正し、表題も父権（puissance paternelle）から「親権（autorité

〈45〉本章は、拙論「フランス法における親権・未成年後見制度」季刊比較後見法制2号4頁（比較後見法制研究所、2015年）に加筆、修正したものである。また、本章で引用したフランス民法典および社会福祉家族法典は、2017年3月31日現在のLegifrance（https://www.legifrance.gouv.fr）による。

parentale)」に変更したところである。また、2007年3月5日の法律第308号によって、第1編第11章が全面改正され、未成年者および後見に付された成年者に共通する「財産管理」については、新設した第12章で規定することとなった。〈46〉

2　社会福祉家族法典

　社会福祉家族法典においては、児童と家族の支援を行う児童社会援助機関（aide sociale à l'enfance, 以下 ASE という）の職務や国の被後見子（Pupilles de l'Etat）などについて詳細な規定がされている。この社会福祉家族法典は、児童および家族の援助を実施するうえでの基本法として位置づけることができる。

　具体的な内容は、第1部法律（législative）第2編第2章「子」は、ASE（児童社会援助機関）の業務、国の被後見子に係る後見実施機関、国の被後見子の資格の認容、被後見子の法的地位、市町村の措置、国の被後見子の養子縁組などについて定めている。

　また、第2部命令（réglementaire）第2編第2章「子」は、ASEの業務として危険な状態にある子の社会的保護、育成扶助の措置、国の被後見子に係る後見の実施機関としての家族会の構成、家族会の運営、国の被後見子の養子縁組などについて規定している。

II　親権制度

1　親権の意義

（1）親権制度の沿革

　1804年に制定されたナポレオン法典は、第1編第9章の表題を puissance paternelle（父の権力）とし、同章372条は「子は、その成年又はその未成年解放まで、その父母の権威（autorité des père et mère）のもとにとどまる」、373条は「父のみが、この権威を婚姻中行使する。」と規定した。これは第9章の表題を「父権」とし、372条においてはその権威（autorité）を「父母」に帰属させるものとしながら、373条によって婚姻中は「父」のみがそれを

〈46〉滝沢正『フランス法　第4版』297頁（三省堂、2010年）。

行使することができるとしたものである(47)。つまり、親権は父母に帰属するが、婚姻中は、親権の行使は父のみが行うという趣旨である。このようにフランス親権法においては、すでにナポレオン法典原始規定の時点から、親権の帰属と行使の分離が規定されていた(48)。

その後、1889年7月24日の「虐待され、精神的に遺棄された子の保護に関する法律」で強制的失権と任意的失権からなる失権制度が創られた後、フランス民法典は、1958年に育成扶助制度を導入し、1970年の改正で任意的失権制度を採用する(49)。

民法典における親権規定は、1970年の法改正により、第9章の表題がautorité parentale(親権)に変更された。法改正の内容では、婚姻中の親権行使は父母による共同行使が原則とされ、子の身上に関する親権における父の優位性が廃止されて、家父長的専制主義に終止符を打った。これは親権に係る父母の平等原則の確立、親権の権力的な側面を弱めて子の利益を保護しようという立法趣旨であり、フランス親権法の大きな改革と解されている(50)。なお、1970年6月4日の法律では、子の財産に関する親権について、法定管理は母の協力を得て父が行使するとして父の優位性を認めていたが(民法典383条)、1985年12月23日の法律第1372号により、法定管理は父母によって共同で行使されるものと改正された(51)。

また、離婚後は、1987年7月22日の法律第570号が、嫡出子の場合は、裁判官が両親の意見を聴取した後、裁判官の権限で両親による親権の共同行使を可能にしたため、裁判実務でも親権の共同行使が主流となっていった。自然子の場合は、裁判官の面前における両親の共同の申述により、親権の共同行使が可能となった。その流れの中で、1993年1月8日の法律第22号により、離婚後の父母による共同親権の行使を原則とすること、家事事件裁判官(juge aux affaires familiales)を創設することなどについて法改正がなされた(52)。

〈47〉稲本洋之助『フランスの家族法』91頁(東京大学出版会、1985年)。田中通裕『親権法の歴史と課題』41頁(信山社、1993年)。

〈48〉日本民法の「親権を行う者」(820条ほか)は、通説では親権者と同義とされている(我妻栄『親族法』321頁［有斐閣、1961年］)。したがって、親権の帰属と行使の分離には立法上の措置が必要と解される。

〈49〉前掲・田中通裕『親権法の歴史と課題』63頁、158頁。

〈50〉前掲・稲本洋之助『フランスの家族法』91頁。前掲・田中通裕『親権法の歴史と課題』121頁。田中通裕「フランスの親権法」民商法雑誌136巻4・5号468頁(2007年)。

〈51〉前掲・田中通裕『親権法の歴史と課題』241頁。

〈52〉前掲・田中通裕『親権法の歴史と課題』224頁。田中通裕「1993年のフランス親権法改正」

2002年3月4日の法律第305号は、親権を「子の利益を目的とする権利及び義務の総体」と定義し、「子の利益」という概念を挿入した（民法典371条の1第1項）。また、民法典371条の1第3項は、子の年齢及び成熟度に応じて、子に関する決定への子の関与を認めた。この背景には、1989年の国連総会で、「児童の権利に関する条約」が、児童を保護の客体とするだけではなく、意見表明権など児童を権利の主体として尊重するという理念の下に採択されたことの影響があるものと考える。

　この2002年の改正は、親権は単なる権利と単なる義務ではなく、「子の利益」すなわち児童の権利に関する条約第3条の定める「児童の最善の利益」を目的とするものであり、権利と義務を包括した概念であることを明文化したものと解される。

　さらに、2002年の法改正では、「夫婦époux」を「両親parents」に修正し、嫡出子か自然子かという「子の法的状況」や、親の同居の有無という「親の法的状況」にかかわらず、親権行使に関して共通の規定が適用されるよう親権規定の整備が行われた。〈53〉

（2）親権の定義

　フランス民法典（以下、本章の根拠条文の表示では「法」という）では、ナポレオン法典原始規定から1970年の法改正まで親権の定義はなされてこなかった。

　1970年6月4日の法律による改正民法典で、第9章「第1節　子の身上に関する親権」、「第2節　子の財産に関する親権」によって、監護・監督・教育権、財産の管理・収益権などその内容が明らかにされたが、親権の定義自体は行われていない。

　したがって、2002年3月4日の法律による改正民法典において、はじめて親権の概念が明確に定義されたものと解される。現行民法典371条の1は、親権を次のように定義している〈54〉。

①親権は、子の利益を目的とする権利及び義務の総体である。

　　法と政治47巻1号195頁（1996年）。
〈53〉中村紘一ほか「フランス親権法の改正」比較法学37巻1号316頁（2003年）。
〈54〉本章の訳出においては、前掲・田中通裕「フランスの親権法」民商法雑誌136巻4・5号486頁以下（2007年）、前掲・中村紘一ほか「フランス親権法の改正」327頁以下、田中通裕「注釈・フランス家族法（12）」法と政治64巻4号279頁以下（2014年）、同「同（13）」法と政治65巻2号261頁以下（2014年）、同「同（14）」法と政治65巻3号237頁以下（2014年）、同「同（15）」法と政治65巻4号311頁以下（2015年）、同「同（16・完）」法と政治66巻3号111頁以下（2015年）を参照した。

②親権は、子の人格に対する敬意をもって、子の安全、子の健康及び子の道徳性を保護するために、子の教育を保証し、かつ子の発達を可能にするために、子の成年又は未成年解放まで両親に属する。
③両親は、子の年齢及び成熟度に応じて、子に関する決定に子を関与させる。

このように定義された親権は、次のように、子の身上に関する権利と義務、および子の財産に関する権利と義務によって構成されている。

2 親権の内容

(1) 子の身上に関する親権

親権に係る2002年の改正前の規定（旧371条の2）では、「①親権は、子の安全、健康および道徳性を保護するために、父母に帰属する。②父母は、子に対して、監護、監督および教育の権利と義務を有する」とされていた。

これが前述の2002年の改正では、親権の目的が「子の利益」にあることを明確にし、安全と健康と道徳面において子を保護し、そして教育を保証することによって子の発達を可能にすることが親権の内容であると規定された。ここでは、旧規定にあった監護と監督の文言が削除されているが、いずれも「保護」に包摂される概念としたものと解される。

民法典371条の1第2項により、親権は、子が成年到達するか未成年解放されるまで両親に属するところとなる。フランスの成年到達年齢は、満18歳である（法388条1項）。

ア　保護
㈠子の利益を目的とする親権の履行義務

フランス親権法では、子を保護の客体であるとともに権利の主体として認め、その権利実現における指標として、児童の権利に関する条約の「児童の最善の利益」に配慮し、かつ、適合させるという明確な意図が窺える[55]。児童の権利に関する条約の締約国において、「子の利益」を尊重することは、子の身上監護と財産管理に共通する最も重要な親の権利義務である。

児童の権利に関する条約3条は、児童の最善の利益について、次のように規定している[56]。

　　第1項　児童に関するすべての措置をとるに当たっては、公的若しくは

---

[55] 前掲・田中通裕「フランスの親権法」468頁。
[56] 外務省訳（1989年国連総会で採択、日本の批准は1994年）。

私的な社会福祉施設、裁判所、行政当局又は立法機関のいずれによって行われるものであっても、児童の最善の利益が主として考慮されるものとする。
　第2項　締約国は、児童の父母、法定保護者又は児童について法的に責任を有する他の者の権利及び義務を考慮に入れて、児童の福祉に必要な保護及び養護を確保することを約束し、このため、すべての適当な立法上及び行政上の措置をとる。

(イ)安全、健康、道徳性の保護
　父母には、子の安全と健康と道徳性を保護する権利と義務が課せられている。父母は、病気の子の治療方法の選択と決定を行い、子の手術に同意する権利と義務を有する。未成年子の妊娠中絶の許可も親権の権利と義務に含まれる。子の臓器移植や骨髄移植についても親権者の許可を要する。〈57〉

(ウ)居所指定権
　子の保護に関わる権利義務として、父母に子の居所を指定する権利を認めている。すなわち、子は、父母の許可なしに家族の家を離れることができず、子は、法律が定める必要な場合でなければ、その家から引き離されることはない（法371条の3）。

(エ)その他の権利と義務
　これらのほか親権者による子の保護に係る権利と義務には、子の完全養子縁組（adoption plénière）〈58〉への父母の同意権（法348条）、子の婚姻への父母の同意権（法148条）、父母による子の未成年解放申立権（法413条の2）などがある。

イ　子の教育の保証と発達の権利・義務
　子の発達を可能にするため、両親は、それぞれの資力、子の必要に応じて、子の扶養および教育を分担する義務を負い、この義務は子が成年に達したときも当然には終了しない（法371条の1、371条の2）。
　具体的には、親は、子の学校の種類や形態を選択し、道徳や職業訓練等の内容を決定し、宗教を選択する権利を有する。親には、16歳までの子の就学義務が課せられ、親による子の教育義務の不履行は、ネグレクトとして育成扶助措置や親権取上げの要因となり得る。また、大学在学中のように学業継続中の

〈57〉前掲・田中通裕「フランスの親権法」477頁。
〈58〉実方の親との実親子関係が断絶される養子縁組。

成年子の場合も、当然には親の教育義務は終了しない（法371条の2第2項）。この民法典371条の2第2項の規定は、すでに判例で認められていたものを2002年改正で明文化したものである。⟨59⟩

ウ　懲戒権規定の不存在

　ナポレオン法典では、身上に関する親権の中心として、裁判所への父の請求による子の一定期間の拘禁などの懲戒権が規定されていた。しかし、1958年12月23日のオルドナンス第1301号で民法典に育成扶助制度が導入されたことに伴い、従来の懲戒制度は育成扶助に吸収される形で廃止された。⟨60⟩ その結果、現在のフランス民法典には、子に対する親の懲戒権規定は存在しない。

（2）子の財産に関する親権

　子の財産の法定管理（administration légale）は、両親に属する。法定管理において、親権が両親によって共同で行使される場合は、両親それぞれが法定管理人である。その他の場合においては、法定管理は、両親のうち親権を行使する親に属する（法382条）。

　法定管理人は全般的な代理権を有する。ただし、単独又は二人の法定管理人と未成年者との間に利益相反が存する場合には、後見裁判官（juge des tutelles）によって、特別管理人（administrateur ad hoc）の選任が請求される。法定管理人として相当の注意を欠く場合、裁判官は、検察官若しくは未成年者自身の請求又は職権によって、特別管理人の選任を行うことができる（法383条）。

　法定収益（jouissance légale）は、法定管理に結合し、あるいは、両親共同、あるいは、管理の職務にあたる一方の親に属する（法386条の1）。法定収益は、子の財産から生じる収益の処分権であり、このように明文の規定で認められている。この法定収益の権利は、あるいは、子が満16歳になるかそれ以前に子が婚姻したとき、あるいは、親権の全部取り上げなど親権を終了させる原因又は法定管理を終了させる原因によって、あるいは、用益権の濫用などすべての用益権を消滅させる原因によって、終了する（法386条の2）。

⟨59⟩　前掲・中村紘一ほか「フランス親権法の改正」324頁。前掲・田中通裕「フランスの親権法」477頁。

⟨60⟩　前掲・田中通裕『親権法の歴史と課題』58頁。
　　オルドナンス（ordonnance）は、政府の委任立法権限による法規をいう。授権期間満了により失効するが、その前に追認の法律案が国会に提出され、可決すれば法律の効力を有する。可決も否決もしない場合はオルドナンスはそのまま存続する（前掲・滝沢正『フランス法第4版』136頁）。

3　親権の帰属と行使の分離

　親権は、子の安全と健康と道徳性を保護するために、子の教育の保証とその発達を可能とするために、子が成年に達するまで両親に帰属する（法371条の1第2項）。また、父母は共同で親権を行使し、両親の別居は、親権の行使の帰属の法原則に影響を及ぼさない（法372条1項、373条の2第1項）。

　すなわち、1993年の法改正で離婚後の共同親権制度が確立し、2002年の改正を経て、親権は、かつての嫡出子と自然子の区別なく、両親の別居や婚姻の有無にかかわりなく両親に帰属し、かつ共同で行使される〈61〉。かりに単独親権の場合であっても、親権行使者でない親が親権の帰属を失うことはなく、親権の帰属まで失うのは親権の取上げの場合だけである。

4　親権の制限

　親権の制限は、子の利益を保護すべき職務を担う親権者が、その職務を十分に果たさない場合に国家権力が介入し、第一には、主体の変更をせずに親権者に親権の内包する権利・義務を保持させながら子の利益のための措置をとること、第二には、全面的又は部分的に親権の主体を変更することをいう〈62〉。

　国家が子の利益のために父母の親権に介入する方法としては、前者に属するのが育成扶助、後者に属するのが親権の委譲と親権の取上げであり、この3類型が民法典で規定されている。

(1)　育成扶助（assistance éducative）

　育成扶助は、危険な状態にある子（enfance en danger）に対する基本的で主要な法的保護の形態であり、児童虐待の危機にある子の保護を目的とするものである。家庭における子の支援を原則とするが、必要な場合には子を親から引き離すこともある。育成扶助に関わる裁判所と児童裁判官の職務については次のとおりである。

ア　意義

(ア)裁判所の権限

①育成扶助の措置命令

　未成年解放されていない未成年者の健康、安全、道徳性が危険な状態にあ

〈61〉 2005年7月4日のオルドナンス759号により、嫡出子と自然子の区別が撤廃された（前掲・田中通裕「フランスの親権法」472頁）。

〈62〉 前掲・田中通裕『親権法の歴史と課題』154頁。

る場合、又はその教育若しくはその身体的、情緒的、知的およ及び社会的な発達の状態が著しく損なわれている場合、父母共同又はその一方、子が委託された人若しくは機関、又は後見人、未成年者自身、又は検察官の申請に基づいて、育成扶助の措置が、裁判所によって命じられ得る。また、裁判官は、例外的に、職権で審理することができる（法375条1項）。

なお、児童裁判官への育成扶助の措置の請求は、ASEから通報を受けた共和国検事によって行われることが多い、という調査研究がある。<(63)>

②複数の子に係る措置

育成扶助の措置は、同一の親権の下にある数人の子について、同時に命じられ得る（法375条2項）。

③措置の期間

育成扶助の決定は、2年を超えない範囲で、その措置の期間が定められる。その育成扶助の措置は、正当な理由のある決定によって、その期間の更新がなされ得る（法375条3項）。

④報告書の提出

子の状況に関する報告書は、毎年、又は2歳以下の子については6か月毎に、児童裁判官に伝達されなければならない（法375条5項）。

(イ)児童裁判官

育成扶助の審理を担当する裁判所の児童裁判官（juge des enfants）は、育成扶助に関するすべてのことに関して、控訴の負担を条件に、その管轄権限を有する。また、児童裁判官は、常に、その措置に対する家族の同意を得るように努め、かつ、子の利益に厳格に配慮して、その決定を言い渡さなければならない（法375条の1）。

児童裁判官が育成扶助の措置を命じる場合、親権の取上げとは異なり、親の非行（faute）は、故意又は過失のいずれについても必要ではない。<(64)>

なお、児童裁判官は、大審裁判所に所属する職業裁判官である。大審裁判所に付置された少年裁判所では、未成年者の軽罪および16歳未満の未成年者の重罪に係る刑事裁判の裁判長を担当する。<(65)>

〈63〉水留正流「フランスにおける児童虐待防止システム」町野朔ほか編『児童虐待と児童保護』125頁（上智大学出版、2012年）。

〈64〉前掲・田中通裕「フランスの親権法」479頁。

〈65〉前掲・滝沢正『フランス法　第4版』190頁。松井一郎ほか『ドイツ・フランスの児童虐待防止制度の視察報告書　Ⅱフランス共和国編』41頁（子どもの虹情報研修センター、2004年）によると、フランス全体で343名が任用されている。

イ　管轄権限

　日本の家庭裁判所は、家事審判申立てに対する審判のみを行い、個別ケースへの介入は行わない。これに対して、フランスの児童裁判官は、育成扶助や一時保護に関する全権限を有し、ASEや警察への指揮命令権も有しており、親とASEとの調整機能もある。

　一方、親権委譲と親権取上げの判決については、大審裁判所の家事事件裁判官（juge aux affaires familiales）の管轄となる（法377条の1、378条の1）。

ウ　育成扶助の内容

(ア) 在宅での措置が原則

　育成扶助において、未成年者は、可能な限り現在の環境が維持されなければならないとされており、在宅での措置が原則である（法375条の2第1項前段）。

　裁判官は、在宅での措置において、あるいは、資格を有する人、あるいは、開放された環境にある観察、教育若しくは再教育の機関を選任し、それらに家族が出会う物質的又は精神的困難を乗り越えるために、家族に援助および助言をもたらす任務を与える。その人又は機関は、子の発達を見守り、かつ、それを裁判官に定期的に報告する任務にあたる（法375条の2第1項中段、後段）。このように、在宅での措置がとられると同時に、関係者や関係機関による援助と指導が実行されるのである。

　また、裁判官は、子の環境の維持について、普通若しくは専門の医療機関又は教育機関に頻繁かつ定期的に通所させ、必要があれば、寄宿学校制度の下で、若しくは職業活動訓練のような特別の義務に従わせることができる（法375条の2第3項）。

(イ) 親子分離と子の委託措置

　子を現在の環境から引き取って保護する必要がある場合、すなわち、子の利益のために親子分離による子の保護が必要とされる場合には、児童裁判官は、子をASEなどへの委託措置を決定することができる。民法典の定める委託先は、次の5種類である（法375条の3）。

① 他方の親
② 家族の中の他の構成員又は信頼できる第三者
③ ASE（児童社会援助機関）
④ 日中又はすべての他の援助状況に応じて、未成年者の受け入れについて資格を付与された機関又は施設
⑤ 普通又は専門の、医療若しくは教育の機関又は施設

このうち、③のASEに委託措置する事案（法375条の3第1項3号）が大部分を占めている。その場合、児童裁判官から委託措置を受けたASEは、当該子について里親委託か施設入所措置を行う(66)。なお、この親子分離にあたって、共和国検事は、育成扶助で言い渡された託置の決定を執行するために、警察力の協力を直接に請求することができる（法375条の3第3項）。

　裁判官は、この委託措置先のうちASE以外に委託した場合には、あるいは、資格を有する人、あるいは、開放された環境にある観察、教育若しくは再教育の機関に対して、子が委託された人又は機関、そして家族にも援助と助言を行い、かつ、子の発達を見守る責任を負わせることができる（法375条の4第1項）。このことは、育成扶助が、危険な状態にある子とその親に対する暫定的な支援措置であることを表している。

　また、育成扶助の措置による利益を受ける子の父母は、この措置と相反しないすべての親権の属性を引き続き行使する（法375条の7第1項）。子が人又は施設に委託される必要がある場合でも、その両親は、通信の権利、訪問及び宿泊の権利を保持する（法375条の7第4項1段）。ただし、裁判官は、子の利益にとって必要な場合、父母の訪問権・通信権などの親権行使の全部又は一部の一時的停止、第三者の立会などの条件を付すこと、子の受け入れ先の不告知、子の連れ出し禁止などを決定することができる（法375条の7第4項2段〜4段、第6項、第7項）。これは、育成扶助の措置がとられた場合も、父母には当該被措置子に係る親権が帰属し、親権の行使を原則として行うことができるが、その一時的停止や条件付あるいは措置先の不告知のような裁判所による制限もあり得るという趣旨である。

　このように、育成扶助における委託措置は、親に対する制裁ではなく、子の利益の保護のために親権行使を事実上制限するものであるが、育成扶助は親権制限が目的ではないため、親権者の親権の帰属および行使が原則として存続することになる。

（2）親権の委譲（délégation de l'autorité parentale）

ア　経緯と種類

　親権の委譲は、1889年7月24日の法律「虐待され、精神的に遺棄された子の保護に関する法律」が規定した「親権の任意移転の制度」を、1970年6

〈66〉久保野恵美子「親権に関する外国法資料（1）」大村敦志ほか編『比較家族法研究』394頁（商事法務、2012年）。

月4日の法律が民法典に編入したものである〈67〉。親権委譲は、親権行使の全部又は一部を人又は施設など第三者に移転する制度であり、任意的委譲と強制的委譲とがある。

イ　任意的委譲

任意的委譲とは、父母が、経済的あるいは健康上の理由など、その養育の状況において必要とする場合に、父母の共同又は個別の申立てによって、家事事件裁判官の判決で、親権の行使の全部又は一部を、第三者、家族の構成員、信頼できる近親者、子の引き取りのために受け入れた施設、又はASEに委譲することである（法377条1項）。

ウ　強制的委譲

強制的委譲とは、両親が子に明白な無関心の場合又は親権の全部又は一部を行使することが不可能な場合に、子を引き取った個人、施設、ASE又は家族の構成員が、同様に、家事事件裁判官に委譲を申し立てて、親権行使の全部又は一部の委譲を受けるものである（法377条2項）。ここに明白な無関心とは、措置された施設等への訪問権や通信権の不行使などをいい、親権の行使が不可能とは、重度の精神疾患等による養育能力の全面的な欠如などが想定される。

また、親による遺棄の司法宣言がなされたときは、裁判所は同一の判決において、子を引き取ったか又は最後に委託した人、施設若しくはASEに子の親権を委譲する（法381条の2第5項）。

親権の強制的委譲は、児童虐待の防止に有効と思われるところであるが、実情は、児童虐待の事案ではあまり利用されていないという調査報告がある〈68〉。その理由については明らかにされてないが、育成扶助制度が有効に機能している結果と推測することは可能である。

エ　親権委譲の特性

親権委譲は、明示あるいは黙示による親権者の意思に基づいており、制裁的な側面は稀薄であると解される。また、「親権の行使」を委譲するものであり、親権の帰属自体が喪失するわけではない。これらの点で、親権委譲は、親権の取上げや育成扶助とは異なる。

また、親権の委譲は、親権の放棄と譲渡を禁じる「親権の非譲渡性」の原則に対する例外であり、家事事件裁判官の判決に基づくことによって、その抵触

〈67〉　前掲・田中通裕『親権法の歴史と課題』155頁。
〈68〉　久保野恵美子「海外制度調査報告書（イギリスおよびフランス）」13頁『児童虐待の防止のための親権制度研究会報告書』（法務省、2010年）。

を免れる法律構成になっている（法376条、377条の1）[69]。

　一方、親権の委譲は、一時的な親権行使の移転であるとの見解もあるが[70]、育成扶助と異なって期間制限もなく、むしろ長期的な親権行使の移転になる可能性もあり得よう。

（3）親権の取上げ（retrait de l'autorité parentale）

ア　経緯

「失権制度」は、1889年7月24日の法律によって創設され、1970年6月4日の法律が、「親権の失権および一部剝奪」制度として民法典に規定した。その後、失権制度は、当初の制裁的色彩から子の利益保護中心の措置としての機能へと変化し、1996年7月5日の法律が、「親権の全部又は一部の取上げ」として改正したものである。親権の取上げに際しては、育成扶助や親権委譲とは異なり、原則として故意又は過失による親の非行（faute）や非難可能性を要件としている[71]。

イ　親権取上げの要件

親権の全部取上げが許される場合として、刑事判決によるものと民事判決によるものとがある。民法典は、次の3類型を規定している。

①子の身上に対する犯罪などでの父母の有罪判決（刑事判決）

　　あるいは、子の身上に対して犯された重罪又は軽罪の正犯、共同正犯又は共犯として、あるいは、その子によって犯された重罪又は軽罪の共同正犯又は共犯として、あるいは、他方の親の身上に対して犯された重罪の正犯、共同正犯又は共犯として有罪判決を受ける父母は、刑事判決の明示の決定によって、親権を全面的に取り上げられることがあり得る（法378条）。

　　また、親権者による未成年者に対する強姦（viol）又は性的侵害（agression sexuelle）が犯されたときは、判決裁判機関（juridiction de jugement）は、民法典378条［全部取上げ］および379条の1［一部取上げ］の適用により、親権の全部又は一部の取上げを宣告しなければならない。その際、被害者の未成年者の兄弟姉妹に関しても、親権の取り上げを判決することができる。もし、重罪院（cour d'assises）において起訴されたときは、判決裁判機関は、陪審員の出廷なしで審問を行い判決を下す（刑法典222-31-2条）。

---

[69] 前掲・田中通裕『親権法の歴史と課題』154頁、前掲・田中通裕「フランスの親権法」481頁。
[70] 西希代子「フランスにおける親子と児童虐待」町野朔ほか編『児童虐待と児童保護』159頁（上智大学出版、2012年）。
[71] 前掲・田中通裕「フランスの親権法」民商法雑誌136巻4・5号481頁。

②虐待などにより子を危険な状態におくこと（民事判決）

　あるいは、虐待（mauvais traitements）によって、あるいは、アルコール飲料の常習かつ過度の摂取又は麻薬の使用によって、あるいは、公知の不行跡又は違法な行動によって、とくに一方の親から他方の親に対して行使される身体的若しくは心理的性質の抑圧又は暴力を子が目撃したとき、あるいは、世話の欠如又は指導の欠落によって、子の安全と健康又は道徳性を明白に危険な状態におく父母については、刑事上の有罪判決とは別に、その親権を全面的に取り上げられることがあり得る（法378条の1第1項）。

③育成扶助措置中の親権者による権利義務行使の2年以上の放棄

　育成扶助の措置が子に関してとられている時、民法典375条の7が委ねた権利の行使と義務の履行（訪問する権利や通信の権利など）を、2年以上の間、故意に放棄した父母は、同様に、その親権を全面的に取り上げられることがあり得る（法378条の1第2項）。

ウ　提訴権者と管轄裁判所

　親権の全部取上げの訴訟は、あるいは、検察官によって、あるいは、家族の構成員又は子の後見人によって、あるいは、子が委託されたASEによって、管轄の大審裁判所に提起される（法378条の1第3項）。

エ　親権取上げの効果

①子の身上と財産に関するすべての権利義務の喪失

　親権の取上げは、全部取上げが原則である。民法典378条あるいは378条の1の適用による親権の全部取上げは、親権に結合した財産上および身上に係るすべての属性に対して完全な権利をもたらす。他の決定がない限り、それは判決の時にすでに出生していたすべての未成年子に及ぶ（法379条1項）。すなわち、親権の全部を取り上げられた親は、子の健康の保護や教育など身上に関する権利と義務、さらに財産管理権や法定収益権を喪失することになる。それはすでに生まれていた未成年子の全員が対象となる。

　一方、例外的に、親権の一部取り上げの判決も認められている。また、親権の全部又は一部取上げの効力は、判決時にすでに出生していたすべての未成年子ではなく、特定の子のみに及ぼすことを決定することもできる（法379条の1）。

②未成年後見の開始

　親権を有する父母がともに親権の行使を剥奪されたときは、未成年後見が開始される（法390条）。

　また、民法典380条に基づく親権取上げの時の子の委託措置の適用によっ

てASEに引き取られた子は、国の被後見子の資格が認容される（社会福祉家族法典L.224-4条5号）。
③判決と同時にASE委託などを決定
　親権又は監護の権利の全部若しくは一部の取り上げを宣告するとき、受訴裁判所は、他の親が死亡したか、又は親権の行使を喪失した場合、その子のために後見の組織化を請求する負担を条件として子を暫定的に委託する第三者を選任し、あるいは、ASEにその子を委託しなければならない（法380条1項）。
　また、受訴裁判所は、他方に対して宣告された親権の全部取上げの効果によって、もう一方の親に親権が帰属するときも、同一の措置をとることができる（法380条2項）。
　これはすなわち、裁判所が親権の全部取上げの判決を言い渡すとき、他の親がすでに死亡又は親権行使ができない状態にある場合には、親族等の第三者に暫定的に委託して後見人の選任をすすめさせるか、あるいはASEに委託するか、裁判所にいずれかの決定を親権取上げと同時に行うことを義務づけたものである。さらに、他の親が生存して親権の行使をすることができる場合、子が、親権を取り上げられた父母のもう一方と引き続き同居することで危険な状態が生じると認められるときも、裁判所は、同様に、第三者への暫定的委託と後見人の選任、あるいはASEへの委託をすることができるという趣旨である。

Ⅲ　未成年後見制度

1　民法典上の未成年後見

（1）未成年後見の実施体制
ア　後見の開始
　未成年後見は、父母がともに死亡するか又は親権の行使を剥奪されたときに開始する（法390条）。未成年後見人の選任は、最後に親権を行使していた父母が、遺言によって、又は公証人の面前での特別な申述によって行うことができるが、遺言による後見人がいない場合、家族会が、未成年者に後見人を選任する（法403条、404条）。
　未成年後見が開始されると、後見裁判官は、家族会を招集し、あるいは、法定管理人としての後見人を選任し、あるいは、他の後見人を選任することができる（法391条）。

また、子の保護としての後見は公の負担であり、それは家族および地方公共団体の義務である（法394条）。

イ　後見裁判官

後見裁判官（juge des tutelles）は、小審裁判所に所属して、未成年者の後見および成年者の後見や保佐などの保護を担当し、あるいは未成年者等の財産管理に係る法定管理人の監督などを行う[72]。

後見裁判官は、未成年者の後見を行うために家族会の構成員を選任し、家族会の議長を務める（法399条、400条）。

また、家族会の議決は、構成員の投票によって決定され、投票が同数の場合は、後見裁判官が裁決権を有する（法400条）。

ウ　家族会

家族会（conseil de famille）は、未成年者の養育と教育の全般的な条件を、父母の表明する意思に配慮して、決定する。家族会は、後見人に支払う報酬を決定し、民法典第12章の規定に基づいて、未成年者の財産管理のために必要な許可を後見人に与える（法401条）。

家族会は、家族会の構成員の中から後見監督人を選任し、また、必要があるときは、利益相反の関係にある後見人および後見監督人の解任と交替について決定する（法397条、409条）。

エ　地方公共団体への付託

未成年者の後見が引き続き不存在のときは、後見裁判官は、ASEの管轄権限のある地方公共団体、通常は当該県に未成年者の後見を付託する。この地方公共団体に付託した後見においては、家族会も後見監督人も必要としない（法411条）。

(2) 内容と特徴

このようにフランスにおける未成年者に係る後見制度は、後見裁判官の介入の下に、伝統的な家族会の役割が重視されている点に特徴が見られる。すなわち、未成年者の後見においては、すべての判断が後見人に委ねられるのではなく、家族会が全般的な方針を定め、その方針に沿って日常的な身上監護と財産管理が行われるのである。

---

[72] 中村紘一ほか監訳『フランス法律用語辞典　第3版』247頁（三省堂、2012年）。なお、大審裁判所は全国で181か所（各県に1～2か所）、小審裁判所は治安裁判所が前身であり、全国で473か所が、郡（arrondissement～県の下級行政区画）を基本的単位として設置されている（前掲・滝沢正『フランス法　第4版』184頁）。

この実施体制は、指揮系統でみると、「後見裁判官→家族会→後見監督人→後見人」という流れに整理できよう。後見裁判官は、家族会の構成員であると同時に議長として指揮権を有し、後見監督人は、家族会の構成員であると同時に家族会の議決の執行監督者でもある。[73]

一方、未成年者の後見は、未成年後見が不存在の場合には、後見裁判官が職権により地方公共団体に付託し、地方公共団体のASEや適格性の認められた団体や個人あるいは公証人などの専門職が未成年後見人に選任され、身上監護および財産管理に関して、国の名において公的後見が行われる（1974年11月6日のデクレ2条）[74]。民法典394条における未成年者の保護としての後見は家族および地方公共団体の義務であるとの規定に基づいて、家族による後見ができない場合の補完措置として公的後見が制度化されているのである。

（3）未成年者の後見人の権限

未成年後見人は、未成年者の身上監護を行い、かつ、法又は慣習において、未成年者自身による訴訟の提起を行う権限を与える場合を除き、日常生活における未成年者のすべての法律行為を代理する。また、後見人は、裁判において未成年者を代理し、民法典第1編12章の規定にしたがって、未成年者の財産を管理し、その管理の会計報告を引き渡す（法408条）。

未成年者の後見人による財産管理については、民法典第1編12章において、後見に付された成年者の後見人と共通の条文で規定されている。その各条項において、後見人は、その財産管理に必要な行為について、被保護者すなわち未成年者および後見に付された成年者を代理するが（法496条）、①許可なしで行うことのできる行為、②家族会又は裁判官の許可を要する行為、③許可を得ても行うことのできない行為、の3類型に分類され、明文で詳細な規制がなされている（法503条〜509条）。

2　国の被後見子

（1）沿革

フランスでは、1966年から国の被後見子（pupilles de l'Etat）が制度化され、ASEが保護している子の養子縁組が促進されてきた。これは、後見機関を行政

---

[73] 前掲・稲本洋之助『フランスの家族法』118頁。
[74] 前掲・久保野恵美子「親権に関する外国法資料（1）」『比較家族法研究』401頁。前掲・久保野恵美子「海外制度調査報告書（イギリスおよびフランス）」18頁。

的に組織し、この機関に養子縁組の決定権限を与えるものである〈75〉。
　国の被後見子については、社会福祉家族法典（Code de l'action sociale et des familles, 以下 CASF という）L.224-1 条～ L.224-12 条で後見の実施機関、国の被後見子の資格認容と法的地位などが規定されている。

（2）国の被後見子の資格
　国の被後見子としての資格が認容されるのは、次の 6 類型に該当する場合である（CASF L.224-4 条）。
① 親子関係が確立されていないか、又は不明で、2 か月以上前から、ASE に引き取られている子
② 親子関係が確立され、かつ明らかであり、養子縁組の同意権を有する者により、明示的に、国の被後見子とすることを承諾する意思をもって、2 か月以上前から ASE に引き渡されている子
③ 親子関係が確立され、かつ明らかであり、その父又は母の一方により、明示的に、国の被後見子とすることを承諾する意思をもって、6 か月以上前から ASE に引き渡されている子
④ 父および母のいない孤児で、民法典第 1 編第 10 章第 2 節［後見］に基づく後見に付されず、2 か月以上前から ASE に引き取られている子
⑤ 民法典 378 条［刑事判決］および 378 条の 1 ［民事判決］の適用によって親が親権の全部を取り上げられ、民法典 380 条［親権取上げの時の子の委託措置］の適用によって ASE に引き取られた子
⑥ 民法典 381 条の 1 および 381 条の 2 ［親による遺棄の司法宣言］の適用によって、ASE に引き取られた子

（3）国の被後見子の後見体制と養子縁組
ア　後見体制
　後見人には、県知事（préfet）が就職し、国の被後見子家族会などの後見体制が組織される。家族会は、県議会議員、養子縁組団体の関係者、有識者などで構成される。
　CASF L.224-4 条および L.224-8 条が適用されて国の被後見子の資格が認められた子は、最適な期間において、子の利益のために養子縁組が許されるという家族会の合意に基づいて、後見人の決める生活計画の対象とされなければならない。また、養子縁組に際して、判断することのできる未成年者は、あるい

〈75〉菊池緑「フランスの養子縁組斡旋制度とその実態」湯沢雍彦編『要保護児童養子斡旋の国際比較』129 頁（日本加除出版、2007 年）。

は、後見人又はその代理人、あるいは、家族会又は指名された構成員によって、あらかじめ聴取される（CASF L.225-1 条）。

このように、国の被後見子として決定された子については、養子縁組計画が進められ、国の被後見子家族会の同意を得て、後見人の県知事が決定することになる[76]。

イ　養子縁組

完全養子縁組（adoption plénière）における養子とされ得る未成年者は、次の3類型である（法347条）。

①父母又は家族会が、養子縁組に有効に同意した子
②国の被後見子
③民法典381条の1および381条の2の定める要件のもとに遺棄宣言された子

この完全養子縁組において、子と父母との親子関係が確立しているときは、父母の両方が養子縁組に同意しなければならない。父母の一方が死亡又はその意思表示をすることができない場合、あるいは父母の一方がその親権の権利を失った場合には、他方の同意で足りる（法348条）。

また、その親が養子縁組に同意しなかった国の被後見子については、同意は、その被後見子の家族会によって付与される（法349条）。

（4）匿名出産

民法典は、出産に際して、母は、その入院および身元の秘密が守られることを請求することができると定め、女性の匿名出産（accouchement sous X）を権利として認めている（法326条）。

匿名出産で生まれた子は、直ちにASEに引き取られ、2か月以上の期間が経過した後、所定の手続を経て、完全養子縁組の対象として国の被後見子となる。国の被後見子として資格が認容されるCASF L.224-4 条1号の「親子関係が確立されていないか又は不明な子」の大半が、この匿名出産に係る未成年子である[77]。

（5）親による遺棄の司法宣言

ア　意義

子の遺棄の宣言は、裁判所の判決によって、子が親に遺棄されたことを宣言

---

[76] 前掲・菊池緑「フランスの養子縁組斡旋制度とその実態」132頁。
[77] 前掲・田中通裕「注釈・フランス家族法（12）」法と政治64巻4号281頁。金子敬明「養子制度」大村敦志ほか編『比較家族法研究』189頁（商事法務、2012年）。

する制度である。1966年に民法典に導入され、350条に遺棄宣言（déclaration d'abandon）として定められた。[78]

　その後、2016年3月14日の法律第297号により、親による遺棄の司法宣言（déclaration judiciaire de délaissement parental）の規定が、民法典381条の1および381条の2として創設され、旧350条は廃止された。

イ　要件

　親による遺棄の司法宣言の請求を提起する前の1年間、特段の理由もなく、両親が、子の教育又は発達に必要な交流を維持していない場合には、その子は両親から遺棄されたものとみなされる（法381条の1）。

　大審裁判所は、人、施設又はASEに引き取られ、親による遺棄の司法宣言の請求を提起する前の1年間に、民法典381条の1の定める状況にあると認められる子の遺棄を宣言する（法381条の2第1項前段）。

ウ　請求権者

　親による遺棄の司法宣言の請求は、その請求された親の適切な支援措置を経て、民法典381条の1の定める1年間の期間満了時に、子を引き取った人、施設又はASEによって義務的に申し立てられる。また、この請求は、期間満了の場合、権限のある検察官の職権によって、又は必要があるときは児童裁判官の申立てによって、同様に提起され得る（法381条の2第1項中段・後段）。

エ　効果

　大審裁判所は、遺棄された子の宣言をするとき、同一の判決によって、子を引き取るか若しくは最後に委託された人、施設又はASEに、当該未成年子の親権を委譲する（法381条の2第5項）。さらに、親による遺棄の司法宣言によってASEに引き取られた子は、国の被後見子の資格が認容される（CASF L.224-4条）。

　また、親による遺棄の司法宣言によって、当該未成年子は、「完全養子縁組の養子になり得る者」となる（法347条3号）。この完全養子縁組の養子になり得る者は、親による遺棄の司法宣言に引き続いて、将来の養親に実際に引き渡される。これを養子縁組のための託置（placement）といい、託置は、子の元の家族へのすべての返還を妨げ、親子関係に係るすべての宣言およびすべての認知の実現を妨げる（法351条、352条）。

---

[78] 前掲・田中通裕「注釈・フランス家族法（13）」法と政治65巻2号279頁。

この完全養子縁組のための託置によって、当該養子縁組に係る子を実親へ返還することが認められなくなるため、その効果として、完全養子縁組の法的な安定性が確保されることとなる。この託置の決定を経た後、完全養子縁組が、養親の請求に基づいて、大審裁判所により言い渡される（法353条）。

（6）地方公共団体による民法上の未成年後見制度との相違点

　民法上の未成年後見においては、必ずしも養子縁組の対象とはならない。一方、親権の全部取上げ、匿名出産あるいは親による遺棄の司法宣言などを資格要件とする国の被後見子制度は、当初から完全養子縁組が前提となっている。この点で、民法上の未成年後見制度は、国の被後見子制度と大きく異なっている。

　ただ、虐待等を理由に親権が取り上げられて親権者がいなくなった場合、当該未成年子を養子縁組させるか、あるいは後見人を付して里親や施設において養育すべきかの判断は、関係機関において、事案ごとに慎重に検討されなければならないだろう。子の年齢やその他の理由によって、養子縁組が適切でないこともあり得るからである。

　また、2003年度における国の被後見子は、前述CASF L.224-4条の「親子関係が確立されていないか又は不明」が38％、「遺棄宣言をされた子」が25％と大半を占め、「刑事判決あるいは民事判決により親権を全部取上げられた親の子」は11％と相対的に少ない割合になっているが、この3類型を合計すると74％となる。[79]

　このように国の被後見子制度は、匿名出産子や遺棄宣言子あるいは親権全部取上げに係る子などの完全養子縁組を中心に運用されており、ここに地方公共団体による未成年後見制度と国の被後見子制度を区別し、両制度を併存させる理由があると思われる。

Ⅳ　危険な状態にある子の保護

1　意義

　2007年まで、フランスでは、Odas（Observatoire national de l'action sociale décentralisée：社会福祉監視機関）が、養育等で危機にあるが虐待は受けていない子を危機のおそれのある子（enfants en risque）とし、それに虐

---

[79] 前掲・菊池緑「フランスの養子縁組斡旋制度とその実態」136頁。同稿によると、2003年度の国の被後見子は3,542名で、うち親権取上げに係る子は376名。

待された子（enfants maltraités）を加えたものを、危険な兆候のある子（enfants signalés en danger）として全国的な統計を公表していた。このうち虐待された子（enfants maltraités）の受けた虐待の内容は、身体的暴力（violences physiques）、性的暴力（violences sexuelles）、重度のネグレクト（négligences lourdes）、心理的暴力（violences psychologiques）の4類型に分類されたが、虐待を行った者は親権者に限定されていなかった。[80]

　その後、2007年の児童保護に関する関係法の改正以降は、危険な状態にある子（enfance en danger）という文言が使用されることになった。[81]後述のGIPED、SNATEDなど児童虐待防止に関わる公的な機関においても、enfance en dangerが各機関の正式名称の一部として使われている。

　かつてのOdas統計からの経緯を勘案すると、フランスにおける「危険な状態にある子」は、わが国の児童虐待の防止等に関する法律における児童虐待の定義より広く、保護者以外の第三者による児童への犯罪行為や虐待行為を含んだ広義の児童虐待に相当するものと解される。

　フランスにおける危険な状態にある子の保護は、司法的対応と行政的対応の2つの分野において、相互に密接な関連性を維持しながら行われている。司法的対応の主要なものは、在宅措置、施設等への委託措置、一時保護などであり、行政的対応は、ASEを中心にCRIP、GIPED、ONPE、SNATEDなどの活動によって実践されている。

2　司法的対応

（1）在宅措置

　児童裁判官の決定による育成扶助としてAEMO「開放された環境における育成扶助」がある。これは児童裁判官の決定した支援内容に基づき、施設等に入所させないで、ASE等による家庭訪問などを重ねながら教育を施し、家族の援助を行うものである。民法典は、未成年者は、可能な限り、その現在の環境が維持されなければならない、として在宅措置を原則としている（法375条の2第1項）。

〈80〉 Observatoire national De l'Action Sociale décentralisée『La lettre de l'Odas（Novembre 2007）』など。
〈81〉 三輪和宏「フランスにおける児童虐待防止制度」レファレンス平成27年8月号85頁（国立国会図書館、2015年）。

（2）施設等への委託措置

　子の利益のために親子分離をして子を保護する必要がある場合、児童裁判官は、子をASEなどへの委託措置を命令することができる。その大半がASEに委託措置され、ASEは、その子について里親委託や施設入所措置をとる。これは、子の保護が必要な場合には、児童裁判官は、ASEや他の機関や施設などに子の委託措置を決定することができる、という民法典の規定に基づくもので、在宅措置の原則に対する特例的な措置となる（法375条の3）。

（3）一時保護

　一時保護は、原則として親権者の同意の下に行われるものであり、児童裁判官は、ASEの援助を受けるよう親に働きかける。親の同意があれば、民法典375条、375条の1などに基づき育成扶助の措置命令が出される。

　一方、親が不同意の場合であっても、児童裁判官の命令に基づいて、ASE等が一時保護を行うことが可能である。児童裁判官は、控訴を負担とする暫定的な権限として、訴訟手続の間に、あるいは、収容機関若しくは観察機関への未成年者の暫定的な引き渡しを命じ、あるいは、民法典375条の3〔ASEや施設等への委託〕および375条の4の規定する措置をとることができる（法375条の5第1項）。さらに、親が不同意だが緊急保護の必要な場合、児童裁判官が命令を発することにより、警察が児童の身柄確保と一時保護をすることができる。この際、警察官は、令状に基づいて、鍵の解錠等による居宅への立ち入りと児童の安全確認および身柄保護など、強制執行を行うことができる[82]。

　また、緊急の場合は、未成年者が発見された場所の共和国検事には、管轄権限のある裁判官に8日以内に申し立てることを負担として、一時保護に関し同一の権限が認められている。8日以内に申し立てられた裁判官は、その措置を維持するか、又は修正し、撤回することができる。もし、子の状況が許される場合、共和国検事は、親の通信、訪問、宿泊の権利の性質と頻度について決定する（法375条の5第2項）。換言すると、共和国検事は、緊急の場合に、8日間を限度として未成年者の居所の発見と身柄確保を警察に命令することができるが、8日間を超えて当該未成年子の一時保護を継続するためには児童裁判官の追認を必要とし、また、必要な場合には、親との通信・面会等の制限をすることが可能ということである。

〈82〉前掲・松井一郎ほか『ドイツ・フランスの児童虐待防止制度の視察報告書　Ⅱフランス共和国編）』41頁。

（4）受入先の不告知と連れ出し禁止命令

　児童裁判官は、子の利益に配慮して、子の受け入れの態様を決定する。子の利益にとって必要な場合、又は危険な場合は、裁判官は受入先を匿名にする決定をすることができる。また、民事訴訟法典1183条、民法典375条の2〔裁判官の命令による施設通所、寄宿生活〕、375条の3〔ASEや施設等への子の委託措置〕、375条の5〔児童裁判官又は共和国検事の命令による一時保護〕が適用がされるとき、裁判官は、当該未成年子を居住地から連れ出すことを禁止する命令を出すことができる。ただし、この連れ出し禁止の決定の存続期間は、2年を超えることができない（法375条の7第6項、7項）。

3　行政的対応

（1）ASE

　行政上の保護および支援は、ASEを中心に行われる。ASEは、県（département）の県議会が所管する行政機関である。県行政の執行責任機関は県議会議長（président du conseil départemental）であり、県知事（préfet）は、当該県における中央政府の代表職にすぎない。ASEの職務等については、CASFのL.221-1条〜L.221-9条に詳細な規定がなされている。

　ASEは、各県に1か所ずつ、フランス全体で100か所設置されている。パリ市は市であると同時に県としての機能も有する。各県のASEでは、児童福祉サービス、県の社会福祉サービス、母子保護サービスなどのソーシャルワークを、エディカテュール（éducateur）などが担当する。エディカテュールとは、国家資格の児童養育専門職のことをいう。具体的には、危険な状態にある子の援助、里親受付窓口、非行少年対策など、緊急援助を含めた様々な児童保護対策を行っている。ASEは、18歳未満の未成年者だけでなく、21歳未満の成年者も援助の対象としている（CASF L.221-1条1項1号）。また、ASEの業務実績は、少年の非行事案が圧倒的に多いという。[83]

（2）CRIP

　各県はCRIP（Cellule de recueil des informations préoccupantes、懸念発生情報収集機関）を設置し、危険な状態にある子の情報を収集している。公的機関、病院、近隣住民、SNATEDへの119番通報、その他の関係機関から危険な状態にある子の懸念発生情報が集められる。CRIPは、当該県のASEだけでなく、

---

[83] 前掲・水留正流「フランスにおける児童虐待防止システム」137頁。

刑事事件として訴追される可能性があるなど必要な事案については、共和国検事にも通告する[84]。

また、CRIP は、児童虐待に関わる教育機関や医療機関などからの相談に対し、助言をする役割も有している[85]。

(3) ONPE と SNATED

フランスでは、公的サービス機関として、有資格の民間公益法人であるアソシアシオン（association）が、その多くを担っている。代表例として、GIP Enfance en Danger（Groupement d'intérêt public enfance en Danger, GIPED：公益団体・危険な状態にある子）は、ONPE（Observatoire national de la protection de l'enfance 子の保護の全国監視機構）および SNATED（Service National d'Accueil Téléphonique de l'Enfance en Danger 危険な状態にある子の全国電話対応サービス）の 2 団体を統括し、運営している[86]。この GIPED の運営財源は、国と県がそれぞれ 2 分の 1 ずつ負担している[87]。

ONPE は、詳細な項目についてフランス全体で統計調査を行って報告書を公表し、危険の予防や事案処理状況の把握と公表を実施している。

SNATED は、24 時間体制の「119 allô enfance en danger（もしもし危険な状態にある子 119 番）」として多くの国民に知られている。SNATED は、119番通報によって危険な状態にある子の存在を把握し、当事者の援助と適切な社会サービスへの誘導などを行うとともに、懸念発生情報を CRIP に送付する。

SNATED は、かつての SNATEM（1989 年 7 月 10 日の法律第 487 号）を引き継いで、2007 年 3 月 5 日の法律第 293 号に基づいて設置された機関であり、年間 80 万件を超える 119 番通報を受信している。119 番通報への実際の対応と実績は、次のとおりである[88]。

① 2013 年における全国の 119 番通報実績は 822,997 件であり、このうち 20％近くを無言など受信不能通報（154,233 件）が占める。
② 119 番通報は、事前審査（pré-accueil）を経た後に受理され、2013 年は 490,819 件であった。一方、いたずら電話など受理できなかった通報は

---

[84] www.allo119.gouv.fr 参照。神尾真知子「児童虐待に対するフランスの取組み」女性空間 28 巻 141 頁、149 頁（2011 年）。
[85] 前掲・三輪和宏「フランスにおける児童虐待防止制度」レファレンス平成 27 年 8 月号 96 頁。
[86] www.giped.gouv.fr、www.onpe.gouv.fr、www.allo119.gouv.fr 参照。
[87] GIPED『Rapport d'activite GIP Enfance en Danger 2015』p14.
[88] SNATED『Le Bulletin Annuel du SNATED N°3 － Année2014』(www.allo119.gouv.fr).

177,945 件であり、事前審査を行った件数の 4 分の 1 を超えている。
③受理した事案は、次段階の専門相談員による聴取場面（plateau d'écoute）にすすむ。そのうち、必要のある事案については、助言・指導などの即時援助（aide immédiate）の実施、あるいは懸念発生情報（information préoccupante）として CRIP に送致される。

2013 年においては、専門相談員が聴取した事案のうち即時援助又は CRIP 送致を行ったものが 33,100 件あったが、これは受理・聴取した事案全体の 6.7％となる。ここに即時援助とは、電話をかけた者に専門相談員によって直接行われる助言、指導、情報提供などをいい、2013 年は 20,257 件の実績がある。この通報内容は、SNATED に保存される。

また、懸念発生情報の事案については、身元を確認し得る子の危機又は危険に直面している状況を明らかにするための協議が行われ、2013 年は 12,843 件が所管の CRIP に送致された。そのうち 170 件が緊急性の高い事案として、共和国検事に緊急付託（saisines premières urgences）されている。

V　フランス法からの示唆

　フランスにおける児童虐待防止法制は、わが国の現行法制に対して多くの示唆を与えてくれる。

1　親権の帰属と行使の分離

　フランスにおいては、親権の帰属と親権の行使が明確に分離されている。日本民法においては、親権を行使する者が親権者であり、親権の帰属する者すなわち「親権者」と親権を行使する者すなわち「親権を行う者」を概念的に区別する必要はないとするのが通説である。一方、少数説として、親権者を親権者たり得る資格を有する者、親権を行使する者を親権を行使する資格を持つ者として区別する見解もある。[89]

　この点については、児童福祉法 28 条の家庭裁判所の承認による子の施設等入所措置は、親権の帰属と親権の行使の事実上の分離と解することもできる。ただ、この場合も、親権者による子の入院や手術などに係る医療同意の拒否は有効なものとして取り扱われ、また親権者による施設等からの子の強制連れ戻

---

[89] 前掲・我妻栄『親権法』320 頁。前掲・於保不二雄ほか編『新版注釈民法（25）親族（5）』22 頁［岩志和一郎執筆］。

しが刑事罰を受けることもない。このような親子分離されている子の権利が侵害されているという実情が、親権の停止制度を創設する立法事実の一つとなった。日本民法における親権停止の審判は、親権者と親権を行う者を同義とする見地から、親権の帰属と親権の行使を一体とし、2年以内の期間に限定して親権を喪失させるものと解される。

2　刑事判決等による親権の取上げ

　フランス法における子の身上に対する犯罪での刑事判決による親権取上げ、性的虐待に対する親権取上げ、また児童虐待に係る刑事罰や刑の加重などは、児童福祉法34条の禁止行為を除き、2016年までは、わが国の法律には存在しなかった。しかし、2016年9月に法制審議会が法務大臣に答申した刑法の「監護者（親権者等）によるわいせつ及び性交等の罪」が、2017年6月、国会で可決され、新設されるに至った。今後は、児童福祉法において、児童相談所長に重篤な性的虐待を行う親の親権喪失の審判請求を義務づける法改正が必要であると考える。

3　児童裁判官

　フランスの大審裁判所における児童裁判官は、裁判官がソーシャルワーカーを兼務しているとの印象すら受ける。児童裁判官の職権による育成扶助制度は、非常に原則的かつ柔軟である。日本の家庭裁判所では、家裁調査官がソーシャルワーカーとしての能力を有しているが、家庭裁判所は申立ての当否について判断するだけであり、フランスのようなソーシャルワーク的な機能は有しない。

　1300万人の東京都に家庭裁判所が2か所しかないなど、裁判所の配置をはじめとする司法の現状を鑑みると、わが国においては、審判機関としての家庭裁判所、ソーシャルワーク機関の児童相談所、実力行使の可能な検察・警察という3機関の適切な職務分担と連携による対応しか現実的には方法がない。

　たとえば、親の同意のない一時保護を実施する場合、現行法では児童相談所が自らの判断により、必要に応じて警察の援助を要請して強制的に行っている。このような事案の場合、一時保護申立て（緊急性のある場合は除く）は児童相談所の申述、一時保護決定は家庭裁判所の審判、強制的保護の実施は警察、というような適切な職務分担と相互の連携ができるよう立法上の解決を考慮すべきである。

4　地方公共団体による未成年後見、国の被後見子制度

　フランスにおける地方公共団体による未成年後見制度、国の被後見子制度はわが国に対しても重要な示唆を与える。

　わが国においても、親権者のいない子や両親が親権喪失又は親権停止の審判を受けた子については、まず短期間の児童相談所による機関後見を開始し、その後は各市区町村の後見センターによる機関又は法人後見に引き継ぎ、最終的には社会福祉士等の専門職による未成年後見に委ねるという支援の流れを構築する必要がある。そのためには、まず地方公共団体による機関後見制度の創設が第一歩となろう。

5　119番通報

　フランスの119番通報の実態も多くの示唆を与えてくれる。フランスでは、第一に、年間82万件の通報を専門機関のSNATEDが受信し、第二に、助言・指導などの即時援助、懸念発生情報としてCRIP送致を行うなど迅速で専門的な対応を行っている。

　わが国でも2015年7月から、児童虐待通報電話として189番（いちはやく）が稼働している。3桁の短縮ダイヤルの創設は歓迎するところであるが、この通報は所管の児童相談所に転送される。フランスで82万件なら、人口が約2倍の日本では、近い将来、年間予測160万件余の通報電話が全国の各児童相談所にかかってくることになる。これだけの通報電話を各児童相談所が受信し、個別に対応することができるとは思えない。フランスのSNATEDのような訓練されたスタッフのいる専門機関を創設することなしに189番が機能することはあり得ず、189番への電話対応と事後の調査業務によって、全国児童相談所の本来の機能がいっそう損なわれることを危惧する。[90]

6　児童虐待の定義

　フランス法では、民法典378条の1で親権取上げの原因となる父母の行為の一つとして虐待（mauvais traitements）という文言が使用されているが、児

---

[90] フランスでは、いたずらや無言電話などを排除し事前審査を経た後、50人の専門相談員が交代で個別ケースを聴取している（前掲・三輪和宏「フランスにおける児童虐待防止制度」レファレンス平成27年8月号92頁、前掲・水留正流「フランスにおける児童虐待防止システム」137頁）。

童虐待自体を定義した法律やオルドナンスはなく、未成年者に対する虐待の防止と児童の保護に関する 1989 年 7 月 10 日の法律も児童虐待の定義はしていない。児童虐待は多様な形態をとり、予想できないものもあり、法的な定義を与えることは危険であると判断されたと解されている[91]。また、ドイツでは児童虐待という概念での統計が、連邦、州、市のいずれにも存在しない[92]。

　日本では児童虐待の防止等に関する法律で児童虐待の 4 類型が規定され、年度毎に児童虐待相談対応件数が厚生労働省から発表されている。重症の精神疾患により養育能力を欠く母子家庭のように単なる養育困難と認められる事案も、日本では主訴を「虐待」として対応される。一般国民による関係機関への通告を慫慂する効用はあるかもしれないが、「児童虐待」を法律で厳密に定義する意義とその必要性について再検討を要する。

---

[91] 加藤佳子「フランスの児童虐待への対応」吉田恒雄編著『児童虐待防止法制度』96 頁（尚学社、2003 年）。

[92] 前掲・春田嘉彦「ドイツ連邦共和国における児童虐待の取り扱いの実情について」家裁月報 58 巻 1 号 127 頁。

第 5 編

児童虐待防止法制の課題と展望

第5編　児童虐待防止法制の課題と展望

第1章
児童を養育する権利と義務

I　児童の権利に関する条約

　児童の権利に関する条約5条は、「締約国は、児童がこの条約において認められる権利を行使するに当たり、父母若しくは……法定保護者又は児童について法的に責任を有する他の者がその児童の発達しつつある能力に適合する方法で適当な指示及び指導を与える責任、権利及び義務を尊重する」とする。

　また、同条約18条1項は、「締約国は、児童の養育及び発達について父母が共同の責任を有するという原則についての認識を確保するために最善の努力を払う。父母又は場合により法定保護者は、児童の養育及び発達についての第一義的な責任を有する。児童の最善の利益は、これらの者の基本的な関心事項となるものとする」としている。

　これらの規定は、第一に、親にはその子どもの能力に適合する方法で養育する責任と権利および義務が与えられていること、第二に、子どもを養育する父母の責任は、国家に対して第一義的なものであること〈1〉、第三に、子どもを養育する父母の責任は、児童の最善の利益を指針とするべきことを表明している。

　このように、児童の権利に関する条約は、父母のための権利ではなく児童の権利を保障するために父母に与えられた責任と権利および義務を規定したものである。まずは児童の養育における父母の責任と義務性を強調し、同時に、児童の最善の利益を守ることを条件に国に対する父母の第一義的な養育の権利も

〈1〉　波多野里望『逐条解説　児童の権利条約（改訂版）』132頁（有斐閣、2005年）は、子どもの養育における父母の第一義的責任については、「一方で国家の過度の介入から父母を保護すると同時に、他方で、父母は、常に国家が介入してくれることを期待できないことを意味する」との国連作業部会での共通理解を指摘している。

認めているものと解される。

Ⅱ 「親の権利」と「親権」

1 ドイツ基本法からの考察

　ドイツ基本法6条2項は、子の養育および教育は親の自然的権利であり、かつ、親に課せられた義務であることを規定し、義務とともに国家に対する親の権利を明文で定めている。

　ドイツにおけるこの「親の権利」は、国家に対する関係では自由権であるが、親の義務がその本質を決定する構成部分を成し、子どもとの関係においては子どもの福祉が指針となると理解され、「親の権利」は自己決定の意味での自由ではなく、子どもの保護のための利他的基本権であるという点で他の基本権と本質的に異なるとの見解がある[2]。

　この見解は、日本の実情について、一方で「親権」を理由に虐待を行う親から子どもを保護できず、他方で国家介入の濫用的行使に対して「親の権利」が保障されないという問題状況を指摘し、この二つの問題に同時に対処し得る法理論が提示されていないとの立場から、憲法上の「親の権利」と民法上の「親権」を別個の概念として明確に区別するべきである、と論じる。さらに、憲法上の権利たる「親としての地位への権利」「子どもと一緒にいる権利」を観念すべきであり、「親の権利」は、一般的行為自由とも、思想・良心の自由や信教の自由とも峻別されなければならず、憲法13条の保障する自己決定の権利とは異質なものとして、「個人の尊厳」を掲げる憲法24条によって保障されるものとする[3]。非常に明快な論理であるが、憲法24条を根拠にすることは、さらに検討を要すると考える。

2 英米法からの考察

　英米法は、大陸法と異なり、「親権」という統一的概念を持たず、親の権利一般はparental rightsという複数形で表現される。したがって、「親権喪失」

---

[2] 横田光平「親の権利・子どもの自由・国家の関与（10・完）」法学協会雑誌125巻11号70頁（2008年）。

[3] 横田光平「親の権利・子どもの自由・国家の関与（1）」法学協会雑誌119巻3号5頁、前掲・横田光平「同上（10・完）」法学協会雑誌125巻11号67頁、77頁、100頁。

という制度も存在しなかった。英国では、1970年頃から、たとえ落度や特別に事情のない親であっても、「子どもの幸福」の見地から、親でない者に子の監護権が与えられることがあるという立場がとられるようになった。〈4〉その後、「1989年児童法」2条および3条は、parental responsibility（親責任）という概念を規定し、子を養育する責任は親にあり、子を身体的・道徳的に健全な発達をした成人に育てる義務を果たす限りにおいて、親としての権利を有するものとしたのである。

アメリカ合衆国においては、連邦最高裁判所が、親が子を養育し教育する権利を基本権の一つであるとして、その判決文において、「個人が、家庭を作り、子どもを養育する権利をもつ」「親及び後見人がそのもとにある子どもの養育と教育の方向を定める自由をもつ」「子どもの監護と養育が第一次的には親の手にあるということは、我々にとって基本的な事柄である」などと述べられている。これは国又は州の介入に枠をはめて、伝統的なパレンス・パトリエ（parens patriae）の原理の行き過ぎをチェックする作用を営んで行くことになる。〈5〉パレンス・パトリエとは、国家・社会が子の育成について直接の責任を持ち、国家が適任者である親に委託するという考え方であり、国親思想とも訳出される。

このように英米法では従来から「親権」という概念は不存在であり、伝統的に子どもの監護や財産管理をすべき義務と権能を持つ者は、親も含めてすべて「自然の後見人」とされてきたのである。

3　日本における「親権」概念の沿革

日本における親ノ権あるいは親権は、第3編1章ですでに述べたとおり、1871年仏蘭西法律書民法の第9巻親ノ権・372条「子ハ丁年ニ至ル迄又ハ後見ヲ免ルルニ至ル迄父母ノ権ニ従フ可シ」、1872年の皇国民法仮規則の親ノ権・109条「子ハ丁年ニ至ル迄父母ノ管督ヲ受クヘシ」として規定されたのが始まりである。

やがて旧民法草案で、「親権」という概念が登場する。その内容は父権であり、居所指定権、兵役出願許可権、懲戒権、勘当権、財産管理権から構成される。一方、民法草案人事編理由書は、親権を父母の養育義務履行のために必要な「多少ノ権力」として位置づけ、親権は、父母の利益のためではなく子の教

〈4〉　田中英夫「英米家族法における子どもの幸福と親の権利」法曹時報34巻2号334頁（1982年）。
〈5〉　前掲・田中英夫「英米家族法における子どもの幸福と親の権利」347頁。

育のために与えられるのであって、一切の権利は子に属し、父母はただ義務を負うにとどまる、とした。

その後、「親権」概念は、旧民法での修正を経て、明治民法では、親の監護・教育権が親権の内容として規定され、権利とともに義務として位置づけられたのである。1947 年民法はこの明治民法をほぼ引き継いで、2011 年の改正を経て現在に至っている。

このように、日本における「親権」概念は、各民法の起草や修正の際に、その権利性と義務性について繰り返し議論されてきたことは法制史上明らかであり、親権が「国家に対する親の義務」とする学説もかつて存在した。しかし、親権の「国家に対する親の権利」としての側面が一般に議論されるようになったのは比較的最近のことであり、児童虐待が大きな社会問題化してからではないかと思われる。児童福祉法 28 条に基づく被虐待児の家庭裁判所への入所承認申立てあるいは児童福祉法 33 条の 7 に基づく児童相談所長による親権喪失や親権停止の審判請求などにおいて、親の養育義務と親の養育する権利の両面から争われることが増えたからであろう。

4　親の義務と権利

ドイツ基本法と異なり、日本国憲法には未成年者の養育に関する親の権利規定はない。しかし、憲法 13 条の個人の尊重や幸福追求権のうちの自己決定権に根拠を求めることは可能であろう。また、1994 年に批准した児童の権利に関する条約も根拠の一つとなり得よう。同条約 5 条「親の権利・義務の尊重」および 18 条 1 項「親の第一義的な養育責任」は、児童の最善の利益を守ることを条件に国家に対する親の第一義的な養育の権利を容認しているものと解される。逆に児童を虐待し若しくは放置するなど親が児童の最善の利益を守らない場合には、同条約 9 条が、権限のある当局は、司法の審査を経たうえで法律および手続に従って、その父母の意思に反して児童を父母から分離することができるとしていることに留意する必要がある。

このように、親が国に対して子を養育する権利を主張することは、日本国憲法においても、国家に対する基本的人権として認められるべきである。もとより、その親の権利は、子の利益のために親の義務が適切に履行されていることを前提とする。民法上の親権も、その内容は親ではなく子の福祉をはかること

であってその適当な行使は子および社会に対する義務であり⁽⁶⁾、子に対する親の義務がその本質である。

　憲法上の親の権利と民法上の親権は、同一平面上で比較されるべき概念ではないが、子の養育における親の義務の履行がその前提あるいは本質となっている点では共通するものがあると考える。

〈6〉　我妻栄『親族法』316 頁（有斐閣、1961 年）。

第2章
わが国の親権制度

Ⅰ　2011年民法改正

　2011年の民法改正の主な内容は、第一に、親権を「子の利益のために」子を監護教育する権利と義務とし、一方で懲戒権規定を残したこと、第二に、親権喪失の審判の判断基準を緩和するとともに、いっそう緩和された基準による親権停止の制度を新設したこと、第三に、複数の未成年後見人および法人の未成年後見人を許容したことである。これらを含めて主要な改正点を列挙する。

1　親権の定義

　親権を行う者は、「子の利益のために」子の監護および教育をする権利を有し、義務を負う。

2　懲戒権

　親権を行う者は、子の利益のための監護および教育に必要な範囲内でその子を懲戒することができる。1947年民法第822条の懲戒場に関する部分は削除する。

3　親権喪失の審判

　父又は母による虐待または悪意の遺棄があるとき、その他父又は母による親権の行使が著しく困難又は不適当であることにより子の利益を著しく害するときは、家庭裁判所は、子、その親族、未成年後見人、未成年後見監督人又は検察官の請求により、その父又は母について、親権喪失の審判をすることができる。

4　親権停止の審判

　父又は母による親権の行使が困難又は不適当であることにより子の利益を害するときは、家庭裁判所は、子、その親族、未成年後見人、未成年後見監督人又は検察官の請求により、その父又は母について、親権停止の審判をすることができる。家庭裁判所は、親権停止の審判をするときは、その原因が消滅するまでに要すると見込まれる期間、子の心身の状態および生活の状況その他一切の事情を考慮して、2年を超えない範囲内で、親権を停止する期間を定める。

5　管理権喪失の審判

　子の財産について、父又は母による管理権の行使が困難又は不適当であることにより子の利益を害するときは、家庭裁判所は、子、その親族、未成年後見人、未成年後見監督人又は検察官の請求により、その父又は母について、子の財産に関する管理権喪失の審判をすることができる。

6　複数の未成年後見人

　1947年民法第842条「未成年後見人は、一人でなければならない」は削除する。未成年後見人がある場合においても、家庭裁判所は、必要があると認めるときは、未成年被後見人又はその親族その他の利害関係人若しくは未成年後見人の請求により又は職権で、更に未成年後見人を選任することができる。複数の未成年後見人が許容されたのである。

7　法人の未成年後見人

　未成年後見人を選任するには、未成年被後見人の年齢、心身の状態並びに生活および財産の状況、未成年後見人となる者が法人であるときは、その事業の種類および内容ならびにその法人およびその代表者と未成年被後見人との利害関係の有無、未成年被後見人の意見その他一切の事情を考慮しなければならない。法人の未成年後見人が許容されたのである。

8　未成年後見監督人

　家庭裁判所は、必要があると認めるときは、未成年被後見人、その親族若しくは未成年後見人の請求により又は職権で、未成年後見監督人を選任することができ、複数の未成年後見監督人および法人の未成年後見監督人も認められる。

9　15歳未満の者を養子とする縁組の承諾

　法定代理人が、15歳未満の者を養子とする縁組の承諾をするには、養子となる者の父母で親権を停止されているものがあるときは、その同意を得なければならない（797条）。

10　離婚後の子の監護に関する事項

　児童虐待に関連があるとして、離婚後の面会交流や養育費など子の監護に関する事項の定め等についても併せて改正された（766条）。これは夫婦別氏選択制の導入など婚姻・離婚制度について、1996年の法制審議会が答申した民法改正要綱の一部である。離婚後の厳しい子の奪い合いなどを防止する点で児童虐待防止と無関係ではないとして改正案に加えられた。改正内容は是としても、児童虐待防止を目的とする2011年民法改正において、十分な議論もなく唐突に改正されたとの印象は否定できない。

II　親権制度の概要

1　親権制度について

(1) 親権規定の経緯

　日本における「親権」は、旧民法草案で初めて父権として登場する。その後、明治民法では、親の監護・教育権が親権の内容として規定され、権利とともに義務として位置づけられた。1946年制定の新憲法により、両性の平等と子の権利が確立され、民法親族編規定も父母の平等と子の権利を基調としたものに改正されるはずであった。しかし、「家」制度の廃止や父母の平等化、個人主義化など一部には変化と発展がみられるものの、1947年民法は明治民法をおおむね引き継いでおり、憲法の理念に照らすと子の権利等に関しては不徹底であったことは否めない。

(2) 親権概念等に関する論争

　第3編1章で既述のとおり、1959年に法制審議会民法部会小委員会の「仮決定・留保事項（その2）」のうち、「親権という概念ないし制度の存続について（第39）」では、甲・乙・丙・丁・戊の5案が提案され、今日でも学説上

の争点として存在する。⟨7⟩

　甲案は、親権を存続させ、現行法どおりとする案であり、乙案は、親権を存続させるが、現行民法766条の監護権を強化する案、丙案は、親権は身上監護権を本質的内容とするものとし、必要ある場合には財産管理権を親権者以外の者に行わせるものとする案である。また、丁案は、親権という統一的概念を廃止し、身上監護権と財産管理権とに分ける案であり、戊案は、親権という制度を廃止し、後見制度に統一する案である。

　5つの案を分類すると、甲・乙・丙案は親権を存続させるもので、丁・戊案は親権そのものの概念又は制度の廃止を主張するものである。このうち、丁案は、親権を後見に統一はしないが、親権という概念を廃止し、『親子の権利義務』として、その機能を身上監護と財産管理とに大別し、場合によっては父母に分属することも認めようとするものである。⟨8⟩

　また、戊案の親権後見統一論⟨9⟩については、明治民法の親権思想を過去の遺物として決別し得る点で斬新であり、かつては共感する研究者も多かった。⟨10⟩この点に関連して、イギリス法においては、未成年者の監護（custody）や財産管理をすべき義務と権能を持つ者は、親も含めてすべて後見人（guardian）とされ、日本におけるこの親権後見統一論のモデルとなったとし、1989年児童法の「親責任」という概念の導入は、子に対する親の法的地位を、従来の「自然の後見人たる地位」（natural guardianship）から「親たる地位」（parenthood）へと変化せしめたとする見解に留意したい。⟨11⟩

　丙案に近いものとして、親権を監護権を中心とした機能へと純化させ監護権を機能的に再構成するとともに、財産管理権を親権から切り離すべきとの有力説もある。⟨12⟩

　わが国においても、今日の家族の変容と社会の変化に対応し、さらに1994

⟨7⟩　田中通裕「親権に関する一考察」新井誠・佐藤隆夫編『高齢社会の親子法』3頁（勁草書房、1995年）。中村恵「わが国における親権法をめぐる現状」民商法雑誌136巻4・5号460頁（2007年）。

⟨8⟩　我妻栄「親族法の改正について」法律時報31巻10号14頁（1959年）。

⟨9⟩　前掲・於保不二雄・中川淳編『新版注釈民法(25)親族(5)改訂版』[於保不二雄執筆]3頁。

⟨10⟩　久貴忠彦「親権後見統一論について」『講座現代家族法4巻』3頁（日本評論社、1992年）によると、親権後見統一論は於保不二雄が最初に主張したとされる。

⟨11⟩　前掲・田中通裕「親権に関する一考察」新井誠ほか編『高齢社会の親子法』7頁。なお、1989年児童法2条4項によって、父がその嫡出子の自然的後見人（natural guardian）であるという法準則は廃止されている。

⟨12⟩　石川稔『家族法における子どもの権利』143頁（日本評論社、1995年）。

年に批准した児童の権利に関する条約、児童福祉法や児童虐待の防止等に関する法律など関係各法との整合性も視野に入れながら、子の権利擁護の理念として、親権という概念の再検討を行う必要があろう。

2　親権の意義

親権の義務性については、明治民法の解釈においても、①子に対する私法上の義務とする私法義務説、②社会・国家に対する義務とする公的義務説、③子と社会に対して負う義務であるとする折衷説などの諸説が存在した。[13]

戦後も同様な議論が続いたが、我妻栄は、親権は「子の哺育・監護・教育という職分」であり、「他人を排斥して子を哺育・監護・教育する任に当りうる意味では権利であるにしても、その内容は、子の福祉をはかることであって、親の利益をはかることではなく、またその適当な行使は子及び社会に対する義務」とした。[14]子の福祉を優先するとともに、国家ではなく子と社会に対する義務であるとする点で明快な定義であると考える。

現在では、親権の法的性質について、「権利であるというよりも、権利と義務の融合した一種の職分である」[15]、「未成年の子を健全な一人前の社会人として養育すべく養育保護する職分である」[16]、「子を社会化するための親の義務（職務）である」[17]などと解され、通説的見解は親権の義務性を強調する。また、親の権利性を否定し、親権は義務であり、親権者の子に対する債務であるとする説もある。[18]

3　親権の内容

（1）身上監護

ア　監護教育権

2011年に改正された民法（以下、「2011年民法」という）820条は「親権を行う者は、子の利益のために子の監護及び教育をする権利を有し、義務を負

〈13〉 前掲・中村恵「わが国における親権法をめぐる現状」437頁。川田昇『親権と子の利益』37頁（信山社、2005年）。
〈14〉 前掲・我妻栄『親族法』316頁。
〈15〉 我妻＝有泉＝遠藤＝川井編『民法3 親族法・相続法（第2版）』（勁草書房 2005年）。
〈16〉 前掲・於保不二雄・中川淳編『新版注釈民法（25）親族（5）改訂版』[明山和夫＝國府剛執筆]53頁。
〈17〉 前掲・石川稔『家族法における子どもの権利』143頁。
〈18〉 米倉明「親権概念の転換の必要性」星野栄一・森島昭夫編『現代社会と民法学の動向（下）』389頁（有斐閣、1992年）。

う。」と規定する。

本条が、子の身上監護についての包括的規定であるためには、子の福祉を優先する権利と義務を明確にし、わが国も1994年に批准した児童の権利に関する条約が、第3条で「児童の最善の利益の考慮」を規定している点に配慮する必要がある。その点、2011年民法の「子の利益のために」という文言挿入は、身上監護の包括的規定として親権の義務的側面を更に踏み込んで強調したものと評価できる。

イ　懲戒権

懲戒権は、明治民法882条を引き継いだものであり、1947年民法822条1項は、「親権を行う者は、必要な範囲内で自らその子を懲戒し、又は家事審判所の許可を得て、これを懲戒場に入れることができる」と規定していた。

この「懲戒場」については、旧刑法の「懲治場」、その後の1900年（明治33年）の感化法による感化院、1922年（大正11年）の少年法（以下、「旧少年法」という）および矯正院法による矯正院、1933年（昭和8年）に感化法に代わって制定された少年教護法による少年教護院が該当した。

この懲戒権に関わる法の沿革は、次のとおりである。

①感化法

感化法は、感化院への入院対象者を次のように規定した。〈19〉

　　第5条　感化院ニハ左ノ各号ノ一ニ該当スル者ヲ入院セシム
　　　一　地方長官ニ於テ満8歳以上16歳未満ノ者之ニ対スル適当ノ親権ヲ行フ者若ハ適当ノ後見人ナクシテ遊蕩又ハ乞丐（こつがい）ヲ為シ若ハ悪交アリト認メタル者
　　　二　懲治場留置ノ言渡ヲ受ケタル幼者
　　　三　裁判所ノ許可ヲ経テ懲戒場ニ入ルヘキ者

この感化法5条3号が、明治民法882条1項の「親権ヲ行フ父又ハ母ハ必要ナル範囲内ニ於テ自ラ其子ヲ懲戒シ又ハ裁判所ノ許可ヲ得テ之ヲ懲戒場ニ入ルルコトヲ得」に対応する規定である。

その後1922年の旧少年法と矯正院法の制定に伴い、感化院への入院対象年齢は14歳未満に引き下げられ、少年審判所により送致されることとなった。

〈19〉以下、前掲・菊池正治ほか編『日本社会福祉の歴史』89頁、216頁、256頁。

②旧少年法

　旧少年法は、18歳未満で、刑罰法令に触れる行為に及んだ犯罪少年および犯罪を犯すおそれのある虞犯少年を少年審判の対象とした。また、審判機関として少年審判所（行政機関）を設置し、少年の調査と観察を行う少年保護司を置いた。少年審判所の言い渡すことのできる保護処分には、少年保護司による観察、感化院送致、矯正院送致など9種類があった。[20]

③矯正院法

　旧少年法と同時に制定された矯正院法により、矯正院が設置され、少年審判所からの送致が規定された。1923年、東京に多摩少年院、大阪に浪速少年院が開設されている。

　矯正院法1条は、「矯正院ハ少年審判所ヨリ送致シタル者及民法第882条ノ規定ニ依リ入院ノ許可アリタル者ヲ収容スル所トス」と規定している。ここに「民法第882条ノ規定ニ依リ入院ノ許可アリタル者」とは、前述のとおり明治民法882条1項の「親権ヲ行フ父又ハ母ハ……裁判所ノ許可ヲ得テ之ヲ懲戒場ニ入ルルコトヲ得」に基づいて入院許可された者をいう。

④少年教護法

　少年教護法は、少年教護院への入院対象者について次のように規定している。

　　第1条　本法ニ於テ少年ト称スルハ14歳ニ満タザル者ニシテ不良行為ヲ為シ又ハ不良行為ヲ為ス虞アル者ヲ謂フ
　　第2条　北海道及府県ハ少年教護院ヲ設置スベシ
　　第8条　地方長官ハ左記各号ノ一ニ該当スル者アルトキハ之ヲ少年教護院ニ入院セシムベシ
　　　一　少年ニシテ親権又ハ後見ヲ行フモノナキ者
　　　二　少年ニシテ親権者又ハ後見人ヨリ入院ノ出願アリタル者
　　　三　少年審判所ヨリ送致セラレタル者
　　　四　裁判所ノ許可ヲ得テ懲戒場ニ入ルベキ者

　このように少年教護法による少年教護院への入院対象者は、不良行為を為し又は不良行為を為す虞のある14歳未満の者とされた。また、同法8条1項4号は、明治民法882条1項に基づく懲戒場への入院規定である。

----

[20] 武内謙治『少年法講義』36頁（日本評論社、2015年）。

⑤児童福祉法、少年法および少年院法

　戦後、1947年制定の児童福祉法に少年教護法は統合されて廃止となり、教護院への入所は児童福祉法による措置として行われることになった。1997年の児童福祉法改正で、教護院は児童自立支援施設と改称され、名称とともに施設入所児童の要件も変更されている。〈21〉

　一方、1948年の少年法および少年院法の制定により矯正院法が廃止され、この少年院法に民法の懲戒権に基づく入院条項は規定されなかった。このように、敗戦直後から2011年に至るまで、1947年民法の定める「懲戒場」にあたる施設は一切存在しなかったのである。〈22〉

　この懲戒権について、2011年民法822条は、「親権を行う者は、第820条の規定による監護及び教育に必要な範囲内でその子を懲戒することができる。」とし、「子の利益のための監護及び教育に必要な範囲内」との枠を付けて懲戒権を残し、すでに実態のない懲戒場規定のみを削除した。

　しかし、この懲戒権の規定は、親が児童虐待を「しつけ」と開き直る有力な根拠となっている。子どものしつけは、時代にあった方法によらなければならない。虐待をする親に、「しつけ」と称するものが暴力にすぎないことの認識を求めるためには、民法の懲戒権規定は大きな妨げになる。児童虐待防止の観点からは本条の全面削除が望ましい。

ウ　居所指定権

　居所指定権は、親権を行う者の監護教育権を全うするために、その権利義務から派生するものである。子は、親権者の指定した場所にその居所を定めなければならないが（821条）、子自身が指定に従わない場合、何らの制裁もなく指定を強制する手段も存在しないため、法的な権利・義務としての実態は極めて稀薄であると解される。〈23〉820条の監護教育権に包摂されるべきものと考える。

（2）財産管理

　親権を行うものは、未成年の子の財産を管理し、制限行為能力者たる子の財

〈21〉1997年の児童福祉法の改正により、児童自立支援施設は、従来の「不良行為をなし、又はなすおそれのある児童」に加え、「家庭環境その他の環境上の理由により生活指導等を要する児童」も入所対象とされた（児童福祉法44条）。

〈22〉保木正和（元・多摩少年院長）調査の「矯正院・少年院収容状況表（2009年6月）」によると、明治民法882条により親の懲戒権行使が認容されて矯正院に入院した実績は、昭和11年（1936年）の1件にとどまる。戦後の昭和24年（1949年）以降、少年院に民法822条に基づき入院した事例はない。

〈23〉前掲・於保不二雄ほか編『新版注釈民法（25）親族（5）改訂版』103～106頁。

産に関する法律行為を代理する（824条）。虐待されている子の財産についても同様である。ただ、被虐待児が多額の資産を有していることは実際には稀であるため、児童虐待防止の視点から、財産管理について論じられることはあまり多いとはいえない。

しかし、児童虐待を原因として児童養護施設等に入所措置されている未成年子のうち、高校在学中などの高年齢児にあっては携帯電話契約や退所後のアパート賃貸契約などの法律行為において親権者の同意が必要となる場合がある。虐待を受けた未成年子の利益にとって、親権者の財産管理権の関連性は大きく、重要な親権の内容の一つである。

なお、児童虐待の防止等に関する法律の規定する児童虐待の類型には、経済的虐待が含まれていない。経済的虐待も列挙すべきであるとする向きもある。しかし、民法828条ただし書は、「その子の養育及び財産の管理の費用は、その子の財産の収益と相殺したものとみなす」としており、通説は、この規定によって親権者の一般的収益権が認められているとする[24]。経済的虐待を児童虐待類型に加えることによって有意な効果が生じるとは考えにくく、さらに民法の親権規定との整合性を欠くことにもなる。もとより、児童虐待を類型化して法律で定義すること自体の是非も検討されるべきであろう。

III　親権喪失制度

1　親権喪失の類型

2011年民法は、明治民法から1947年民法に受け継がれてきた親権喪失宣告制度を大きく転換した。2011年民法は、親権喪失制度として、親権喪失・管理権喪失・親権の辞任・管理権の辞任に、新しく親権停止（834条の2）を加えて5類型とし、その適用基準も緩和した。

2　親権喪失の審判

（1）意義

2011年民法834条は、「父又は母による虐待又は悪意の遺棄があるときその他父又は母による親権の行使が著しく困難又は不適当であることにより子の

---

[24] 前掲・於保不二雄ほか編『新版注釈民法（25）親族（5）改訂版』157頁。

利益を著しく害するときは、家庭裁判所は、子、その親族、未成年後見人、未成年後見監督人又は検察官の請求により、その父又は母について、親権喪失の審判をすることができる。」と規定する。

明治民法以来、親権喪失については、「親権濫用又は著しい不行跡」という親の有責性が判断基準とされてきた。これに対して、2011年民法は、「父又は母による虐待又は悪意の遺棄」という父母の有責行為を列挙するとともに、「その他父又は母による親権の行使が著しく困難又は不適当であることにより子の利益を著しく害するとき」と規定して、有責行為以外であっても親権喪失を可能にした。

（2）親の有責性から子の利益侵害への転換

このように2011年の法改正によって、家庭裁判所における親権喪失審判の認容要件は、従来からの有責行為に加え、父又は母による親権の行使が子の利益を著しく害するという非有責行為も広く含むこととなった。

ここに「虐待」とは、子に対して重大な怪我や後遺症を生じさせる程度の身体的暴行あるいはわいせつな行為など、重篤な身体的、性的又は精神的な加害行為をいう。また、悪意の遺棄とは、正当な理由のない故意の育児放棄や著しい減食や長期間の放置などをいう。いずれも父又は母の重度の有責性、非難可能性を親権喪失の認容要件とする。

一方、親権の行使が著しく困難とは、重度の精神疾患等により適切な親権行使が不可能又はそれに近い状態をいう。また、親権の行使が著しく不適当とは、子に対する日常的な身体的暴行、あるいは子の養育において必要な世話や措置をほとんど行わないことなどをいう。いずれも父又は母の有責性や非難可能性が不存在もしくは中軽度ではあるが、その親権行使の実情が著しく適切さを欠いているため、当該父又は母に親権行使をさせることが子の健全な育成のために著しく不適当であり、その結果、子の利益を著しく害していると認められることを親権喪失の認容要件とする。[25]

要約すると、虐待や悪意の遺棄など親の非難可能性や有責性の存在を必須の条件とはせず、そのような有責行為がない場合でも、家庭裁判所は、子の利益が著しく害されていると認められるときには親権喪失の審判を行うことができる。親権喪失審判の認容の要件が、親の有責性から子の利益の侵害に転換されたことにより、2011年民法における親権喪失の審判の判断基準は、改正前の

---

[25] 飛澤知行編著『一問一答　平成23年民法等改正』43頁（商事法務、2011年）。

親権喪失宣告の判断基準よりも緩和され、ハードルは大きく下げられたものと解する。

（3）子の親権喪失審判請求の認容

　この点については、2011 年の民法改正における法制審議会部会においても、重要な論点の一つとして議論された。反対論者は、未成年者に大きな精神的負担を課すおそれ、当該未成年者が両親や親族間の紛争に巻き込まれるおそれなどをその理由としてあげた。

　しかし、子は、親権に係る法律関係の当事者であり、親権喪失・親権停止・管理権喪失の審判によって直接的な影響を受ける。子の年齢によっては、夫婦の離婚に関連する紛争に子が巻き込まれる可能性や過度の精神的負担が生じる懸念もあるが、親権の行方について最も影響のあるのは子自身であり、当該未成年者に家庭裁判所への親権喪失審判請求の権利を付与することは当然といえよう。一例として、重篤な性的虐待の被害を親から受けている未成年者本人に、親権喪失の審判等の請求権を与えない理由は全くない。

　本来、児童相談所長が児童福祉法に基づいて、父又は母の親権喪失・親権停止・管理権喪失の審判の申立てを行うべき事案も少なくないが、必ずしも児童相談所長が家事審判申立てを行うとは限らない。もし、児童相談所長が消極的であれば、子が自分自身で家庭裁判所に請求することによって、時機を失することなく適切に自己の権利を守ることが可能となる[26]（本編 4 章参照）。

　なお、子が独自で、親権喪失・親権停止・管理権喪失の審判申立てを行う場合、裁判長は、当該子の申立てにより、又は申立てをしない場合には子に対し手続代理人選任を命じ、若しくは職権で、弁護士を手続代理人に選任することができる（家事事件手続法 23 条、118 条、168 条）。子に意思能力があれば、家庭裁判所に親権喪失・親権停止・管理権喪失の審判申立てを行うことができるが、子の意思能力の有無は、一定の年齢で明確に線を引くことはできず、家庭裁判所調査官の調査や子の陳述聴取を通じて個別に判断されることとなる。

　ただ、民法は子の氏の変更（791 条）や子の普通養子縁組（797 条）などにおいて 15 歳以上の未成年者に行為能力を認めており、認知の訴え（787 条）など意思能力のある子に家庭裁判所への請求権を認めている他の規定における家庭裁判所の実務を勘案すると、15 歳以上であれば当然に意思能力があるものとして子本人の請求が認められ、15 歳未満の場合は事案毎に個別に判断さ

---

[26] 正当な理由なく医療同意を拒否する親権者に対して、子の申立てにより親権停止が認容された事案として、宮崎家裁審判平成 25 年 3 月 29 日家庭裁判月報 65 巻 6 号 115 頁。

れるべきものと考える。

（4）未成年後見人や未成年後見監督人が複数ある場合の請求

　親権停止の審判により親権を停止されている父母について、親権停止の審判の期間満了後に、引き続き親権停止又は親権喪失、管理権喪失の審判申立てを行う必要のある場合がある。また、管理権喪失の審判を受けた父母について、親権喪失・親権停止の審判申立てをする可能性もあり得る。

　親権停止等により選任された未成年後見人や未成年後見監督人は、父母の親権停止期間あるいは管理権の喪失中に、子の身上監護や財産管理等の事務又は監督業務を通じて、子と親の状況を把握することができる。したがって、未成年後見人や未成年後見監督人は、当該父母による親権行使の適否を的確に判断することが可能であり、必要があると認めるときには、父母の親権喪失等の申立てを行うことによって当該未成年者の利益に寄与することができる。

　親権喪失や親権停止の審判の申立ては、家庭裁判所に対する子の関係者や関係機関からの通報あるいは情報提供に近いものでもある。もし、複数の未成年後見人や未成年後見監督人が選任されているような場合でも、民法の関連条文の文理上あるいは最終的な適否を判断するのは家庭裁判所であることを考慮すると、未成年後見人や未成年後見監督人はそれぞれ単独で親権喪失等の審判申立てをすることができるものと解される。

（5）親権喪失又は親権停止の審判の実務での運用

　親権喪失の審判の請求がなされた場合に、家庭裁判所は、親権喪失は認めないが、一部認容として親権停止あるいは管理権喪失の審判をすることができるとの見解がある。

　これは、親権喪失の審判の請求には、親権停止の審判や管理権喪失の審判の請求も包含されるとの立場から、家庭裁判所は、親権喪失の原因までは認められないまでも、親権停止の原因は認められると判断したとき、親権停止の審判をすることは可能であるとするものである。一方、親権停止の審判又は管理権喪失の審判の請求に親権喪失の審判をすること、親権停止の審判の請求に管理権喪失の審判をすること、管理権喪失の審判の請求に親権停止の審判をすることは、いずれも前者の審判請求が後者の請求を包含する関係にないため認められないとする。これらの解釈は、子の利益を擁護する観点に立った現実的で有意な運用であり、当然に首肯し得る。今後、家庭裁判所の実務において、広

〈27〉安倍嘉人ほか監修『子どものための法律と実務』44頁（日本加除出版、2013年）、前掲・飛澤知行編著『一問一答　平成23年民法等改正』52頁。

く取り入れられる可能性が高いと考える。

3　親権停止の審判

（1）意義

　2011年民法834条の2は、「父又は母による親権の行使が困難又は不適当であることにより子の利益を害するときは、家庭裁判所は、子、その親族、未成年後見人、未成年後見監督人又は検察官の請求により、その父又は母について、親権停止の審判をすることができる。」と規定し、その期間は「2年を超えない範囲内」と定めた。家庭裁判所の直近の審判実務においては、親権停止期間は「2年」が2016年は57％、2015年は75％、2014年は90％を占めている[28]。親権喪失が無期限の親権剥奪であるのに対し、新設の親権停止は有期限（2年以内）の親権剥奪と解される。

　要件においては、親権喪失が「親権の行使が著しく困難又は不適当であることにより子の利益を著しく害するとき」とされているのに対して、親権停止は「親権の行使が困難又は不適当であることにより子の利益を害するとき」と「著しく」が抜けており、その判断基準は大きく緩和されている。

　この親権停止制度の創設の背景には、児童虐待に係る被虐待児を親から分離して一時保護や施設入所措置をしたとしても、医的侵襲を伴う医療行為への同意、病院への入院、精神病院への医療保護入院、予防接種、アパートの賃貸借契約や携帯電話契約等の法律行為などにおいて、どうしても親権者の同意が必須となるという社会の現実が存在している。親権停止制度が幅広く活用されることによって、医療ネグレクトへの対応の円滑化をはじめ親子分離されたすべての施設入所児の福祉の向上が期待される。

　親権停止の審判、あるいは親権停止の審判を本案とする保全処分が認められた審判例として、次のようなものがある[29]。この事例の範囲では、親権者の医療ネグレクトを理由とするものが多い傾向が窺える。

①養育困難を主訴に乳児院入所中の心室中隔欠損のある子について、心不全等

〈28〉最高裁判所事務総局家庭局「親権制限事件及び児童福祉法28条事件の概況（平成28年1月〜12月）」、同「同（平成27年1月〜12月）」、同「親権制限事件の動向と事件処理の実情（平成26年1月〜12月）」。

〈29〉①〜⑦については、厚生労働省「平成27年度全国児童福祉主管課長・児童相談所長会議資料」（2015年10月）、同「平成26年度全国児童福祉主管課長・児童相談所長会議資料」（2014年8月）、同「平成25年度全国児童福祉主管課長・児童相談所長会議資料」（2013年7月）。⑧は、前掲・宮崎家裁審判平成25年3月29日家庭裁判月報65巻6号115頁。

が進行し、外科的治療が必要であるにもかかわらず、親は来院を拒否し、児童相談所からの連絡も拒否した。保全処分が認容され、本案は手術後に取り下げられた。

② 母のネグレクトにより子が入院し、脱水症状や栄養失調の症状にもかかわらず性急な退院を求め、退院後の通院や施設入所あるいは児童相談所との関わりを一切拒否した。

③ 白血病で輸血を行わなければ子の生命に危険が及ぶにもかかわらず、父母は宗教上の理由から輸血を拒否した。保全処分と本案のいずれも認容された。

④ 父母のネグレクトのため施設入所中の子の腎機能が悪化して透析が必要となったため、腎臓移植に向けて臓器移植ネットワークへ登録したが、父母が登録抹消手続を行った。本案が認容され、腎移植ネットワークへの登録を継続した。

⑤ 父母が先天的な障害のある子の養育を放棄して置き去りにしたため、児童相談所が一時保護後、来所と養育の働きかけを再三行ったが、父母は応じなかった。本案が認容され、施設入所措置とされた。

⑥ 父母が障害のある子を登校させず、施設での訓練も拒否し、児童相談所の関与も拒否したため、一時保護の後、施設入所とした。子の訓練治療に対する父母の拒否は変わらなかったため、保全処分および本案の認容後、引き続いて訓練治療を行っている。

⑦ 子の母は精神疾患で入退院を繰り返し、父がだれかも不明で、親族の協力も得られない。本案が認容され、施設入所措置とされた。

⑧ 子に原因不明の高熱を出す疾病があるにもかかわらず、実母と養父が正当な理由なく医療行為に同意しないため、子が詳しい検査を受けたり、定期的な通院をすることが困難な状況にあった。当該未成年者の申立てにより、父母の親権行使が不適当なため子の利益を害する場合にあたるとして、2年間の親権停止を認容した。

(2) 親権停止と医療ネグレクト

　医療ネグレクトに対して、2011年の民法改正前は、親権喪失宣告の申立てを本案として、旧家事審判法および旧家事審判規則に基づいて、親権者の親権職務執行停止と職務代行者選任の保全処分を申し立て、選任された職務代行者の同意によって子の手術等の医的侵襲行為を行い、治療目的が達成された後に本案の親権喪失宣告申立ての取り下げを行うという方法により対処していた。

　親権停止の審判の創設によって、親権者が正当な理由なく子に係る医療行為

に同意しない医療ネグレクトの事案において、前述の審判事例のように、今後も有効に活用されることが期待される。なお、2016年の全国家庭裁判所において、親権停止の認容審判は94件あったが、そのうち10件が医療ネグレクトを原因としている[30]。また、緊急性のある医療ネグレクトについては、家事事件手続法174条に基づき、親権停止の審判事件を本案として、親権者の職務執行停止と職務代行者選任の保全処分を申し立てるのが通常の対応である（この点、本編4章Ⅰの2および3を参照されたい）。

（3）親権停止の更新

親権停止については更新制度が規定されなかったため、引き続き継続の必要がある場合は、2年後に改めて親権停止あるいは無期限の親権喪失の申立てが必要となる。ただ、当該子が10代後半の高年齢児であるような場合を除いては、安易に2年ごとの親権停止の審判を繰り返すべきではないと考える。

児童相談所は、親権停止の審判を受けた親に対して、引き続き親子再統合に向けて親に対する指導・支援を継続する。2年後においても親権の行使が困難又は不適当な状態であるならば、「子の利益を著しく害する」状況と判断し、親権停止ではなく親権喪失の審判の申立てを考慮する必要があろう。

もし親権喪失の審判等の申立てがなされた場合であっても、親権停止期間の経過により当該父母に親権が回復する。この際、児童虐待事案の実務においては、通常、親権停止期間の満了と新たな親権喪失等の審判の間は、家事事件手続法174条に基づいて親権者の職務執行停止、又は親権職務代行者の選任の保全処分により対応することとなる。また、その間、児童福祉法33条に基づいて、児童相談所長（知事の委任）による一時保護を行うことにより、子の身柄を確保することも可能である。

（4）親権停止と児童福祉法28条

親権停止制度は、民法の定める父又は母の権利・義務としての親権を2年を限度に剥奪するものである。一方、児童福祉法28条に基づく子の入所措置等に係る家庭裁判所の承認は、親権者に代わって裁判所が親子分離を承認するものであり、当面の親子分離を目的とした法的手段にすぎない。

施設入所後の長期間にわたる未成年子の権利擁護を考えると、通常の児童虐待の事案においては、児童相談所は児童福祉法28条の申立てではなく、親権停止の審判の申立てを優先して対応するべきであり、それが2011年民法改正

---

[30] 前掲・最高裁判所事務総局家庭局「親権制限事件及び児童福祉法28条事件の概況（平成28年1月〜12月）」。

の趣旨に沿うものと考える（本編4章Ⅱで詳述）。

4　管理権喪失の審判

　2011年民法835条は、「父又は母による管理権の行使が困難又は不適当であることにより子の利益を害するとき」として、親権停止と同一の要件で子の財産等に関する父母の管理権喪失の審判を可能とした。これは1947年民法の「親権を行う父又は母が、管理が失当であったことによってその子の財産を危うくしたとき」と比較して、財産管理権喪失の要件が緩和され、該当する範囲が「子の利益を害するとき」に広がったものと解される。この管理権喪失の審判は、親権者に子の身上監護をさせるのは問題ないが、子の財産管理等も行わせると当該財産を失う危険等があるなどの理由で、管理権のみの喪失が必要な場合のために設けられている。

　ここに「子の利益を害するとき」の具体例の一つとして、子がアパート賃貸契約や携帯電話契約などをする際に当該法律行為に係る親の同意が得られない場合などがあげられる。このような親の不作為又は正当な理由のない不同意によって子の利益が害されると認められる場合においては、親権者の管理権喪失の審判をすることも選択肢としてはあり得る。現に児童相談所長の申立てによる管理権喪失の事例が若干あるが[31]、虐待で子が施設入所中などの事案では、身上監護権を含む親権喪失又は親権停止の審判申立てを行うべきであり、管理権喪失のみの審判申立ては例外的なものとなろう。

　なお、父母ともに管理権喪失の審判がなされたときは、管理権を行う者がいなくなるため、未成年後見が開始し、児童相談所長は児童福祉法33条の8に基づいて、財産に関する権限のみを有する未成年後見人の選任請求を行うこととなる。

---

[31] 全国で2013年度は2件、2014年度は1件（東京都児童相談所『事業概要2016年版』2016年9月）。

第 3 章

わが国の未成年後見制度

I 未成年後見とは[32]

1 未成年後見制度の概要

（1）職務
　未成年後見人は、未成年者に対する監護や教育などの身上監護、および未成年者の財産に関する法律行為の代理などの財産管理が主な職務である。

（2）指定未成年後見人と選定未成年後見人
　未成年後見人の種類には、単独親権者が遺言で自己の死亡後に未成年後見人となるべき者を指定する指定未成年後見人（民法 839 条）と、家庭裁判所の選任する選定未成年後見人（民法 840 条）がある。

　839 条の指定は稀なため、通常は、親族等の請求に基づいて、家庭裁判所が選定未成年後見人を選任する。この請求人は、未成年者本人または親族などである。また、児童相談所長と生活保護の実施機関（福祉事務所）には、未成年後見人の選任請求義務がある（次項および本章Ⅲで詳述）。

（3）児童相談所長の未成年後見人選任請求
　2011 年民法 838 条 1 号は、未成年者に対して親権を行う者がないとき又は親権を行う者が管理権を有しないときに後見が開始すると規定している。したがって、親権喪失だけではなく親権停止や管理権喪失の場合も、本条に基づき未成年後見が開始されることになる。

　児童福祉法 33 条の 8 は、親権者のいない未成年者について、児童相談所長

〈32〉本章 I は、拙論「親権および未成年後見制度に関する考察」田山輝明編著『成年後見制度と障害者権利条約』368 頁以下（三省堂、2012 年）に加筆修正したものである。

に未成年後見人選任の請求を義務づけており、選任されるまでの間は児童相談所長が親権を行うものとしている。未成年後見人については、家庭裁判所の職権による選任が認められないため、親族等の請求がなければ、児童相談所長は速やかに未成年後見人の選任請求をする必要がある。

　また、児童福祉法には、児童相談所長による未成年後見人選任請求中の親権の一時代行のほか、児童相談所長または児童福祉施設の長による里親委託や施設入所中の未成年者に係る親権の一時代行が規定されている（児童福祉法33条の8、同47条。この点は本編4章Iで詳述）。

　この点について、厚生労働省は、児童相談所長あるいは児童福祉施設長による親権の一時代行を第一義的とし、多額の相続財産を未成年者が有する場合などにおける例外的な対応として未成年後見人の選任を行うよう全国の児童相談所に通知している[33]。

　しかし、これは未成年後見制度の本来の趣旨に反している。民法838条によって、未成年後見は両親の死亡や親権喪失の審判等により当然に開始する。親権者の不存在と同時に未成年後見が開始されるのであるから、当該未成年子の福祉のためには、速やかに未成年後見人が選任されなければならない。親のいない子にとって、親代わりとして未成年者の進路選択や日常生活での法律行為を代理する未成年後見人の存在は不可欠であり、児童福祉法33条の8の「その福祉のため必要があるとき」の文言を制限的に解釈するべきではない。本条を児童相談所長に対する未成年後見人選任請求の義務づけ規定と解し、時機を失することなく家庭裁判所に申し立てるべきである。

2　未成年後見における法人後見

(1) 経緯

　民法上、後見人はそもそも法人であってはいけないという規定はなかった。1999年の成年後見に係る民法改正まで、法人後見の可否については、解釈上論争があったが、可能とするための条文上の根拠がないという消極的な理由により否定説が多数であった。2011年民法840条3項は、「未成年後見人となる者が法人であるときは……」と成年後見と同様な規定の仕方によって、未成年後見における法人後見を明文で許容したのである。

---

[33] 厚生労働省「児童相談所運営指針」（平成2年3月5日児発133号）第4章第9節3、厚生労働省「全国児童福祉主管課長会資料」（平成24年2月27日）。

（2）未成年後見における法人後見の必要性
ア　未成年後見は身上監護が中心

　親権者のいない未成年者が財産を有するときは、親の財産の相続、生命保険金あるいは遺族年金や労災年金を受給する場合等に限定される。通常、虐待された未成年者が多額の財産を有している事案は多くない。また、施設入所あるいは祖父母など親族による養育の場合であっても、未成年者はやがて成人になって施設や親族の家庭から自立していくものであり、未成年後見は、20歳までの期限の限られた身上監護が中心となる。親から受け継いだ資産がある場合には、未成年被後見人の教育費等に積極的に使うべきであり、あえて節約して多額の資産を当該未成年子が成人するまで残しておく必要はない。この点で、未成年後見は、親族の相続権が関わる成年後見とは少し後見内容が異なる側面もあるが、成年者においても、成年被後見人のためにその資産をすべて使い切るという財産管理もあり得よう。

　また、未成年者が施設入所しているとき、施設長や職員との個人的な愛着関係を基礎にした後見は、本人の利益になる場合が少なくない。未成年後見の場合、一般に、入所する児童福祉施設を経営する社会福祉法人が後見人になったとしても、施設入所している高齢者のような利益相反問題は比較的少ないのではないかと考える。もとより、当該未成年者が遺産相続や生命保険金受領などにより多額の資産を有する場合は、利益相反の生じる蓋然性が高くなるため、入所施設の社会福祉法人のみによる未成年後見は不適切であり、第三者の専門職後見人との共同若しくは分掌による後見など慎重な配慮を要する。

イ　児童虐待における法人後見の役割

　児童虐待において、児童相談所長が、虐待親の親権喪失の審判の申立てを行うことは少ない。この背景には、未成年後見人の選任の難しさが存在する。一般に、親権喪失等に至るような父母は親族からも孤立していること、さらにその親族においても健全な状態の家庭が稀であることなどが、未成年後見人選任を難しくさせている。また、未成年後見は、その期間が10年を超えて長期にわたる場合も少なくなく、養育に関する責任も重大であることも理由としてあげられる。

　親の親権喪失等に係る被虐待児の監護教育においては、未成年後見人の果たすべき役割は非常に大きくて重い。しかし、未成年後見人が個人ではなく法人であれば、複数の職員が関わることなどにより、比較的容易にその役割を果たすことができる。社会福祉法人やNPOなどの福祉団体が、法人として未成

年後見人に就職することは日本の実情に適合するものと考える。この点では、2012年度に国の新規事業として始められた未成年後見人の報酬補助事業や損害賠償保険料補助事業などの活用が期待される。

3　未成年後見における機関後見の必要性

(1) 機関後見の意義

　虐待を受けた未成年者について、入所措置や親権喪失申立てなどの権限を有する児童相談所長（知事の委任）は、長期間にわたって、児童養護施設等における社会的養護の措置責任を負う。また、児童相談所長が、親権喪失・親権停止や保全処分を家庭裁判所に申し立てる場合、適格な親権職務代行者や未成年後見人がいなければ、暫定的に所長自身が就職することがある。このとき、所長個人の住所氏名が戸籍に記載されるため、虐待した親から逆恨みによる報復を受けるおそれもある。この戸籍記載の問題に対応するため、所長個人ではなく、児童相談所あるいは市区町村などの行政機関が、虐待を受けた未成年者の未成年後見人になることができるよう法制化する必要があると考える。これは従来から機関後見と称されているもので、児童相談所などの行政機関による直接的な公的後見制度である[34]。

(2) 機関後見の有効性

　2011年の民法改正によって法人による未成年後見が許容されたところであるが、家庭裁判所の親権喪失や親権停止審判に合わせて適格な未成年後見人を選任することは決して容易なことではない。児童虐待の場合は、暫定的に未成年後見人を選任する制度が必要であり、この点からも児童相談所等の行政機関をその任に充てることは家庭裁判所の迅速な審判を促進する。

　さらに、民間の個人や社会福祉法人等より、むしろ行政機関による後見の方が適している場合もある。たとえば、性的虐待を行った親は、親権喪失の審判の後にあっても、施設から未成年者の連れ戻しや未成年後見人への威嚇や脅迫などを執拗に行うことがある。虐待した親が反社会的勢力の構成員などの場合も同様の暴力的行為がある。いずれも全国の児童相談所で現実に起きていることであり、このような事案では、個人や民間法人での対処は非常に難しく、一定の公権力を有する行政機関自体が未成年後見人として対応することのほうが適格かつ効果的であると考える。

---

[34] 平成12年（2000年）3月23日、第147回国会衆議院青少年問題に関する特別委員会における全国児童相談所長会会長の意見陳述。

（3）諸外国における公的後見

　この機関後見について、第4編で述べたとおり、ドイツでは BGB1791 条 b が、名誉職の個人後見人の適任者がいない場合は、少年局を後見人として選任することができると規定している。SGB Ⅷ 55 条は、少年局が BGB の規定による後見人等になる場合について定め、これを官庁後見、官庁保佐と定義している。フランスにおいても、フランス民法典 411 条が「地方公共団体への付託による未成年後見制度」を規定するとともに、社会福祉家族法典 L.224-4 条は、親権全部取上げの判決が言い渡された場合などにおける「国の被後見子制度」を定めている。

　2011 年民法改正に際して、法制審議会部会では委員からの問題提起がなく、未成年後見における児童相談所などの機関後見についてはほとんど議論されていない。ただ、保全処分として親権の職務が執行停止された際の職務代行者については、厚生労働省社会保障審議会で、児童相談所長が職務として就職することの可否について議論された経緯があるが、消極的な見解が法務省および最高裁判所側の委員から示されている〈35〉。しかしながら、日本においても、暫定的あるいは困難事案における未成年後見の選択肢の一つとして、保全処分における親権職務代行を含めて、行政機関による機関後見制度の創設を検討すべきものと考える。

4　未成年後見における複数後見

（1）複数後見の沿革

ア　明治民法の後見人一人制

　未成年後見人が 1 名とされることは皇国民法仮規則から一貫しており、それは親権が父権として位置づけられていることと不可分であると考えられる。明治民法 906 条は、「後見人ハ一人タルコトヲ要ス」と規定した。このように明治民法 906 条が規定したことについて、民法修正案理由書は、次の二つをその理由としてあげている〈36〉。

①後見人は、親権に類する権利を行うものであるから、親権者の数（1 人）にあわせるべきこと
②後見人を複数にすると意見の統一を欠き、家族上の紛議が生じるおそれがあ

〈35〉『社会保障審議会児童部会児童虐待防止のための親権の在り方に関する専門委員会第 7 回議事録』（厚生労働省 2010 年 12 月 7 日）。
〈36〉前掲・於保不二雄・中川淳編『新版注釈民法（25）親族 5（改訂版）』［犬伏由子執筆］303 頁。

ること
イ　成年後見における複数の後見人の許容

　1947年民法843条（1999年改正で842条）も、「後見人は、一人でなければならない。」と一人後見人制をとっていたが、1999年の民法改正で、新843条3項が成年後見人の人数について明文で複数を肯定し、成年後見についてのみ一人制が廃止された。しかし、複数の未成年後見人の是非については、1999年改正における成年後見問題研究会では、とくに論点として取り上げられず、将来の課題として残されたのである。[37]

ウ　2011年民法改正による複数の未成年後見人の許容

　2011年の民法改正により、1947年民法843条（1999年改正で842条）「後見人は、一人でなければならない。」を削除した。さらに、2011年民法840条2項は、「未成年後見人がある場合においても、家庭裁判所は、必要があると認めるときは、前項に規定する者若しくは未成年後見人の請求により又は職権で、更に未成年後見人を選任することができる。」として複数の未成年後見人について定め、同法857条の2では、未成年後見人が数人ある場合の権限の行使等について規定した。

(2) 未成年後見における複数後見人の必要性

　2011年改正における法制審議会部会で、この課題について必ずしも十分な議論が尽くされたとはいえない。しかし、複数の未成年後見人制度が許容されたことを歓迎する立場から、複数の未成年後見人が必要な理由を、次のように整理しておきたい。

①共同親権の理念

　親権は、子の利益のための権利と義務の融合した親の職分であり、親の権利より親の義務が中心となる。この点では、親権は後見に近いものであり、父母共同の権利・義務である。父母の死亡等により親権を行う者がいない場合、親権の事実上の履行者として近親者に養育されることが多い。まずは祖父母、あるいはおじ・おばであり、これらの親族に適切な者がいない場合は、児童福祉施設や里親による社会的養護として養育される。当該未成年者に資産があれば、弁護士などの専門職を関与させるのが望ましい。いずれも複数の者が当該未成年者の養育に関わることになる。父母共同の権利・義務と同様に、複数の者が未成年後見人に就職することを、あえて否定する理由はなかろう。

─────
[37] 前掲、於保不二雄・中川淳編『新版注釈民法(25)親族5（改訂版）』[久貴忠彦執筆] 272頁。

前述のとおりドイツでは、未成年後見人の数は原則として一人であるが、夫婦を共同後見人に選任することが認められ、その他特別の事由がある場合には複数の未成年後見人を選任することができる（BGB1775条、1797条）。

②未成年後見の責任の重さ

未成年後見は成年後見に比べて審判件数が少ない。全国家庭裁判所における未成年後見人選任の新受件数は、2011年が2,661件、2012年が2,426件、2013年が2,366件、2014年が2,150件、2015年が2,295件とほぼ一定している[38]。このうちの多くは、養子縁組や多額の相続財産の分割協議、死亡した親の多額の生命保険金の管理などのために、親族により家庭裁判所に対して未成年後見人の選任請求が行われたものと推測される。

しかし、いずれのケースでも、両親の死亡、遺棄、児童虐待による親権喪失など当該未成年者はきわめて厳しい境遇で生きることを余儀なくされている。そのような未成年者が、心身の発達に応じ、学校や社会での活動を広げていくため、未成年後見人の負担は、時間の経過とともに増え続ける。事案によっては、複数の未成年後見人による対応が不可欠となろう。

③児童の最善の利益の理念

1994年にわが国が批准した児童の権利に関する条約は、「児童の最善の利益」を求めている。この児童の最善の利益の視点に立てば、父母が死亡もしくは親権喪失した未成年者について、その養育責任を果たすために複数の未成年後見人を選任するという選択肢を排除する理由はないと考える。

④未成年後見の社会化

明治民法の家制度下においては、未成年者の権利擁護ではなく、「家」の財産を守るために未成年後見制度があったといえよう。戦後70余年、もはや家制度は存在せず、日本の社会と家族は大きく変容し続けている。今日、児童虐待等を原因として社会全体に養育義務が課された未成年者について、その健全な育成を図るためには、法人後見とともに複数後見による未成年後見の社会化が必要不可欠であると考える。

⑤社会資源の効率活用

社会的養護を要する未成年者については、各種社会資源の積極的な活用を図る必要がある。そのためには、複数の未成年後見人が制度として認められなければならない。たとえば、父母が死亡または親権喪失した未成年者について、

〈38〉最高裁判所『家事審判事件の受理、既済、未済手続別事件別件数　全家庭裁判所』（平成22年度〜平成27年度）。

その親族と社会福祉法人が未成年後見人に就職することが有効な場合がある。また、里親委託されている未成年者につき、里親の不祥事防止のため、社会福祉士など複数の専門職を未成年後見人に就職させる選択肢もある。未成年者に大きな資産がある場合には、弁護士などが未成年後見人の一人に就職することが適切である。

⑥実務上の利点

　複数の未成年後見人の制度に、次の実務上の長所を認める見解もある。〈39〉

　第一に、複数の後見人によって職務を分担させることによって、効果的・効率的な後見事務処理を図ることができる。第二に、後見事務の分担が可能となることによって、後見人に適格者を得ることがより容易になる。第三に、複数の後見人が相互監視を行うことによって、後見人の権限濫用を防止できる。第四に、複数の後見人を選任しておけば、ある一人の後見人の職務遂行が不可能となっても他の後見人に引き継がれ後見人の持続性を保つことができる。

5　未成年後見人の報酬、責任保険料への公的補助

（1）児童相談所長申立ての場合の報酬と公的補助

　児童相談所長申立てに係る未成年後見人への報酬補助、損害賠償保険料の公的補助が、2012年度から事業化されている。〈40〉

　これは、児童福祉法33条の8に基づいて児童相談所長が家庭裁判所に未成年後見人選任請求を行い、家庭裁判所より未成年後見人に選任された者で、未成年被後見人の親族でないことや入所している施設の職員でないことなどの条件を満たす場合に限定される。

　未成年後見人への報酬補助は一人あたり月額2万円、未成年後見人の賠償責任保険は一人あたり年額5,210円、未成年被後見人の傷害保険は一人あたり年額5,780円である。

　ただ、この事業は、児童虐待防止支援事業の一環として始められたものであることに留意する必要がある。

（2）資産を有しない未成年者に係る報酬

　児童虐待ではなく災害や事故等により親権者のいない未成年者に対しても、児童相談所長は、児童福祉法33条の8により、社会福祉士などを未成年後見

〈39〉前掲、於保不二雄・中川淳編『新版注釈民法（25）親族5（改訂版）』［犬伏由子執筆］304頁。
〈40〉厚労省「児童虐待防止対策支援事業実施要項 第3、9」（平成17年5月2日、雇児発第0502001号）。

人に選任請求する義務があるが、現実にはあまり行われていない。

　親権者がいない未成年者のうち、児童虐待ではなく、一般の資産を有しない未成年者に係る未成年後見人に対しても、報酬補助や損害賠償保険料補助などの公的補助による支援の対象とし、当該未成年者の権利擁護と健全育成を図る必要があると考える。

6　未成年後見に係る戸籍実務の問題点

　家事事件手続法116条に基づいて、家庭裁判所は、「別表第一」に掲げる事項についての審判の効力が生じた場合および審判前の保全処分が効力を生じた場合には、最高裁判所規則で定めるところにより、戸籍の記載の嘱託をしなければならない。

　この戸籍の記載の嘱託を要するものとして、最高裁判所家事事件手続規則76条1項は、①親権喪失、親権停止又は管理権喪失の審判、②未成年後見人又は未成年後見監督人の選任の審判などを規定している。さらに、同規則76条2項2号は、家事事件手続法174条1項により親権者の職務の執行を停止し、又はその職務代行者を選任する審判前の保全処分についても、戸籍記載の嘱託を要するものとしている。

　すなわち、戸籍実務では、未成年後見人だけではなく、親権職務代行者の氏名等も児童の戸籍に嘱託記載されることになっている。個人として親権職務代行者等に就職することを余儀なくされる児童相談所長が、この親権職務代行者や未成年後見人に個人として戸籍記載されることを敬遠して、親権喪失等の審判請求あるいは親権職務執行停止と職務代行者選任の保全処分申立てに消極的になったり、家庭裁判所にあっても、親権喪失等の審判や親権職務代行者の選任等を躊躇したりすることが現実には存在するのである。

　このような実情に対処するために、家事事件手続規則76条が定める親権職務代行者等の戸籍記載を他の方法で代えることも選択肢の一つではある。しかし、抜本的には、児童相談所長などを個人ではなく行政機関として、親権職務代行者あるいは未成年後見人に選任するという機関後見の許容が必要であると考える。

Ⅱ　わが国における後見制度の沿革[41]

1　明治民法における後見制度

(1) 経緯

　明治民法は、総則編・物権編・債権編が1896年、親族編・相続編が1898年に公布された[42]。明治民法は、未成年者の行為能力は総則編に定め、後見については親族編で規定した。また、「心神喪失ノ常況ニ在ル者」に対する禁治産宣告についても、様々な議論と経過を経て、行為能力に関する条項は総則編、後見に関する条項は親族編で規定されることとなった[43]。この変則的な形式は、現行法においても引き継がれている。

(2) 内容

ア　未成年後見

　明治民法は、親の監護・教育権を権利とともに義務とし、財産管理権も規定した。未成年後見は、この親権制度を補完するものと位置づけられた。

　未成年後見は、親権者がいない場合、又は親権者が子の財産の管理権を有さない場合に開始された。また、未成年後見人は、次の順序で選任された。①親権者の遺言による指定未成年後見人選任、②戸主による未成年後見人への就職、③親族会による未成年後見人の選任、④親族の請求により裁判所の招集する親族会による未成年後見人の選任。

　親権および未成年後見に関する明治民法の規定は、2011年民法とほとんど変わらないものであり、たとえば次のように定められた。

　　第4条　未成年者カ法律行為ヲ為スニハ其法定代理人ノ同意ヲ得ルコト
　　　ヲ要ス但単ニ権利ヲ得又ハ義務ヲ免レヘキ行為ハ此限ニ在ラス
　　　前項ノ規定ニ反スル行為ハ之ヲ取消スコトヲ得
　　第879条　親権ヲ行フ父又ハ母ハ未成年ノ子ノ監護及ヒ教育ヲ為ス権利

---

[41] 本章Ⅱ・Ⅲは、拙論「未成年後見」田山輝明編著『成年後見　現状の課題と展望』29頁以下（日本加除出版、2014年）に加筆修正したものである。
[42] 前田達明編『史料民法典』1116頁（成文堂、2004年）。
[43] 田山輝明『続・成年後見法制の研究』91頁（成文堂、2002年）、田山輝明『成年後見読本 第2版』17頁（三省堂、2016年）が詳説。

ヲ有シ義務ヲ負フ
　第884条　親権ヲ行フ父又ハ母ハ未成年ノ子ノ財産ヲ管理シ又其財産ニ関スル法律行為ニ付キ其子ヲ代表ス但其子ノ行為ヲ目的トスル債務ヲ生スヘキ場合ニ於テハ本人ノ同意ヲ得ルコトヲ要ス
　第900条　後見ハ左ノ場合ニ於テ開始ス
　　一　未成年者ニ対シテ親権ヲ行フ者ナキトキ又ハ親権ヲ行フ者カ管理権ヲ有セサルトキ
　　二　禁治産ノ宣告アリタルトキ
　第923条　後見人ハ被後見人ノ財産ヲ管理シ又其財産ニ関スル法律行為ニ付キ被後見人ヲ代表ス
　第884条但書ノ規定ハ前項ノ場合ニ之ヲ準用ス

イ　禁治産後見

　禁治産後見に関しては、親族編の未成年者に係る後見規定に相乗りする形で、後見人の選任や後見事務などについて定められた。
　後見人選任においては、第1順位が禁治産者の父母又は配偶者であり、他は未成年後見と同様に第2順位は戸主、第3順位は親族会による選任である。また、準禁治産者には保佐人が付された。
　明治民法における禁治産後見に関する規定は、たとえば次の様であった。

　　第7条　心神喪失ノ常況ニ在ル者ニ付テハ裁判所ハ本人、配偶者、四親等内ノ親族、戸主、後見人、保佐人又ハ検事ノ請求ニ因リ禁治産ノ宣告ヲ為スコトヲ得
　　第8条　禁治産者ハ之ヲ後見ニ付ス
　　第9条　禁治産者ノ行為ハ之ヲ取消スコトヲ得

ウ　未成年後見と禁治産後見の違い

　明治民法における未成年後見と禁治産後見は、当時の家制度におけるその「家」の財産保全という側面では類似するものがあり、かつ法文上の共通条項も少なくない。いずれもその後見人にほぼ全般的な代理権と取消権が授与されている。
　しかし、未成年後見と禁治産後見が制度化された経緯や趣旨、親権との関係の存否、後見開始理由、後見の内容などにおいて、制度発足時から両者は近接

領域ではあるが、あくまで別の制度として推移してきたものといえよう。さらに明治民法においては、親族会が重要な役割を果たしているように、未成年後見と禁治産後見の両制度とも、家制度の下での家や親族の私事として位置づけられており、社会や司法・行政との関係性は稀薄であった。

2　戦後の民法改正による後見制度の転換

　日本国憲法が 1946 年 11 月に公布され、基本的人権（11 条）、自由と権利の保持責任と濫用禁止（12 条）、個人の尊重、幸福追求権、公共の福祉（13 条）、法の下の平等（14 条）、個人の尊厳と両性の本質的平等（24 条）などの新しい理念を規定した。

　それを受けて 1947 年には民法が改正され、家制度の廃止、戸主や親族会の廃止、妻の無能力制度の廃止、父母の共同親権など憲法の理念を具現化した。法定後見に関しても、1947 年民法は、「家のための後見」という明治民法の理念から転換し、旧来の規定を残しつつも、その根本の趣旨においては「被後見人のため」の制度に変更されたものと解されている[44]。親族その他の利害関係人の請求があれば、家事審判所（家庭裁判所の前身）が介入し、家事審判所による後見人選任が行われるようになったことはその一例である。

3　1999 年の民法改正

　高齢社会の急激な進展により、高齢者や知的障害者、精神障害者などに関わる様々な法律問題が顕在化した。また、社会福祉の分野では、施設入所等の福祉サービスを利用する場合、従来の行政処分としての措置制度を廃止し、高齢者本人と各施設との契約制度への転換などを内容とする社会福祉基礎構造改革がすすめられた。福祉サービスの利用において、利用者と施設との契約を原則とする介護保険法が制定され、2000 年 4 月に施行されることになった。

　このようなわが国の急激な社会の変容の中で、判断能力の不十分な者を保護するためには、明治民法以来の禁治産・準禁治産制度では適切な対応ができないとの見方が支配的となり、民法等の改正による成年後見制度が導入されるに至ったのである。

　判断能力が十分でない成年者それぞれの保護の必要性に応じて、柔軟で弾力的な措置を可能とするために、従来の禁治産・準禁治産制度から後見・保佐・

〈44〉前掲・田山輝明『続・成年後見法制の研究』146 頁。

補助の3類型の制度に改正された。禁治産の改正による後見制度、準禁治産の改正による保佐制度、そして新設の補助制度である。

その他、配偶者法定後見人制度の廃止、複数成年後見人制度の導入、法人成年後見人制度の明文化、成年後見人等選任の考慮事情の明文化、身上配慮義務および本人の意思の尊重、成年後見人等の権限、監督体制の充実が規定され、同時に、他の法律によって、市区町村長申立制度、任意後見制度、成年後見登記制度等が創設された。

4 2011年の民法改正

2012年4月に施行された2011年の親権制度改正は、児童虐待防止を目的として行われたものである。

本編2章ですでに述べたとおり、2011年民法改正のうち後見制度に関わるものは、①民法842条「未成年後見人は、一人でなければならない」の削除と複数の未成年後見人の許容、②法人の未成年後見人の許容、③複数の未成年後見監督人および法人の未成年後見監督人の許容などである。

Ⅲ　未成年後見と成年後見の比較

1　後見制度の意義と現状

（1）自益後見と他益後見

わが国における親権制度は、1947年民法によって大きく転換されたものの、未だ自益後見の要素を残している。民法828条ただし書における養育費および財産管理費用と子の財産の収益との相殺規定はその一例である。また、親権者には子の財産調査や財産目録作成の義務規定はなく、親権者に対して後見監督人や家庭裁判所のような関与・監督機関も存在しない。[45]

一方、後見に関しては、基本的には1947年の民法改正、さらに1999年および2011年の民法改正を通じて、未成年後見と成年後見のいずれも他益後見制度に転化したものと認められる。

（2）後見の現状

未成年後見については、親の死亡による相続財産の分割協議、死亡した親の

〈45〉前掲・於保不二雄・中川淳編『新版注釈民法（25）親族（5）改訂版』11頁、233頁。

多額の生命保険金など資産を有する未成年者の財産管理、15歳未満の子を養子にする縁組の代諾権者の必要性などのために、親族により未成年後見人の選任請求が行われているものと推測される。

また、前述のとおり、未成年後見は成年後見に比して審判件数が少なく、1年間で2,000件台である。東日本大震災で親を亡くした震災孤児は241名、震災遺児は1,483名に及んでいるが[46]、この241名の震災孤児に係る未成年後見人選任申立件数は200件とされている[47]。

成年後見については、1999年の民法改正後、関係機関による広報効果もあって比較的順調に推移し、2016年の後見類型の申立件数は26,836件、対前年比約2.5％減となっている。保佐は5,325件、補助は1,297件といずれも後見類型に比べて申立件数が非常に少ない[48]。

(3) 未成年後見と成年後見の接近

未成年後見と成年後見は、その法制化の経緯、親権との関係の存否など、別の制度として運用されてきたが、2011年の民法改正によって、両者は法的にも実務上でも共通点の多い領域となったものと考える。以下、親権とも関連させながら、主要な事項について両者を比較したい。

2　法律行為

(1) 未成年者

ア　原則は法定代理人による同意が必要

未成年者が法律行為をするには、法定代理人（親権者、未成年後見人）の同意を得なければならない。法定代理人の同意のない法律行為は取り消すことができる。ただし、給与の受領や債務の免除など、単に権利を取得し、義務を免れる法律行為などは、未成年者が単独でなすことができる（民法5条）。

イ　例外として認められる法律行為

法定代理人が目的を定めて処分を許した財産について、未成年者は、その目的の範囲内で処分することができる。たとえば、大学生の学費やアパート家賃などである。また、「小遣い」などのように目的が定められていない場合、未成年者はこれを自由に処分することができる[49]（民法5条）。この点では、成年

---

[46] 『平成25年版　少子化社会対策白書』107頁（内閣府、2013年6月）。
[47] 第180国会参議院法務委員会（平成24年3月28日）における最高裁判所事務総局家庭局長答弁。
[48] 最高裁判所事務総局家庭局『成年後見関係事件の概況　平成28年1月～12月』。
[49] 田山輝明『民法総則第4版　民法要義1』43頁（成文堂、2010年）。

被後見人の場合と大きく異なっている。

営業を許された未成年者は、その営業に関して成年者と同一の行為能力を有する（民法6条）。ここに営業とは、営利を目的とする独立の継続的事業をいい、職業と同義ではない。この点、未成年営業者と同様に、未成年労働者にも、自主的な携帯電話契約やアパート賃借契約等の必要性に配慮して、本条を類推適用すべきであるとの見解がある。また、親権者による職業許可権（民法823条）の「職業」についても、「営業」より広く、他人に雇用されることも含むものと解されている。

（2）成年被後見人

成年被後見人の法律行為は取り消すことができる。同意権は設定されていない。ただし、日用品の購入その他日常生活に関する行為については取り消すことができない（民法9条）。

3　責任能力

（1）未成年者

未成年者は、他人に損害を加えた場合において、自己の行為の責任を弁識するに足りる知能を備えていなかったときは、その行為について損害賠償責任を負わない（民法712条）。

この責任無能力者がその責任を負わない場合において、その責任無能力者を監督する法定の義務を負う者すなわち親権者や未成年後見人は、原則として、その責任無能力者が第三者に加えた損害を賠償する責任を負う（民法714条1項）。この点、民法712条および713条の責任無能力による免責と714条の監督義務者の責任は、一体として損害賠償制度を構成している。714条1項ただし書の免責は、ほとんど認められることのない実質的な厳格責任であり、被害者保護のための制度と理解されてきた。しかし、2015年、最高裁は、責任能力のない11歳の未成年者の行動によって生じた人身損害賠償請求の事案（サッカーボール事件）で、監督義務者としての義務を怠らなかったとして、その親権者の監督者責任の成立を否定した。この最高裁判決は、714条1項ただし書の免責規定を適用して、監督義務者の賠償責任を否定した初めての事

〈50〉前掲・田山輝明『民法総則第4版』44頁。
〈51〉前掲・我妻栄『親族法』331頁。
〈52〉窪田充見「サッカーボール事件」論究ジュリスト16号13頁（2016年）。
〈53〉最判平成27年4月9日民集69巻3号455頁。

例であり、今後の下級審への影響に留意する必要がある。

　なお、監督義務者に代わって責任無能力者を監督する者、たとえば小学校の教員などが、民法714条2項の代理監督者として賠償責任を負うかどうかについては争いがある。〈54〉

（2）成年被後見人

　精神上の障害により自己の行為の責任を弁識する能力を欠く状態にある間に他人に損害を加えた者は、その損害賠償責任を負わない（民法713条）。

　ここにいう「精神上の障害により自己の行為の責任を弁識する能力を欠く状態にある」ことと成年被後見人の状況とは必ずしも同義ではなく、事案毎に判断されるべきであるが、重複する対象者は少なくないと考える。

　責任無能力者がその責任を負わない場合、その責任無能力者を監督する法定の義務を負う者すなわち成年後見人は、原則として、責任無能力者が第三者に加えた損害を賠償する責任を負う（民法714条1項）。ただ、前述の未成年者の「サッカーボール事件」に係る最高裁判決と同様の趣旨で、今後、成年後見人の賠償責任が免責される裁判例がでてくる可能性がある。

　この点について、2016年、最高裁判所は、重度の認知症高齢者の線路内立入り死亡事故に係る鉄道会社からの損害賠償請求訴訟において、当該認知症高齢者の妻および長男は、民法714条1項にいう責任無能力者を監督する法定の義務を負う者に該当しないとした。さらに、同条1項が類推適用される法定監督義務者に準ずべき者にあたるかどうかはその生活状況や心身の状況などとともに監護や介護の実態など諸般の事情を総合考慮して判断すべきであり、本件では妻および長男を法定監督義務者に準ずべき者に当たるということはできない、としていずれも損害賠償責任を認めなかった。〈55〉〈56〉

　また、監督義務者に代わって責任無能力者を監督する者、例えば入所施設の

〈54〉田山輝明『事務管理・不当利得・不法行為　民法要義6』216頁（成文堂、2006年）。なお、小学校教員の代理監督者責任を認めた高裁判決として、福岡高判昭和56年9月29日判時1043号71頁。

〈55〉最判昭和58年2月24日裁判集民138号217頁（他人に傷害を負わせた精神障害者の両親について、民法714条の法定監督義務者又はこれに準ずべき者としての損害賠償責任を否定した事例）。

〈56〉最判平成28年3月1日民集70巻3号681頁。この事件については、第1審の名古屋地判平成25年8月9日判時2202号68頁は、妻に民法709条に基づき、長男に民法714条2項を準用して列車遅延の損害賠償を全部容認して賠償を命じた。同控訴審（名古屋高判平成26年4月24日判時2223号25頁）は、妻にのみ民法714条1項に基づき、損害額の5割にあたる約360万円の賠償を命じた。

職員等の民法714条2項に基づく賠償責任については、学説上の争いがある。
（3）後見人の負担する賠償責任
　この未成年被後見人と成年被後見人の責任能力と監督義務者等の賠償責任に関しては、年齢や責任弁識能力の有無、監督義務者の監督義務や見守り義務の範囲と程度、さらに監督・見守り義務を怠ったかどうかなどについて、各裁判実務で個別事案毎に損害賠償責任の存否が判断されることになる。
　しかし、民法714条などが無条件で適用され、未成年後見人や成年後見人が常に損害賠償責任を負担する状況になれば、後見人に就職する者が大幅に減少して後見制度の崩壊を招く危険があることに留意しなければならない。被害を受けた側の損害賠償請求の権利も当然に守られるべきことを考慮すると、政府が関与する自動車賠償責任保険のように準公的な後見賠償責任保険制度の創設も選択肢の一つとして考えられる。

4　後見の開始

（1）未成年後見
　未成年者に対して親権を行う者がないとき、又は親権を行う者が管理権を有しないときに、未成年後見は開始する（民法838条1号）。両親の死亡あるいは両親の親権喪失の審判等により親権者のいない未成年者になった場合、又は親権者が管理権喪失の審判を受けた場合などである。また、家庭裁判所の審判例では、親権者の生死不明、精神障害、長期の受刑など事実上親権を行使できない場合にも、未成年後見の開始が認められている[57]。
　未成年後見は、両親の死亡、失踪宣告、親権喪失の審判、親権停止の審判により、当然に開始する。家庭裁判所による未成年後見人選任の審判の有無を問わない。したがって、民法の未成年後見の開始とは、未成年者に対して未成年後見人を選任すべき状況が生じたことを意味する。

（2）成年後見
　家庭裁判所において後見開始の審判を受けた場合に、成年後見は開始する（民法838条2号）。家庭裁判所は、後見開始の審判をするときは、職権で成年後見人を選任する（民法843条）。未成年後見と異なり、後見開始と同時に成年後見人が就職する。
　民法7条は、後見開始の審判の対象者を成年に限定していないので、未成

---

[57] 前掲・於保不二雄ほか編『新版注釈民法（25）親族（5）改訂版』251頁。

年者であっても、精神上の障害により事理弁識能力を欠く常況にある場合は、成年後見の対象となり得る可能性がある。たとえば、未成年の知的障害者について、成年に達する前に成年後見が開始されていれば、未成年者本人が成年に達した場合、親権又は未成年後見は消滅するが成年後見が継続するため、成年到達時における法定代理人の不在期間をなくすことができる。また、成年後見の方が親権や未成年後見よりも行為能力の制限が大きいという特徴もある。一方、未成年者本人は、未成年者として親権又は未成年後見に服すると同時に成年被後見人としての制限にも服すことになる。両者の権限が重複する場合は、親権者若しくは未成年後見人、又は成年後見人のいずれもがその所与の権限を行使することができると解されている。〈58〉

5　後見人

（1）未成年後見人

　未成年後見人には、単独親権者が遺言で自己の死亡後に未成年後見人となるべき者を指定する指定未成年後見人と、家庭裁判所の選任する選定未成年後見人がある（民法 839 条、840 条）。ただ、未成年後見人の指定は、実務上ほとんど実績がない。〈59〉

　この未成年後見人の指定がないとき、子や親族等の請求に基づいて、家庭裁判所が選定未成年後見人を選任する申請主義を採用している。具体的な選任請求人は、未成年者本人又はその親族その他の利害関係人である。この利害関係人の範囲は子の利益のために広く解されるべきであり、未成年者を引き取って養育してきた者（児童福祉施設長、里親など）、非行少年の矯正教育にあたる者（少年院長、保護観察所長など）なども該当すると解されている。〈60〉

　たとえば、両親が不明な棄児の場合、遺棄された時点で未成年後見は当然に開始し、直ちに児童相談所により乳児院若しくは児童養護施設等の児童福祉施設に入所措置される。棄児の親を特定することができないとき、児童相談所長は、児童福祉法に基づき家庭裁判所に未成年後見人の選任申立てをしなければならない。未成年後見人の選任申立てについて児童相談所が消極的な場合には、当該棄児の養育にあたっている乳児院や児童養護施設の施設長は、民法 840

〈58〉　我妻栄・有泉亨・清水誠・田山輝明著『コンメンタール民法　総則・物権・債権（第 2 版）』74～78 頁（日本評論社、2006 年）。
〈59〉　前掲・安倍嘉人ほか監修『子どものための法律と実務』48 頁。
〈60〉　前掲・於保不二雄編『新版注釈民法（25）親族（5）改訂版』297 頁。

条の利害関係人として、当該棄児の利益のために、未成年後見人の選任申立てを行う必要があろう。

　一方、多額の財産相続や保険金受領など、複数の未成年後見人が望ましい状況になった場合、未成年後見人の追加的選任は、親族や利害関係人等の請求により又は職権で、家庭裁判所が行うことができる（民法840条2項）。

　親権若しくは管理権を辞し、又は親権喪失、親権停止若しくは管理権喪失の審判があった父母にも未成年後見人の選任請求義務の規定があるが（民法841条）、現実的には選任請求を行うことはほとんどないものと考える。

　なお、児童相談所長と生活保護の実施機関（福祉事務所）には、明文により選任請求義務が課されている。児童福祉法33条の8は、親権者のいない未成年者について、児童相談所長に未成年後見人選任の請求を義務づけており、選任されるまでの間は児童相談所長が親権を行う。未成年後見人については、家庭裁判所の職権による選任が認められないため、本人や親族等の請求がなければ、児童相談所長は速やかに未成年後見人の選任請求をする法的義務が生じる。しかし、実情は、親権喪失の審判あるいは親権停止の審判に関わるものを除いて、未成年後見人選任請求は積極的には行われていない(61)。

　なお、2011年の民法改正により、法人の未成年後見人および複数の未成年後見人が認められるようになった（民法840条）。

（2）成年後見人

　家庭裁判所は、後見開始の審判をするときは、職権で、成年後見人を選任する。成年後見人が欠けたときは、家庭裁判所は、成年被後見人若しくはその親族その他の利害関係人の請求により、又は職権で、成年後見人を選任する（民法843条）。

　成年後見開始の審判は、本人、配偶者、四親等内の親族等の請求に基づくが、成年後見人の選任は、家庭裁判所が職権で行う職権主義を採用している。この点で、本人又はその親族その他の利害関係人の選任請求に基づく未成年後見人の選任とは大きく異なっている。

　複数の後見人と法人後見人が許容されること、後見人の辞任、後見人の解任、後見人の欠格事由について、未成年後見と成年後見は同一である（民法843

〈61〉児童相談所長による未成年後見人選任請求は、全国で2010年度5件、2011年度8件、2012年度26件、2013年度56件、2014年度40件である（東京都児童相談所『事業概要2016年版』）。大半が児童相談所長による親権喪失又は親権停止（2012年4月改正法施行）の審判申立ての関連事案とみられ、2012年以降は親権停止審判の増加に伴うものと推測される。

なお、市区町村長は、老人福祉法32条、知的障害者福祉法28条、精神保健福祉法51条の11の2に基づき、身寄りのない高齢者や知的障害者、精神障害者について、とくに必要があると認めるときは、法定後見開始の審判の請求をすることができる。直近の実績では、「本人の子」に次いで、市区町村長が第2番目の申立人になっている。〈62〉

6　被後見人の身上監護と身上配慮

(1) 親権者の権利義務

親権者による親権の行使の内容としては、すでに述べたとおり、第一に、親権を行う者は、子の利益のために、子の監護および教育をする権利を有し義務を負うことである（民法820条）。ここに「親権を行う者」とは、通説では親権者と同義と解されている。〈63〉第二に、子は、親権者が指定した場所に、その居所を定めなければならない（民法821条）。第三に、親権者は、民法820条の規定による監護および教育に必要な範囲内でその子を懲戒することができる（民法822条）。第四に、子は、親権者の許可を得なければ、職業を営むことができない（民法823条）。

(2) 未成年後見人の権利義務

未成年後見人は、未成年被後見人の身上監護に関する権利と義務、すなわち、監護および教育の権利義務、居所指定権、懲戒権、職業許可権について、親権者と同一の権利と義務を有する（民法857条）。ただ、日本国憲法、児童福祉法2条1項および児童の権利に関する条約12条に基づいて、未成年後見人は、未成年被後見人の年齢や成長段階に応じて、その意見を表明する権利を尊重しなければならない。

未成年後見人は、未成年者の身上監護においては、まさに親代わりであり、親権の延長線上で親権制度を補完するものであるが、未成年被後見人を直接養育するという事実行為は含まれない。未成年後見人が祖父母など近親者である場合を除くと、一般に未成年者本人は、入所施設や里親による社会的養護に委ねられることが多い。

〈62〉平成28年（2016年）における市区町村長の申立件数は、後見・保佐・補助を合計して6,466件であり、「本人の子」の10,023件に次ぐ（前掲・最高裁『成年後見関係事件の概況（平成28年1月～12月）』）。

〈63〉前掲・我妻栄『親族法』321頁。

また、未成年被後見人の入院、手術、予防接種など様々な医的侵襲行為等について、未成年後見人は、親権者と同様に、医療行為の同意に関する代理権を有すると解される。

（3）成年後見人の権利義務

成年後見人は、成年被後見人の生活、療養看護等に関する事務を行うときは、成年被後見人の意思を尊重し、かつ、その心身の状態および生活の状況に配慮しなければならない（民法 858 条）。ここでは、成年被後見人の意思の尊重および身上配慮は、成年後見人の義務として法に明記されている。

成長段階にある未成熟な未成年者と様々な社会経験を経てきた成年被後見人を同一視することはできない。しかし、成年被後見人には知的障害者や精神障害者が含まれていることも勘案すると、成年後見における成年被後見人の本人意思の尊重と身上配慮義務の趣旨は、未成年者に対する意見表明権の尊重と身上監護義務とほぼ同義であると解される。

身上配慮義務履行の具体的内容は、たとえば、日常の介護および生活の維持、住居の確保、施設の入退所契約、医療契約などである。

ただし、身上配慮には、成年被後見人への直接の介護や看護という事実行為は含まれない。また、手術や各種治療や病院への入院など、成年被後見人が医的侵襲行為等を受けること自体については、成年後見人の身上配慮の権限は及ばず、代理権も有さない。

（4）婚姻の同意

未成年の子が婚姻をするには、父母の同意を要するが（民法 737 条）、成年被後見人が婚姻をするには、その成年後見人の同意を要しない（民法 738 条）。

（5）認知能力

認知をするには、父又は母が未成年者であっても、その法定代理人すなわち親権者や未成年後見人の同意を要しない。同様に、父又は母が成年被後見人であっても、成年後見人の同意を要しない（民法 780 条）。

（6）養子縁組

未成年後見人が未成年被後見人を養子とするには、家庭裁判所の許可を得なければならない（民法 794 条）。

また、養子となる者が 15 歳未満であるときは、その法定代理人（親権者、未成年後見人）が、本人に代わって、縁組の承諾をすることができるが（民法 797 条）、この場合、家庭裁判所から未成年者養子の許可を得なければならない（民法 798 条）。ただし、特別養子縁組の場合は、実父母の同意が必要であ

り、家庭裁判所の審判によって成立するため（民法817条の2、817条の6）、未成年後見人に代諾権はないが、家庭裁判所は、審判をするとき未成年後見人の陳述を聴かなければならない（家事事件手続法164条）。

成年被後見人が養子縁組をするには、その成年後見人の同意を要しない（民法799条）。一方、成年後見人が成年被後見人を養子とするには、家庭裁判所の許可を得なければならない（民法794条）。

（7）遺言能力

ア　未成年者

未成年者であっても、15歳に達した者は、遺言をすることができる（民法961条）。ただし、遺言をする未成年者は、遺言をする時においてその意思能力を有しなければならない（民法963条）。また、未成年被後見人が、後見の計算の終了前に、未成年後見人又はその配偶者若しくは直系卑属の利益となるべき遺言をしたときは、その遺言は無効となる（民法966条）。

イ　成年被後見人

成年被後見人の法律行為の制限は、遺言については適用されないため、成年被後見人は遺言をすることができる（民法962条）。ただし、遺言をする成年被後見人は、遺言をする時においてその意思能力を有しなければならない（民法963条）。また、成年被後見人が、後見の計算の終了前に、成年後見人又はその配偶者若しくは直系卑属の利益となるべき遺言をしたときは、その遺言は無効となる（民法966条）。成年被後見人が事理弁識能力を一時回復した時において遺言をするには、医師2人以上の立会いがなければならない（民法973条）。

7　複数の後見人の権限行使

（1）複数の未成年後見人がいる場合

ア　共同行使の原則

未成年後見人が複数あるときは、共同してその権限を行使する（民法857条の2第1項）。ここに「共同してその権限を行使する」とは、原則として、複数の未成年後見人が、身上監護および財産管理のいずれについても、共同すなわち全員一致して権限を行使することをいう。

イ　財産管理の権限のみを有する未成年後見人

未成年後見人が複数あるときは、家庭裁判所は、職権で、その一部の者について、財産に関する権限のみを行使すべきことを定めることができる（民法

857条の2第2項)。この場合、その定めをされた未成年後見人は財産管理の権限のみを有することになるため、他の未成年後見人は身上監護を行い、さらに財産管理も行うことになる。

ウ　財産管理について単独による行使又は事務分掌による行使

　未成年後見人が複数あるとき、家庭裁判所は、職権で、財産に関する権限について、各未成年後見人が単独で権限を行使すること、又は複数の未成年後見人が事務を分掌してその権限を行使すべきことを定めることができる(民法857条の2第3項)。

　財産管理に関して単独行使が定められたときは、各未成年後見人は財産管理の権限を単独で行使し、事務分掌が定められたときは、各未成年後見人は定められた分掌範囲で独立して権限を行使する。

エ　共同行使の原則と財産管理における例外

　民法857条の2の文理上、身上監護に関する権限のみを有する未成年後見人は認められず、また、身上監護について権限の単独行使や事務分掌の定めをすることは認められないものと解される[64]。すなわち、身上監護は必ず共同行使であるのに対し、財産管理では単独又は事務分掌による行使などの例外が認められているのである。

オ　複数の未成年後見監督人の権限行使

　複数の未成年後見監督人がいる場合も、未成年後見人と同様の権限の行使となる(民法852条)。

(2) 複数の成年後見人がいる場合

　複数の成年後見人の権限は、単独行使が原則である。ここに単独行使とは、各成年後見人が単独で事務全般にわたる代理権や取消権などの権限を行使することができることをいう。一人の成年後見人の行った法律行為は有効であり、別の成年後見人がこれを取り消すことは原則としてできない。

　成年後見人が複数いるとき、家庭裁判所は、職権で、複数の成年後見人が共同して又は事務を分掌して、その権限を行使すべきことを定めることができる(民法859条の2)。すなわち、複数の成年後見人がいる場合の後見事務は単独行使が原則であるが、必要な場合には、家庭裁判所の職権により、事務の共同行使や分掌が認められるものと解されている[65]。

　共同行使の場合は、全員一致した場合のみ権限を行使することができ、分掌

---

[64] 前掲・安倍嘉人ほか監修『子どものための法律と実務』51頁。
[65] 前掲・於保不二雄編『新版注釈民法(25)親族(5)改訂版』415頁。

の場合は、各成年後見人は分掌された範囲では独立して権限を行使することができる。分掌の例としては、財産管理の事務は弁護士に分担させ、身上配慮に関する事務は社会福祉士に分担させることなどが想定される。

このように、複数の未成年後見人の権限の行使に関する規定と複数の成年後見人の権限の行使に関する規定は、その細部において規律が異なっている点に留意する必要がある。

8 財産の管理および代表

(1) 親権者による子の財産管理

親権者は、子の財産を管理し、かつ、その財産に関する法律行為について、代理権、同意権、取消権、追認権を有する（民法824条）。当該未成年者の行為を目的とする債務を生ずべき場合には、本人の同意を得なければならないとされているが（民法824条ただし書）、労働基準法58条により親権者又は未成年後見人による労働契約の締結が禁止されているため、適用される事案は稀である。また、無償で子に財産を与える第三者が、親権者にこれを管理させない意思を表示したときは、その財産は、親権者の管理に属さない（民法830条）。

親権喪失の審判を受けた父又は母は、子の財産に関し、一切の代理権・同意権・取消権・追認権を喪失する。2年を超えない範囲内で親権停止の審判を受けた父又は母は、その停止期間中は、子の財産に関し、一切の代理権・同意権・取消権・追認権を喪失する。管理権喪失の審判を受けた父又は母は、子の財産管理のみに関して、一切の代理権・同意権・取消権・追認権を喪失する。

(2) 未成年後見人による未成年被後見人の財産管理

未成年後見人は、未成年被後見人の財産を管理し、その財産に関する法律行為について、親権者と同様の代理権を有する。未成年被後見人の法律行為についての同意権、取消権、追認権についても、親権者と同様の権利を有する（民法859条）。

(3) 成年後見人による成年被後見人の財産管理

成年後見人は、成年被後見人の財産を管理し、その財産に関する法律行為について成年被後見人を代表し、代理権を有する（民法859条）。ただし、当該成年被後見人の事実行為を目的とする債務を生ずべき場合には、本人の同意を得なければならない。成年被後見人は、日用品の購入その他日常生活に関する行為を除き、単独の法律行為は認められていないため、成年後見人は全般的な代理権と取消権のみを有する。

ただし、成年後見人は、成年被後見人に代わって、その居住する建物又は敷地を売却、賃貸、賃貸借の解除又は抵当権の設定その他これらに準ずる処分をするときは、家庭裁判所の許可を得なければならない（民法859条の3）。

9 利益相反行為

（1）親権者との利益相反行為

　親権を行う父又は母とその子との利益が相反する行為については、親権者に代理権や同意権などがないため、親権者は、その子のために特別代理人を選任することを家庭裁判所に請求しなければならない（民法826条）。ここに利益相反行為とは、その法律行為の内容が、親権者の利益になる一方で子にとって不利益になるものをいう。

　利益相反行為の例として、親権者が自己の債務のために子の不動産に抵当権を設定すること（最判昭和37年10月2日民集16巻10号2059頁）、未成年者と親権者が共同相続人である場合に親権者が当該未成年子を代理して相続放棄をすること（最判昭和53年2月24日民集32巻1号98頁）などが代表的な判例である。

　また、当該法律行為が利益相反行為にあたるかどうかの判断基準について、判例（最判昭和42年4月18日民集21巻3号671頁など）は、取引の安全を重視し、もっぱら行為の外形からのみ判断する形式的判断説に立つが、近時の多数説（実質的判断説）は、具体的な事情について実質的に判断すべきであるとする。[66]

（2）未成年後見人との利益相反行為

　未成年後見人と未成年被後見人との利益が相反する行為については、未成年後見人は、その未成年被後見人のために特別代理人を選任することを家庭裁判所に請求しなければならない。ただし、未成年後見監督人がある場合は、未成年後見監督人が未成年被後見人を代理するためその必要がなく、この点で親権者の場合とは異なっている（民法860条）。

（3）成年後見人との利益相反行為

　成年後見人と成年被後見人との利益が相反する行為については、成年後見人は、その成年被後見人のために特別代理人の選任を家庭裁判所に請求しなければならない。ただし、成年後見監督人がある場合は、成年後見監督人が成年被

---

[66] 前掲・於保不二雄ほか編『新版注釈民法（25）親族（5）改訂版』138頁。

10　後見人の報酬、事務費用

（1）親権者の報酬
　親権者に報酬は与えられない。ただし、子の養育費および財産の管理の費用は、子の財産の収益と相殺したものとみなされるため、親権者には事実上の報酬が支払われる場合もある。親権の収益性の容認と解することができ、子の利益保護の観点からは、民法828条ただし書は検討を要する。

（2）未成年後見人・成年後見人の報酬
　家庭裁判所は、未成年後見人および未成年被後見人、成年後見人および成年被後見人の資力その他の事情によって、未成年被後見人・成年被後見人の財産の中から、相当な報酬を後見人に与えることができる（民法862条）。

11　財産管理の注意義務

（1）親権者の注意義務
　親権者は、子の財産管理において、自己のためにするのと同一の注意をもって、その管理権を行わなければならない（民法827条）。自己のためにするのと同一の注意とは、親権者の注意能力に応じた具体的な注意義務を指す。
　親権者は、子が成年に達したとき、遅滞なくその管理の計算をしなければならないが、その子の養育および財産の管理の費用は、その子の財産の収益と相殺したものとみなされるため（828条）、現実に管理の計算が行われる事案は少ないと思われる。

（2）未成年後見人・成年後見人の注意義務
　未成年後見人および成年後見人は、善良な管理者の注意をもって、後見事務を処理する義務を負う（民法869条）。善良な管理者の注意義務とは、後見人の属する職業や社会的地位に応じて通常期待される程度の抽象的な注意義務を指す。
　後見については、未成年後見人および成年後見人ともに、後見事務に関する善管注意義務があるため、後見の財産管理において被後見人の財産に損害を与えた場合、未成年後見人若しくは成年後見人は、債務不履行責任又は不法行為責任を負う。
　未成年後見人又は成年後見人は、後見人に就職後遅滞なく被後見人の財産調査に着手し、1か月以内に終了して目録を作成しなければならないが（民法

853条)、親権者はこのような義務を課されていない。また、後見人の任務が終了したとき、未成年後見人又は成年後見人は、2か月以内にその管理の計算をしなければならない（民法870条）。

12　親族後見人による横領と刑事責任

　直系血族等の親族の未成年後見人が、その管理に係る未成年被後見人の財産を横領した場合、刑法255条により同法244条1項を準用して刑を免除する「親族相盗例」の適用はなく、業務上横領として刑事責任を負う。最高裁判所は、未成年後見人である祖母が共犯者2名と、未成年被後見人である孫から預かり保管中の預金口座から高額の現金を引き出した横領事件について、「未成年後見人の後見の事務は公的性格を有するものであって、家庭裁判所から選任された未成年後見人が、業務上占有する未成年被後見人所有の財物を横領した場合に、……刑法244条1項を準用して刑法上の処罰を免れるものと解する余地はないというべきである」（最決平成20年2月18日刑集62巻2号37頁）とし、たとえ祖母であっても親族相盗例の適用はなく、業務上横領罪としての処罰は免除されないとした。

　同様に、親族の成年後見人による成年被後見人の財産横領の場合も、家庭裁判所から選任された成年後見人の後見の事務は公的性格を有するものであるため、親族の成年後見人に親族相盗例の適用はなく、刑事責任を負う（最決平成24年10月9日刑集66巻10号981頁）。

13　その他の事項

　相手方の催告権（民法20条）、被後見人の詐術（同21条）、後見監督人の選任・欠格事由・職務（同849条～852条）などについては、未成年後見と成年後見との間に相違点はない。

IV　今後の後見制度

1　児童の養育と高齢者介護の社会化

　わが国における著しい家族の変容と少子高齢化の急速な進展は、児童の養育と高齢者の介護に大きな変化をもたらした。

　2000年4月から高齢者の介護は、かつての配偶者や嫁などによる家族介護

から、介護保険制度を中核とする社会的介護へと転換した。契約による福祉サービスを基本とする介護保険制度をすすめるためには、成年後見制度の創設と拡大が必要とされた。

　また、児童虐待事案の急増や働く母親の増加などにより、児童福祉サービスの需要が拡大した。児童の養育においても、父母による第一義的な養育責任とともに、国や自治体の支援による社会的養育を重視する施策に、行政は大きく転換しつつある。父母と死別したり、父母が親権喪失や親権停止の審判を受けた児童については、児童相談所長（知事の委任）のとる児童養護施設への入所措置や里親委託による養育とともに、未成年後見人による身上監護と財産管理が不可欠となっている。

　このような児童に対する社会的養育と高齢者に対する社会的介護の需要が増えることにより、その帰結として、それぞれ新しい未成年後見制度と成年後見制度の積極的利用が必要となる。明治民法以来、近接領域でありながら異なる制度として運用されてきた二つの制度は、今日では共通の新しい後見制度として収斂しつつあるように思われる。

2　今後の未成年後見制度への期待

　未成年後見については、2012年4月の改正民法施行後、未だ選任件数の増加など目に見えるような効果は確認できない。ただ、未成年被後見人が生命保険金など多額の資産を有している場合も少なくないため、今回の民法改正で複数後見と法人後見が許容されたことを契機に、家庭裁判所における未成年後見人選任の実務が変わる可能性がある。親族や社会福祉士は主として身上監護を担いながら財産管理にも配慮し、弁護士は主として財産管理を行うような緩やかな事務分掌をすることによって、親権者のいない未成年者の権利を長期にわたり安定して保護することが可能になるからである。

　また、親族による養育ではなく、児童養護施設に入所措置された未成年者については、施設を運営する社会福祉法人が、当該未成年者の法人後見人となる事案の増加が予想される[67]。この点で、児童相談所長（知事の委任）による入所措置を受け入れた法人を未成年後見人に選任することは児童福祉法の予定す

---

[67] 平成24年度（2012年度）の全国の児童相談所長による複数人又は法人の未成年後見人選任の申立件数13件のうち、法人後見人は、児童の入所施設の設置主体である社会福祉法人や後見事業を専門としたNPO法人が多い（厚生労働省『平成25年度全国児童福祉主管課長・児童相談所長会議資料』2013年）。

る権限関係と整合しない、との反対説がある。しかし、父母との死別などによって養育者がいなくなった要保護児童について、児童相談所長（知事の委任）が児童福祉法27条1項に基づく行政処分として施設入所措置をとった場合、定員超過など特段の理由がない限り、当該入所施設は受け入れを拒否することができない。また、児童福祉法27条4項は、親権者又は未成年後見人があるときには、その同意の下に入所措置をとるべきことを定めたものにすぎず、仮に同意を得られない場合も、同法28条に基づく家庭裁判所の承認があれば入所措置をとることは可能である。すなわち、児童養護施設の運営法人が入所児童の未成年後見人に選任されたとしても、その児童の施設入所措置を拒否することなど現実にはあり得ないし、児童福祉法上も認められていないのである。

したがって、入所施設を運営する社会福祉法人が、現に入所措置されている未成年者の法人後見人になることに何ら問題はなく、児童福祉法上も適法であり、現実には入所児童の最善の利益に資する事案が少なくないと考える。もとより、多額の資産を相続した未成年者のように、施設や法人と利益相反の可能性がある場合は、弁護士や社会福祉士などを加えた複数後見にするなどの対応が必要であろう。

さらに、児童相談所長は、親権喪失や親権停止の審判に係る虐待された未成年者だけではなく、一般の親権者のいない未成年者についても、児童福祉法に基づき未成年後見人の選任請求を行う必要がある。これは、成年後見における市区町村長申立てと同様に、当該未成年者の保護に関する管轄行政機関にとって、法で明記された義務である。2012年から未成年後見人支援事業が施行されており、今後、児童相談所長による未成年後見人選任請求が積極的に実践されることを願う。

当面、公的後見に準ずるものとして市区町村の成年後見センターや社会福祉協議会、あるいは未成年者の権利擁護に熱意のある社会福祉法人やNPO法人、さらに今後増加が予想される開業社会福祉士が、未成年後見人の受任についても所管業務を拡大し、地域内の親族に養育されている未成年者や里親委託された未成年者の身上監護と財産管理を担当することを期待する。

〈68〉前掲・飛澤知行編著『一問一答　平成23年民法等改正』69頁。

第4章
児童福祉法による児童の保護

I　親権喪失審判の請求等

1　児童相談所長による親権喪失の審判申立て等

（1）意義

　既述のとおり、親権喪失、親権停止、管理権喪失の審判の申立ては、子や親族や未成年後見人等だけでなく、児童福祉法33条の7により児童相談所長にも認められている。さらに、児童福祉法33条の7は、18歳未満の児童だけでなく、児童福祉法による援助対象外の18歳以上20歳未満の未成年者についても、児童相談所長に親権喪失や親権停止等の申立権を認めている。その趣旨は、現実に18歳と19歳の未成年者が親から重篤な虐待を受ける場合が少なくなく、児童相談所長が未成年者に代わって自らの権限である親権喪失の審判等の申立てを行い、当該未成年者の権利を保護することにある。

　児童相談所長は、その親権喪失・親権停止などの申立権を積極的に活用し、性的虐待などの重篤な虐待から未成年者を保護する行政上の責務を負わされているのである。

（2）現状

　児童相談所長は、親権者がその親権の行使において困難又は不適当であることにより子の利益を害するときなどは、親権喪失の審判あるいは親権停止の審判、管理権喪失の審判の請求をすることができる。また、併せて、親権職務執行停止又は親権職務代行者選任の保全処分の申立てをすることができる。

　民法838条によって、親権喪失の審判、親権停止の審判、管理権喪失の審判が行われると同時に未成年後見が開始されるため、その際には、児童相談所

長は、未成年後見人選任の請求を行うことを義務づけてられている。

　全国の児童相談所長による親権喪失等の請求件数は、2011年の民法改正後の2012年が親権喪失10件、親権停止10件、2013年が親権喪失8件、親権停止47件、2014年が親権喪失14件、親権停止34件、2015年が親権喪失4件、親権停止50件、2016年が親権喪失7件、親権停止74件となっている[69]。児童相談所長による親権喪失の審判申立ては民法改正前より若干増加し、親権停止の審判は着実に50〜70件程度の申立てが行われている。これは各児童相談所長が、2011年民法改正で創設された親権停止の審判制度を、児童虐待の事案において積極的に活用し始めたことを示している。

　ただ、2014年においては、審判申立後に親権喪失は42.9％、親権停止は35.3％、2015年では親権喪失は0％であるが、親権停止は30％が取り下げられている。2016年は、親権喪失が0％、親権停止は13.5％が取り下げられている[70]。児童相談所長による親権喪失の審判申立ては、子の利益を著しく害するというきわめて厳しい家族関係に対して慎重な検討を経たうえで行われるものであり、本案の取り下げを前提とした保全処分の申立てが主目的とは考え難く、安易な取り下げが行われていないか危惧を抱く。一方、親権停止については、手術や輸血などの医療同意において保全処分による対応で解決し得た事案も想定し得るが、それでも取り下げ率の高さが気になるところである。親権喪失や親権停止の審判申立ては、長期的な視点から当該虐待を受けた子の最善の利益に配慮して行うべきものであり、虐待親との交渉材料として利用すべきではない。仮に不明確な援助方針の下で親権喪失や親権停止の審判を申し立てたり、一方で虐待親の強固な要求に応じて安易に審判申立ての取り下げを行っているとすれば、それはソーシャルワークの基本原則から逸脱するだけでなく、虐待を受けた子の利益に反する措置となろう。

（3）親権喪失の審判等の請求義務

　児童相談所長による親権喪失の審判等の請求は、未だ決して多いとはいえない。旧制度の下では、その理由として、現行親権制度下での親権喪失審判の法的効果の大きさ、さらに審判まで6か月、事案によっては1年超の長い期間

〈69〉 前掲・最高裁判所事務総局家庭局「親権制限事件の動向と事件処理の実情」（平成24年、平成25年、平成26年）、同「親権制限事件及び児童福祉法28条事件の概況（平成27年1月～12月）」、同「同（平成28年1月～12月）」。

〈70〉 前掲・最高裁「親権制限事件の動向と事件処理の実情（平成26年1月～12月）」、同「親権制限事件及び児童福祉法28条事件の概況（平成27年1月～12月）」、同「同（平成28年1月～12月）」。

を要すること、家庭裁判所が親権喪失の審判に消極的なことなどが、かつて指摘された。ただ、直近の2016年の家裁実務においては、親権喪失の審判は2か月以内に20.5％、4か月以内に48.7％、親権停止の審判は2か月以内に27.8％、4か月以内に63.5％の事件が終局しており、親権制限事件における審理期間は大幅に短縮されている。終局結果も、児童相談所長による申立事案では、親権喪失が認容された事案は71％、親権停止が認容された事案は、取下げを除くと93％となっている[71]。この点で、2011年の民法改正を契機として、家庭裁判所における親権喪失、親権停止の審判における迅速化が進み、申立ての認容についても積極的であることが窺える。

　他方、親権喪失と親権停止の審判に共通するものであるが、親権喪失・親権停止審判後の未成年後見人選任の困難性は現実には大きな壁であり、親権職務代行者や未成年後見人の戸籍登載も児童相談所の親権喪失の審判等の申立てにおける消極性の要因の一つとなっている。

　しかし、重篤な身体的虐待、著しいネグレクトあるいは性的虐待などのように、適切に親権を行使するどころか、子の権利を著しく侵害する父母も決して少なくない。未成年後見人への法人後見や複数後見の容認などによって親権喪失の審判の障壁は低くなっており、児童の利益のためにとくに必要があると判断した場合には、児童相談所長は、家庭裁判所への親権喪失の審判請求をためらうべきではない。一方、親権停止の審判については、児童相談所長による申立てが着実に行われており、今後も2011年民法改正の立法趣旨に沿った積極的な活用を望みたい。

（4）親権喪失制度の積極的活用

　被虐待児の保護においては、児童相談所による被虐待児の安全の確保、施設からの親権者の強引な連れ戻しなどに対応できることが必須の条件である。そのためには、親権喪失の審判については、家庭裁判所での審理において迅速で積極的な運用を図ることにより、被虐待児童の保護のために実効性のある制度にしなければならない。

　児童虐待の防止等に関する法律15条は、「民法に規定する親権の喪失の制度は、児童虐待の防止及び児童虐待を受けた児童の保護の観点からも、適切に運用されなければならない」と規定する。しかし、当該規定は訓示規定の域を出ず、家庭裁判所の実務における親権喪失の審判の指標は、親権喪失による親

---

[71] 前掲・最高裁「親権制限事件及び児童福祉法28条事件の概況（平成28年1月～12月）」。

子関係の断絶が児童に及ぼす影響の見極め、さらに児童の将来にとってふさわしい未成年後見人がいるかどうかであるように思われる。

　2011年民法改正により、裁判実務における対応は変化しつつあるとの印象を持つが、実子が餓死しつつあるのを毎日平然と眺めていたり、実子や養子へ性的虐待を長期にわたって継続するなどの児童虐待の実情を直視したとき、親としての義務不履行と子への権利侵害を積極的に認定するべき事案は少なくないと考える。児童相談所長が親権喪失の審判を請求するかどうかについては、当該未成年子の利益を絶対的な指標と位置づけ、子の利益を侵害する父母の親権を未成年後見人に委ねることが、当該未成年子の最善の利益になるかどうかで判断すべきである。

　また、家庭裁判所には児童虐待の実情に則した司法権の行使と積極的な運用を望みたい。児童虐待事件において、親としての資格を欠くような場合、あるいは重篤な精神疾患等により親たり得ない場合などには、児童の最善の利益のために、躊躇することなく親権喪失の審判がなされるべきである。

2　親権喪失審判事件等を本案とする保全処分

　家事事件手続法105条1項は、本案の家事審判事件が係属する家庭裁判所は、家事事件手続法の定めるところにより、仮差押え、仮処分、財産の管理者の選任その他の必要な保全処分を命ずる審判をすることができると規定している。

　親権に関する審判事件においても、家事事件手続法174条は、この保全処分を認めている。同法174条1項に基づき、家庭裁判所は、親権喪失、親権停止又は管理権喪失の申立てがあった場合、子の利益のために必要があると認めるときは、親権喪失の審判等が効力を生ずるまでの間、親権者の職務の執行を停止し、又はその職務代行者を選任することができる。

　また、同法174条2項は、親権者の職務執行停止の審判は、職務執行を停止される親権者や子に対し親権を行う者だけでなく、選任された職務代行者に告知することによって、その効力を生ずるとしている。これは職務執行を停止される者が審判の告知の受領を拒否したり、突然に行方不明になるなどの事態にも対処することができるように保全処分の効力発生要件とその時期を明確化したものである。[72]

　さらに、この親権者の職務執行停止および職務代行者選任の審判については、

〈72〉秋武憲一編著『概説　家事事件手続法』216頁（青林書院、2012年）。

家事事件手続法 116 条および家事事件手続規則 76 条に基づき、当該児童に係る戸籍への記載の嘱託が行われる。適任の未成年後見人の候補者が見つからず、暫定的に児童相談所長が未成年後見人に就職した場合も、現行法では所長個人として、当該未成年者に係る戸籍事務を管掌する者（市区町村）に対し、裁判所からの嘱託記載が通知される。

　なお、未成年後見人による未成年被後見人の財産横領など不正な行為、あるいは当該児童への虐待などがあった場合、児童相談所長は、児童福祉法 33 条の 9 に基づき、家庭裁判所に未成年後見人の解任請求をすることができる。同時に、未成年後見人解任の審判事件を本案として、家事事件手続法 181 条に基づき、当該未成年後見人の職務の執行を停止し、又は職務代行者を選任する保全処分を申し立てることができる（家事事件手続法 127 条を準用）。

3　親権の一時代行

　2011 年の児童福祉法改正により、児童相談所長などによる親権の一時代行の要件等が拡大した。児童相談所長等による親権の一時代行などに係る児童福祉法の規定は、次のとおりである。

（1）一時保護を行った児童に係る児童相談所長の親権の一時代行

ア　親権者等のない場合

　児童相談所長は、一時保護が行われた児童で親権者又は未成年後見人のないものに対し、親権者又は未成年後見人があるに至るまでの間、親権を行う。ただし、民法 797 条に基づく養子縁組の代諾については、都道府県知事の許可を得なければならない（児童福祉法 33 条の 2 第 1 項）。

イ　親権者等のある場合

　児童相談所長は、一時保護が行われた児童で親権者又は未成年後見人のあるものについても、監護、教育および懲戒に関し、その児童の福祉のため必要な措置をとることができる。この場合、児童の親権者等は、当該措置を不当に妨げてはならない。また、当該措置は、児童の生命又は身体の安全を確保するため緊急の必要があると認めるときは、その親権者等の意に反しても、これをとることができる（児童福祉法 33 条の 2 第 2 項、3 項、4 項）。

（2）児童福祉施設の長、里親、児童相談所長による親権の一時代行

ア　親権者等のない場合

　児童福祉施設の長は、入所中の児童又は児童以外の満 20 歳未満の者（以下、「児童等」という）で親権者又は未成年後見人のないものに対し、親権者又は

未成年後見人があるに至るまでの間、親権を行う。また、児童相談所長は、小規模住居型児童養育事業を行う者（ファミリーホーム）又は里親に委託中の児童等で親権者又は未成年後見人のないものに対し、親権者又は未成年後見人があるに至るまでの間、親権を行う。ただし、いずれの場合も、民法797条に基づく養子縁組の代諾については、都道府県知事の許可を得なければならない（児童福祉法47条1項、2項）。

イ　親権者等のある場合

　児童福祉施設の長又は里親等は、入所中又は受託中の児童等で親権者又は未成年後見人のあるものについても、監護、教育および懲戒に関し、その児童等の福祉のため必要な措置をとることができる。児童等の親権者又は未成年後見人は、当該措置を不当に妨げてはならない。当該措置は、児童等の生命又は身体の安全を確保するため緊急の必要があると認めるときは、その親権者等の意に反しても、これをとることができる（児童福祉法47条3項、4項、5項）。

ウ　未成年後見人の選任請求中の場合

　既述のとおり、児童相談所長は、親権者のない児童等について、その福祉のため必要があるときは、家庭裁判所に対し未成年後見人の選任を請求しなければならないが、この場合、未成年後見人があるに至るまでの間、児童相談所長は、当該親権者のない児童等に対して親権を行う。ただし、民法797条に基づく養子縁組の代諾については、都道府県知事の許可を得なければならない（児童福祉法33条の8）。

(3) 親権の一時代行の効力

　親権者等のない児童に係る親権の一時代行については、いずれも「親権者又は未成年後見人があるに至るまでの間」と規定されているとおり、ごく短期間の簡易な事項に関して児童相談所長等に親権の一時代行を認めているものと解する。児童福祉法においては、児童相談所長に親権者の不存在の場合には未成年後見人の選任請求をすることが義務づけられており、速やかに家庭裁判所の選任に係る未成年後見人の職務に委ねることが当該未成年子の利益に資することになる。

　もしも親権者のある一時保護中の児童について医的侵襲行為などが必要になったとき、親権者の同意が得られない場合には、児童相談所長は、親権停止の審判の請求を本案とする保全処分で親権者の職務停止と親権職務代行者の選任を申し立て、当該親権職務代行者の同意により医療行為を行うべきである。この保全処分の審判を待っていては児童の生命、身体の安全を確保できないほ

どの緊急性がある医療行為についてのみ、医療機関の理解を得て、児童相談所長による親権の一時代行による医療同意で対応することとなる。それは重篤な疾病でかつ緊急手術等の必要があるなど緊急避難的な場合に限定されるものであり、医療機関への法的強制力はないものと解される。

また、児童福祉施設入所措置又は里親委託されている親権者のある児童に関して、児童福祉法47条に基づく児童福祉施設の長や里親等による親権の一時代行についても、前述の一時保護の場合と同様に、家庭裁判所の審判を待つ時間的な余裕のない緊急性のきわめて高い事案に限られるものと解する。

II　児童福祉法 28 条の申立て

1　児童福祉法 28 条の法理

第3編2章IIIですでに述べたところであるが、保護者がその児童を虐待し、著しくその監護を怠り、その他保護者に監護させることが著しく児童の福祉を害する場合において、児童福祉法27条1項3号の措置による親子分離をすることが当該児童の親権者等の意に反するときは、児童相談所長（知事の委任）は、家庭裁判所の承認を得て27条1項3号の措置をとることができる（児童福祉法28条）。

この児童福祉法27条1項3号の措置とは、児童虐待などを原因とする要保護児童につき、児童相談所長（知事の委任）が児童養護施設への入所措置や里親委託をとることをいうが、同条4項は、当該措置は親権者の意に反してとることができない旨を定めている。そこで、親権者の意に反してでも当該児童を施設入所措置するべきと判断した場合は、家庭裁判所の承認を得ることによって当該入所措置が法的に可能となるという趣旨である。

2　児童福祉法 28 条の法的性質

従来から親権との関係で、児童福祉法28条に基づく承認審判の法的性質について、次のように見解が分かれている[73]。
①親権者の監護権停止説
親権者の監護権を停止する効果を持つものとする。

〈73〉 前掲・中村恵「わが国における親権法をめぐる現状」民商法雑誌136巻4・5号457頁。

②親権者の監護権の一部制限説

措置承認審判と抵触する限りで親権者の監護権は制限を受けるとする。

③民法766条の監護処分の拡大適用説

民法上の制度によらずそのような効果を認めることはできないとして、民法766条の定める監護者の決定、変更、その他子の監護についての相当な処分の命令等に係る家庭裁判所の監護処分を拡大適用するものである、とする。

④親権者と施設長間の相対的な親権制約説

児童福祉法28条と同法2条「国と地方公共団体の児童育成責任」の趣旨から、著しく当該児童の福祉を害する状況が続く限りは、親権者と施設長の間においてのみ、相対的に親権者の親権の行使が結果として制約されるとする。

⑤承認審判は親権者同意の擬制説

措置承認審判は親権者の同意に代わるもので、同意を擬制するにすぎないと解するものである。一時的に親権の居所指定権を停止する効力があることは認められるが、家庭裁判所による単なるお墨付きのような入所承認の審判の効果、さらには親権者による入所児童の強制連れ戻しもあり得るという実情を考慮した見解である。

3　児童福祉法28条は事実上の親権一部停止

児童福祉法28条に基づいた家庭裁判所の承認審判に基づく施設入所措置であっても、親権者による児童の強制的な連れ戻しが行われることもしばしばある。その場合、連れ戻した親権者に未成年者略取誘拐罪などの刑事罰が科されたという事案に接したことはない。

しかし、児童虐待の防止等に関する法律12条は、児童相談所長および児童福祉施設長が、入所措置がとられているか一時保護されている場合、児童の保護のために必要があると認めるときは、親権者に対して児童との面会、通信の全部又は一部を制限することができることを規定している。さらに、同条は、児童相談所長は、家庭裁判所の承認審判による入所措置がとられ、又は一時保護されている場合に、親権者による連れ戻しのおそれがある等と認めるときは、当該親権者に児童の入所先を告知してはならないことも明文で定めている。

このように28条の承認審判による入所措置がとられている場合、児童相談所長によって児童の入所先の不告知や親権者に対する児童との面会・通信の制限がなされ得るなどの関連法令も勘案すると、家庭裁判所の承認審判は、児童が施設等に入所している限り、児童相談所長の入所措置権、施設長や里親の監

護・教育・懲戒権が優先し、脆弱ではあるが事実上の親権一部停止と解することができる。⁽⁷⁴⁾

4　児童福祉法28条に係る審判前の保全処分

　児童福祉法28条に基づく入所措置についての承認の審判は、家事事件手続法別表第一127及び128に規定され、後見や保佐開始などと同様に公共的性質を持ち、紛争性が少なく、家事調停の対象にならない「別表第一事件」とされている。また、家事事件手続法239条は、児童福祉法28条の申立てを本案とする保全処分を認めている。

　すなわち、児童福祉法33条2項による一時保護が行われている児童について、児童相談所長（知事の委任）から児童福祉法28条に基づく施設入所措置等の承認申立てがあり、かつ児童虐待の防止等に関する法律12条1項により、当該児童の保護者について児童との面会および通信の全部が制限されている場合、当該児童の保護のため必要があるとき、家庭裁判所は、申立てにより、審判前の保全処分として、承認に関する審判が効力を生ずるまでの間、当該保護者に対し、当該児童の住所若しくは居所、就学する学校その他の場所において当該児童の身辺につきまとい、又は当該児童の住所若しくは居所、就学する学校その他通常所在する場所（通学路その他当該児童が日常生活又は社会生活を営むために、通常移動する経路を含む）の付近をはいかいしてはならないことを命ずることができる。この児童福祉法28条の審判前の保全処分（つきまとい・はいかい禁止）について、全国の家庭裁判所の新受件数は、2016年0件、2015年1件、2014年1件、2013年0件、2012年0件であり⁽⁷⁵⁾、全国の児童相談所においてほとんど利用されていない。親権停止の審判等ではなく、児童福祉法28条の申立てを敢えて選択した児童相談所にとっては、活用困難な申立ての権限であることを示しているといえよう。

　一方、虐待された児童の身柄を児童相談所が確保していない場合の当該児童の身柄確保、あるいは入所措置後の強制連れ戻しの禁止に係る保全処分については、明文規定がないため消極的に解される⁽⁷⁶⁾。この場合、前者については児

〈74〉児童福祉法47条3項、4項、5項。
〈75〉前掲・最高裁判所事務総局家庭局「親権制限事件及び児童福祉法28条事件の概況（平成28年1月〜12月）」。
〈76〉前掲・釜井裕子「児童福祉法第28条第1項第1号の家裁の承認について」は、家事審判規則52条の2（当時）の類推適用で保全処分は可能とする。また、法28条を本案とする保全処分の一部認容の審判例として、浦和家裁審判平成8年3月22日家庭裁判月報48巻10号168頁。

童虐待の防止等に関する法律に基づく強制立入調査と一時保護、後者については親権喪失又は親権停止の審判を本案として申し立て、審判前の保全処分の親権職務執行停止又は職務代行者選任によって対応すべきものと考える。

5　児童福祉法 28 条は必要か

　児童福祉法 28 条は、戦前の旧児童虐待防止法 2 条 3 号を引き継いだものであり[77]、親権停止の審判制度の創設時に廃止すべきであったと考える。この点、2011 年民法改正における法制審議会部会において、親権停止制度と児童福祉法 28 条の要件の比較や役割分担についての議論は行われていない。親権停止制度の創設は民法上の親権制限の拡大であり、その立法趣旨において児童福祉法 28 条との調整は必要ないと判断したものと推測し得る[78]。

　また、親権停止には未成年後見人の選任が必要となるが、児童福祉法 28 条では不要であり、現行法が機関後見を認めていないため、この点では児童相談所にとって利用しやすい制度であることは否定できない。また、親権停止審判、未成年後見人選任、親権職務執行停止、職務代行者選任があった場合、家庭裁判所は、家事事件手続法 116 条および家事事件手続規則 76 条に基づいて、当該児童の戸籍への記載を嘱託するが、児童福祉法 28 条では戸籍への記載は行われない。このことも、児童相談所にとっては、児童福祉法 28 条の方が使い勝手のいい点である。また、厚生労働省の児童相談所運営指針は、虐待を行う保護者が児童相談所による保護者指導に従う意欲を削がない観点から、まず児童福祉法 28 条の申立てを行うことを原則とする、としている[79]。

　しかし、親子分離に際して、親権喪失と親権停止に児童福祉法 28 条の入所承認を加えて、同一平面で並列的に三つの制度を選択肢として設ける必要はない。親権停止の審判と児童福祉法 28 条の入所承認の要件や判断基準については、法の文言が異なっているため厳密に比較することはできないが、いずれも親権者の意に反する親子分離を主目的とし、その期間も 2 年間であることなどを勘案すると、家事審判における認容の判断基準はほぼ変わらず、従来の児

---

[77] 本書 40 頁。町野朔ほか編『児童虐待の防止』6 頁（有斐閣、2012 年）。

[78] 前掲・『議事録』によると、両制度の要件の比較等の議論は行われていない。

[79] 厚生労働省「児童相談所運営指針（平成 2 年 3 月 5 日児発 133 号）」第 4 章第 9 節 2（3）。前掲・安倍嘉人ほか監修『子どものための法律と実務』201 頁は、性的虐待のように将来の親子再統合が望めない場合は親権喪失等の審判請求を第一に検討すべきであるが、まず児童福祉法 28 条による入所措置で対応できないか検討し、同措置が適切でない場合などに親権喪失等の審判請求を行うのが相当であるとする。

童福祉法28条申立てで認容される事案は親権停止の審判でも認容されるものと考えられる。

　親子分離の方法に係る3類型の併存は、児童相談所による事案への対応を複雑にするだけであり、2011年の民法改正で親権喪失に加えて親権停止の審判を創設した意義が損なわれる。児童福祉法28条により施設入所している児童について、手術等の医療行為や契約行為に親権者の同意を得られず子の利益が守られないなどの実情に配慮して親権停止制度が創設されたことを忘れてはならない。今後、児童相談所による重篤な児童虐待に係る強制的な親子分離の実施においては、親権停止の審判の請求を第一義的な対応策としてとることが望ましく、旧児童虐待防止法を引き継ぐ児童福祉法28条は、もはやその役目を終えたものとして廃止されるべきであろう。

Ⅲ　臓器移植への対応

　2009年に臓器の移植に関する法律が改正され、本人の臓器提供の意思が不明の場合であっても、遺族がこれを書面により承諾するときは臓器移植が可能となった。従来は15歳以上の児童の意思表示を有効と認めていたが、法改正の結果、15歳未満の児童が死亡したときも遺族が承諾すれば臓器提供ができるようになったのである。

　この場合、児童虐待を受けた児童が死亡した場合に当該児童から臓器が提供されることのないよう慎重な配慮が求められる。虐待の証拠隠滅のために虐待親の同意によって臓器提供がされる可能性があるからである。

　この点について、臓器の移植に関する法律の附則第5項（平成21年7月17日法律第83号）は、虐待を受けた児童が死亡した場合に当該児童から臓器が提供されることのないよう、移植医療に係る業務に従事する者が当該児童について虐待が行われた疑いがあるかどうかを確認し、その疑いがある場合に適切に対応するために必要な措置を講ずべきことを規定している。これを受けて、厚生労働省は、「臓器の移植に関する法律の運用に関する指針（ガイドライン）」で虐待を受けた児童への対応に関する事項を新たに定め、児童の診療に従事する者は、臓器の提供に至る可能性があるか否かにかかわらず、可能な限り虐待の徴候の有無を確認するよう努めることなどを規定した。さらに、臓器提供施設に対し、当該施設の患者である児童について虐待が行われた疑いがあるかどうかの確認を的確に行うことができるよう、日頃から児童相談所等地

域の関係機関と連携を図ることなどを各都道府県に通知している[80]。

このように同法は、病院内の虐待防止委員会等の院内体制と児童虐待対応マニュアルの整備等を条件として、虐待の徴候の有無あるいは虐待が行われた疑いがあるかどうかの確認を的確に行うことによって、児童からの臓器提供の可否を臓器提供施設である医療機関が判断するものとして運用されている。

しかし、医療機関が児童の臓器移植を判断する際の児童相談所への虐待の有無の照会に対しては、全国の児童相談所において統一した対応がなされていない。その主たる理由は、各自治体における個人情報保護条例の解釈と運用の違いによるものと解される。たとえば、東京都個人情報の保護に関する条例10条は次のように定めており、本条2項4号に該当するかどうかについての児童相談所側の判断となる。

> 10条　実施機関は、保有個人情報を取り扱う事務の目的を超えた保有個人情報の当該実施機関内における利用及び当該実施機関以外のものへの提供（以下「目的外利用・提供」という。）をしてはならない。
> 2　前項の規定にかかわらず、実施機関は、次の各号のいずれかに該当する場合は、目的外利用・提供をすることができる。
> 一　本人の同意があるとき。
> 二　法令等に定めがあるとき。
> 三　出版、報道等により公にされているとき。
> 四　個人の生命、身体又は財産の安全を守るため、緊急かつやむを得ないと認められるとき。

児童相談所は、相談機関として保有する個人情報を保護する義務があることはいうまでもない。一方、児童の権利擁護機関として、児童福祉法や児童虐待の防止等に関する法律を尊重するとともに、臓器移植を必要とする児童の生きる権利にも配慮する義務がある。

本来は臓器の移植に関する法律において、児童相談所の民事・刑事免責と回答義務を明文化することが望ましいが、現行法においても、児童相談所は、臓器の移植に関する法律の立法趣旨に鑑み、臓器提供を行う児童に係る虐待相談の有無の照会に応じるべきであると考える。なかでも、「虐待の相談歴がない」

---

[80] 平成22年6月25日健発0625第2号及び健臓発0625第2号（厚生労働省健康局）。

旨を回答することに何ら問題はない。児童相談所の消極性によって、臓器移植の提供を待ち望んでいる児童の生きる可能性を狭めるべきではない。

　この点、各自治体における個人情報保護審議会において、臓器移植に係る医療機関からの照会に児童相談所は虐待相談の有無を回答することができるとの決定を受けておくことも合法性を担保するための方法であろう。

第5章

司法保護制度の構築

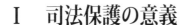

I　司法保護の意義

1　司法保護の必要性

　児童の権利に関する条約19条は、「締約国は、……あらゆる形態の身体的若しくは精神的な暴力、傷害若しくは虐待、放置若しくは怠慢な取り扱い、不当な取扱い又は搾取（性的虐待を含む）からその児童を保護するためすべての適当な立法上、行政上、社会上及び教育上の措置をとる」と規定している。

　わが国は、この条約を批准した締約国の立場からも、虐待防止対策について、児童虐待の実情を児童の権利擁護の観点から直視し、児童の権利を守る制度として再構築する義務がある。そのためには、関係機関による実効性のある虐待対応の実現に向け、民法、児童福祉法、児童虐待の防止等に関する法律などの現行法制とその実施体制を実情に合ったものに見直す必要がある。

　わが子を虐待し、あるいは子の養育に親が義務を果たさず、さらには児童相談所との接触も拒否するような事案については、司法権と検察・警察権を背景とした児童の保護体制を確立して、国と社会が被虐待児の養育責任の主体とならなければならない。すなわち、被虐待児の安全と身柄保護を優先する司法保護制度を構築するということである。

　今後わが国が採用する必要のある裁判所許可など司法保護の内容を考えるにあたり、イギリス、ドイツ、フランスの状況を要約再掲し、さらにアメリカも加えて諸外国の司法保護の実情について概観する。

2　諸外国の実情

(1) イギリス
ア　地方当局および警察による保護

　第4編2章で述べたとおり、イギリスの1989年児童法の枠組みは、法や政府指針に定められた手続に則して、裁判所を中心に迅速で規律ある対応を行うことを柱としている。また、子を養育する第一義的な責任は親にあり、親は子を健全な発達を得た成人に育てる義務の履行によってのみ、親としての地位が正当化されると解されている。[81]

　イギリスおいては、ロンドンなど大都市の区や各州の地方当局は、重大な危害を受けているか又はそのおそれがある児童で、その生命等に対する切迫した危険がある場合には、裁判所による緊急保護命令に基づいて当該児童の身柄保護を行うことができる。また、警察は、重大な危害を受けるおそれがある児童について、警察保護によりその身柄を確保し保護することができる。

イ　緊急保護命令

　裁判所は、地方当局やNSPCC（全国児童虐待防止協会）等の申立てにより、児童を適切な収容施設に移動しなければ、又は児童を現在の病院等に留めて置かなければ、当該児童が重大な危害を受けるおそれがあると認める場合には、緊急保護命令を発令することができる。

　また、地方当局による申立ての場合、1989年児童法に基づいて児童に関する「47条調査」が行われているとき、当該児童との面会が親の理由のない拒否により妨害され、地方当局の児童に対する面会が緊急事項であると認めるときは、裁判所は、緊急保護命令を発令することができる。

　この裁判所の発令する緊急保護命令に基づいて当該児童の緊急保護が行われ、親子分離された児童の地方当局などへの引き渡し、適当な収容施設への児童の移動、病院等からの親の引き取り拒否などが実施される。また、緊急保護命令の有効期間は8日間であるが、1回に限り7日以内の延長をすることができる。

ウ　警察保護

　警察官は、児童が重大な危害を受けるおそれがあると信ずる合理的な理由がある場合には、当該児童を親から分離して、適切な収容施設に移動させること

---

[81] 前掲・秋元美世『児童青少年保護をめぐる法と政策　イギリスの史的展開を踏まえて』215頁。

ができる。また、児童がすでに病院やその他の場所に収容されている場合、親によって当該病院や施設等から移動させられることを阻止する合理的な処置をとることができる。

この警察保護では、裁判所の令状なしで、解錠などによる住居への強制的立入が可能とされ、一時保護における主要な手段となっている。ただし、警察保護は72時間が限度であり、その後は警察官などの申立てに基づく裁判所の緊急保護命令が必要となる。

（2）ドイツ
ア　一時保護

第4編3章で述べたとおり、ドイツでは、少年局が、家庭裁判所の決定や暫定命令に基づいて一時保護を実施する。また、児童が緊急の危機に存し、かつ裁判所の決定を待つ時間的な余裕がない場合、少年局は、児童又は少年の一時保護を義務づけられている。

また、少年局には、児童又は少年の福祉に対する差し迫った危険があるため一時保護の必要があり、かつ身上配慮権者が異議を述べないときなどには、児童又は少年を一時保護する権利と義務がある。

身上配慮権者が一時保護に異議を述べる場合、少年局が当該児童又は少年を身上配慮権者に引き渡すことは通常あり得ず、少年局は、児童又は少年の福祉にとって必要な措置についての家庭裁判所の決定を求めることとなる。家庭裁判所と少年局それぞれの責任と権限が明確である。

一時保護は、少年局の少年援助司が実行し、警察の同行を求めることもできる。ただし、ドアをこじ開けることはできない。緊急の場合には、少年局からの電話やFAXによる要請でも、家庭裁判所は暫定命令を発することができる。必要な場合は、家庭裁判所は、暫定命令に強制執行を加えることができる。

また、家庭裁判所は、親子分離の強制執行を命じることができる。強制執行は、住宅内への立入権限を有する裁判所の強制執行官が実施する。強制執行官は強制的にドアを開ける権限を有しており、実際の解錠作業は消防士や鍵業者が行う。[82]

イ　警察の権限

一時保護について夜間や週末など家庭裁判所の命令を得られないときに、危

---

[82] ドイツの実情については、前掲・平湯真人ほか『ドイツ・フランスの児童虐待防止制度の視察報告書　Ⅰドイツ連邦共和国編』30頁、34頁。前掲・春田嘉彦「ドイツ連邦共和国における児童虐待の取り扱いの実情について」家庭裁判月報58巻1号123頁参照。

険が明白な緊急事態の場合は、警察が、各州の制定する州警察法に基づき児童を保護することができる。ドアの解錠は、消防士や鍵業者に依頼する。ただし、この場合、遅滞なく家庭裁判所に居所指定権剥奪の暫定命令を要請しなければならない。

　警察と少年局は、役割として重なることもあるが、目指すものが異なっているため対立することも多いようである。少年局は、あまり警察に期待しておらず、警察は、少年局が性的虐待を警察に告発しないことを不満に思っているとされている。家庭内の葛藤に警察が介入しないことはわが国と同じである。一方、法律上の根拠はないが、地域によっては、家庭裁判所・少年局・検察庁・警察署などで構成する協議機関を設置し、関係機関が連携して具体的な事案に対応しているところもある。[83]

（3）フランス

　第4編4章のとおり、フランスにおいては、一時保護は親権者の同意の下に行われるのが原則であるが、一時保護に親が同意しない場合、児童の育成扶助を主導する児童裁判官の措置命令によって、ASEが一時保護を実行することができる。

　一時保護に親が同意せず、かつ緊急保護が必要な場合は、児童裁判官が命令を発し、警察が児童の身柄を確保して施設に一時保護することができる。警察は、令状に基づいて、居宅の鍵を解錠し、必要な調査や児童の安全確認と身柄保護をすることができる。親の意に反して、児童の身柄保護等の強制執行も可能である。[84]また、共和国検事も、緊急の場合には、8日間を限度として子の居所の発見と身柄確保を行うことができる。

　フランスでは、このように児童裁判官あるいは共和国検事の命令による警察の強制的な一時保護という法的手段が認められているが、たとえ親子分離をする必要があるケースであっても、その処遇は常に親子再統合のための一時的措置であると考えられている。

（4）アメリカ合衆国（カリフォルニア州）

ア　連邦法と州法

　小児科医ケンプが、1961年にアメリカ小児科学会で被虐待児症候群を議題

〈83〉前掲・平湯真人ほか『視察報告書　ドイツ連邦共和国編』30頁。
〈84〉前掲・松井三郎ほか『ドイツ・フランスの児童虐待防止制度の視察報告書　Ⅱフランス共和国編』42頁。加藤佳子「フランスの児童虐待への対応」吉田恒雄編著『児童虐待防止法制度』96頁（尚学社、2003年）。

にカンファレンスを開催し、翌1962年に論文「The Battered Child Syndrome（被虐待児症候群）」を発表した。この論文は、医学界だけでなく広くアメリカ社会の注目を浴び、政府・議会は、児童虐待を発見した医師に関係機関への通告義務を課す法律を制定するなど虐待防止対策に着手した。これ以来、アメリカは、児童虐待防止において国際的に先導的な役割を果たしている。

アメリカでは、1974年に連邦法として児童虐待の防止及び処遇に関する法律（Child Abuse Prevention and Treatment Act, CAPTA）が制定され、2010年修正のCAPTAは、児童虐待及びネグレクトとは、親又は世話人による行為又は行為の怠慢の結果によって、①死亡（death）、②重大な身体的若しくは精神的な危害（serious physical or emotional harm）、③性的虐待若しくは性的搾取（sexual abuse or exploitation）、④切迫した重大な危害のおそれのある行為若しくは行為の怠慢（act or failure to act which presents an imminent risk of serious harm）であると定義づけている。

全米50州でも、当該連邦法に適応する内容の州法を制定し、児童虐待防止と児童・家庭支援を行っている。

イ　カリフォルニア州

カリフォルニア州では、学校教師、医療関係者などが通告義務者として州法に規定され、民事責任と刑事責任を免除される一方、定められた通告を行わなかった場合には罰則が科される。カリフォルニア州全体を管轄する24時間対応の児童虐待直通電話（child abuse hotline）が設置されている。

カリフォルニア州では、各郡の児童家庭サービス部門が、児童虐待の事案に対応する。関係機関や住民からの虐待通告を受けた児童家庭サービス部門は、通告事案の対応の緊急度をフローチャートシートで自動的に判断し、24時間以内の即時対応か、10日以内の通常対応かのいずれかの方法により調査および対応を行う。ロスアンゼルス郡では児童家庭局（Department of Children and Family Services, DCFS）、サンフランシスコ郡では家庭児童部（Family and Children Services Division, FCS）が所管している。

調査で、緊急対応ソーシャルワーカーは、まず児童の居所を訪問する。その際、親から立ち入りを拒否されたとしても強制的な立入権限はない。親が立入

〈85〉 M.E. ヘルファほか編『虐待された子ども 第5版』64頁（明石書店、2003年）。
〈86〉 CAPTA　Sec.3.General Definitions. 2
〈87〉 町野朔ほか編『児童虐待と児童保護』44頁（上智大学出版、2012年）。
〈88〉 武部知子「アメリカにおける児童虐待関係事件の実務」家庭裁判月報55巻3号55頁（2003年）、前掲・町野朔ほか編『児童虐待と児童保護』49頁。

を拒否するときは警察の協力を求めるが、警察官が立入調査に同行したとしても特別な権限はない。しかし、警察官は、性的虐待など犯罪性のある虐待を中心に、児童虐待に積極的に関与をしている。

　警察官が同行しても立ち入りを拒絶される時、少年裁判所（Juvenile Court）、あるいはロスアンゼルス郡では虐待事件専管の児童裁判所（Edmund D.Edelman Children's Court）から DCFS が立入調査の許可状（Warrant）をとって、強制立入調査を行う。

　児童の身柄の保護については DCFS に法的権限（legal authority）があるので、親の同意がない場合でも裁判所の許可は不要であるが、立入調査については裁判所の許可を必要とする。ただし、DCFS は、児童の身柄を確保してから 48 時間以内に児童裁判所に保護の申立てを行わなければならず、申立てを受けた児童裁判所は、親子分離の継続が必要かどうかを決定する。親子分離の継続が必要であると決定された場合は、当該児童は、離婚したもう一方の親、親戚、里親、グループホームなどの一時委託先で引き続き保護される[89]。

　また、家族外の虐待は警察が対応し、性的虐待・犯罪性の強い身体的虐待は DCFS と警察が協働して対処し、ネグレクト・軽度の身体的虐待・心理的虐待は DCFS 又は警察が担当する。DCFS と警察の役割分担ができており、常時、DCFS と警察は、各報告書を相互に渡しており、それはクロスレポーティングと呼ばれる[90]。

II　裁判所許可の必要性

1　臨検・捜索において

　2008 年 4 月からは、児童虐待の防止等に関する法律の改正法が施行され、強制的立入調査が可能となった。

　しかし、これは児童相談所が出頭要求、立入調査などの一連の手続を経て、最終的に裁判所の許可状を得て自ら行うものである。ソーシャルワーク機関である児童相談所が、臨検・捜索という名の下に、警察権の範疇である強制捜査

---

[89] 前掲・武部知子「アメリカにおける児童虐待関係事件の実務」家庭裁判月報 55 巻 3 号 52 頁、55 頁。前掲・町野朔ほか編『児童虐待と児童保護』51 頁。
[90] 四方燿子ほか『アメリカにおける児童虐待の対応　視察報告書』3 頁（子どもの虹情報研修センター、2004 年）。

を行うことには疑問がある。第3編3章Ⅲで述べたとおり、この臨検・捜索の運用状況は、2012年度1件、2013年度0件、2014年度1件、2015年度3件と全国の児童相談所全体で年1件程度であり、現場で活用することが困難な権限であることを数字が明確に示している。2016年の法改正で再出頭要求の手続を省略できるようになったが、事務手続の簡素化で臨検・捜索の実施件数が急増するとは思えない。

なによりこの臨検・捜索は警察権の職分であり、前述のように諸外国の多くは警察が行っている。児童の生命を守るため、緊急に一時保護をする必要がある場合、その保護者が頑なに居宅内への立ち入りを拒否するのであれば、その実力行使すなわち臨検・捜索については、裁判所が許可し、警察官が主体となって実行すべきものと考える。

2　一時保護において

保護の必要のある児童の一時保護は、通常は保護者の同意の下に行われる。しかし、保護者が不同意の場合でも、一時保護は、児童相談所長（知事の委任）の決定で行うことができ、当該児童や保護者の同意は必ずしも必要ではないとされている。この児童福祉法の「解釈」に基づいて、従来から児童相談所の職権による一時保護が行われている。わが国も批准した児童の権利に関する条約9条1項は、「締約国は、児童がその父母の意思に反してその父母から分離されないことを確保する。ただし、権限のある当局が司法の審査に従うことを条件として適用のある法律及び手続に従いその分離が児童の最善の利益のために必要であると決定する場合は、この限りではない」と規定している。これは児童の施設入所の場合のみならず、一時保護についても妥当しよう。

また、法の適正手続の観点からも、一時保護に保護者の同意が得られない場合は、原則として裁判所の許可によるべきである。前述のとおり、諸外国の多くも裁判所の命令によって児童保護機関あるいは警察が実行している。

ただ、児童相談所の職権による一時保護の事案は、緊急性があり、かつ虐待の程度が重篤である場合が少なくないため、一時保護が一定期間（2週間程度）を超える場合は裁判所の許可を必要とするというように、保護期間の長さによって裁判所許可の要否を決める方法が実情に合っていよう。あるいは、緊急の場合にのみ児童相談所長の決定による一時保護を容認し、その後に親の同意を得られない場合は、一時保護後の一定期間内（2週間程度）に裁判所に事後

承認手続を行うことを義務づけるという方法もあり得る。[91]

　裁判所の許可に基づくものであれば、親の不同意を考慮した上での司法判断となるため、児童相談所に対する父母の反発や憎悪も緩和し、脅迫や加害行為の危険性の縮減、父母への事後の協調的な対応も一定程度は期待できよう。

　なお、2017 年の児童福祉法改正によって、親の同意のない一時保護が 2 か月を超える場合は家庭裁判所の承認が必要となった。しかし、家庭裁判所の審判は、職権による一時保護の後、可能な限り速やかに行われるべきであり、2 か月は長すぎると考える。

3　面会・通信制限および接近禁止命令において

　児童虐待の防止等に関する法律は、保護者同意のときを含めて施設入所措置がとられ、または一時保護が行われている場合、児童相談所長等に、児童の保護に必要があると認めるときは、保護者に対して児童との面会・通信の全部又は一部を制限する権限を認めている。

　また、家庭裁判所の承認審判による入所措置がとられ、又は一時保護されている場合に、親権者等による連れ戻しのおそれがある等と認めるとき、児童相談所長は、当該親権者等に児童の入所先を告知しないものとされている。

　さらに、2017 年の法改正によって、都道府県知事または児童相談所長は、保護者同意のときを含めて入所措置がとられ、または一時保護が行われ、かつ面会・通信の全部が制限されている場合、児童の保護のためにとくに必要があると認めるときは、保護者に対して、当該児童の身辺につきまとい、当該児童の所在場所付近のはいかい禁止を命令することができることとなった。これに違反した場合は、1 年以下の懲役又は 100 万円以下の罰金に処せられる。

　これらは行政処分として面会や通信の制限や接近禁止命令を可能としたものである。しかし、いずれも司法権の範疇に属するものであり、適正手続の観点からも疑問をもつところである。面会・通信の制限については行政処分としてもあり得ると考えるが、懲役刑が科される可能性がある接近禁止命令は一般の行政権の範囲を超えており、中立的な裁判所が行うべきである。現に、接近禁止命令は、DV 防止法においては裁判所により発せられている。

　また、接近禁止命令については、全国の児童相談所全体で僅か年 1 件程度

〈91〉一時保護に裁判所の審査、許可が必要とする見解として、石川稔「児童虐待をめぐる法政策と課題」ジュリスト 1188 号 8 頁（2000 年）、岩佐嘉彦「児童虐待事件における司法関与」法律時報 77 巻 3 号 89 頁（2005 年）など。

の発令にとどまっていることを直視すべきである(第3編3章Ⅲ6の〈52〉)。児童虐待対応に有意な制度として立法化されたものであるが、2011年に新設した親権停止の審判の有用性などを勘案し、被虐待児保護における当該制度の必要性を再検討する必要があろう。もし引き続き存続すべきとするのであれば、接近禁止命令の実施機関を都道府県知事または児童相談所長から裁判所に変更し、裁判所命令として再構成するべきである。

Ⅲ 児童虐待への刑事規制

わが国では児童福祉法34条の禁止行為に係る罰則(60条)を除いて、児童虐待は、刑法の規定により処罰される。すなわち、身体的虐待には、208条の暴行罪や204条の傷害罪等が適用され、ネグレクトは218条の保護責任者遺棄罪、219条の保護責任者遺棄致死傷罪などで罰せられる。性的虐待には179条の監護者わいせつ及び監護者性交等の罪が適用される。

この点については、「家庭内における暴力行為は、とりわけ幼児には死活問題となるため、厳重な刑事規制が要求される」[92]など、児童虐待に対する刑事規制に積極的な見解がある。

また、児童虐待の防止等に関する法律に具体的処罰規定がまったく欠けている点を誤りであると断じ、児童への虐待致死について「児童虐待致死罪」などの規定の創設、性的虐待について、児童福祉法34条1項6号の児童に淫行をさせる行為の「10年以下の懲役若しくは300万円以下の罰金」をはるかに超過した刑罰が科されるべきとする説もあり、児童虐待を社会問題として捉えて禁止し防止するという視点に立って、刑罰の持つ社会倫理性により児童虐待行為を社会悪として明確にするべきであるとする見解もある[93]。

確かに、性的虐待をはじめ、刑事罰を積極的に適用すべき事案も少なくない。しかし、児童虐待への対応の基本は、児童の権利と福祉を守ることであり、刑事規制の先行は必ずしも良い結果をもたらすとはいえない。児童虐待においては、ソーシャルワークによる支援あるいは家庭裁判所による法的対応が優先されるべきであり、検察・警察への通報などにより不用意かつ過剰な刑事規制が

---

[92] 岩井宜子「児童虐待問題への刑事規制のあり方」ジュリスト1188号(2000年)。
[93] 三枝有「児童虐待の予防を見据えて」古橋エツ子編『家族の変容と暴力の国際比較』71頁(明石書店、2007年)。他に刑事規制に積極的な見解として林弘正『児童虐待Ⅱ』(成文堂、2007年)。

なされると、かえって児童の福祉が損なわれることにもなりかねない。児童虐待への刑事罰適用はあくまで犯罪者たる親への対応であり、児童相談所などの関係機関では、まずは刑事処罰とは異なる平面において、虐待された児童への福祉の視点からの対応が重要であると考える。

親の身柄拘束と刑事罰に端を発して家庭崩壊を招くこともあり、一方では、刑事罰を科したとしても親権喪失の審判がなされない限り、再び同居した後に虐待が繰り返される可能性が高いなど、刑事規制の強化には民法や児童福祉法との関連性など未だ検討すべき課題が少なくない。

ただ、親子再統合が不可能な重篤な性的虐待については、児童相談所長の申立てにより親権喪失の審判によって永続的に親子分離するとともに、非親告罪でかつ加重的な刑事罰を課す必要があると考える。この点について、2016年9月、法制審議会が、親権者など「監護者であることによる影響力があることに乗じたわいせつな行為又は性交等に係る罪の新設」を法務大臣に答申した。〈94〉これは児童虐待に係る性的虐待罪の創設であり、2017年6月の国会において、法制審議会の答申どおり可決・成立した。

Ⅳ　人身保護法の適用

第1編2章Ⅱで述べた実子5人虐待事例のように、児童の生命・身体の危機が予見し得るような場合、家庭裁判所での親権職務執行停止等の保全処分は、通常では数日から1週間以内には認められる。

児童相談所が被虐待児童の身柄を確保していない場合には、人身保護法に基づく人身保護請求を活用することによって、親権職務代行者による児童の引き渡し請求も可能である。ただ、人身保護請求は、虐待親が勾引又は勾留される場合があり、また、地裁の公開の場で審理されるため、当該児童の人権保護の観点からは若干の問題がある。しかし、被虐待児の身柄を児童相談所が確保していない場合は、有効な手段となり得よう。

児童虐待の防止等に関する法律による強制立入調査制度の施行後は、児童相談所長（知事の委任）の一連の手続により人身保護請求と同様の効果が得られることになった。しかし、虐待親が反社会的組織の構成員であるため児童相談所側による臨検・捜索が困難な場合や、被虐待児を連れて虐待親が逃亡してい

〈94〉法制審議会177回総会（2016年9月12日）。法制審議会刑事法（性犯罪関係）部会「要綱（骨子）修正案」（刑事法部会第7回会議、2016年6月16日）。

る場合のように、児童相談所では対処できないときなどには、所轄警察署による介入の可能な人身保護法の適用が効果的な場合もあり得る。

V　特別養子縁組制度の活用の是非

1　児童虐待対応としての特別養子縁組

(1) 2016年児童福祉法改正

2016年6月の児童福祉法改正で、養子縁組里親が法定化され、特別養子縁組を含む養子縁組に関する相談・支援が、都道府県の業務と定められた（児童福祉法11条1項2号）。通常は児童相談所長に委任して運用されることになる。これは被虐待児童への自立支援の一環として、従来の養育里親に加えて養子縁組里親を明文化し、さらに児童相談所に養子縁組による被虐待児童の支援を義務づけたものである。

現行法の下においては、実方の親の意向確認、養親希望者の適格性調査、児童の出自に関する情報の適正な保管と必要な場合の提供などがその業務内容となる。

(2) 児童虐待への司法関与及び特別養子縁組の利用促進に関する検討会

前述のとおり、厚生労働省は、2016年7月、「児童虐待対応における司法関与及び特別養子縁組の利用促進の在り方に関する検討会」を設置した。この特別養子縁組制度の利用促進については、被虐待児童への自立支援施策の一つとして位置づけられており、児童相談所長による家庭裁判所への申立てなど法的関与のあり方も含めて検討された。

2　特別養子縁組制度の概要

特別養子縁組は、養親となる者の請求により、実方の血族との親族関係が終了する養子縁組制度であり、家庭裁判所の審判によって成立する（民法817条の2、家事事件手続法164条）。当事者間の合意に基づく普通養子縁組とは、その要件と効果等において大きく異なっている。

(1) 特別養子縁組の要件

①養親となる者は、配偶者のある者でなければならず、夫婦共同で養子縁組を行う（民法817条の3）。

②養親となる者は、25 歳以上でなければない。ただし、夫婦の一方が 25 歳以上であれば、他方は 20 歳に達していればよい（民法 817 条の 4）。

③養子となる者は、申立ての時に 6 歳未満でなければならない。ただし、その者が 8 歳未満で 6 歳に達する前から引き続き養親となる者に監護されている場合には、6 歳を超えていてもよい（民法 817 条の 5）。

④養子となる者の父母の同意がなければならない。

　ただし、父母がその意思を表示することができない場合、又は父母による虐待、悪意の遺棄その他養子となる者の利益を著しく害する事由がある場合には、父母の同意は不要である（民法 817 条の 6）。

⑤特別養子縁組は、父母による養子となる者の監護が著しく困難又は不適当であること、その他特別の事情がある場合において、子の利益のためとくに必要があると認めるときに成立させる（民法 817 条の 7）。

⑥特別養子縁組を成立させるには、養親となる者が養子となる者を 6 箇月以上の期間監護した状況を考慮しなければならないが（民法 817 条の 8）、この 6 箇月以上の監護の状況自体は成立要件ではない。

（2）特別養子縁組の効果

①特別養子縁組を成立させる審判の確定により効力が生じ、養親子間に嫡出親子関係が発生し（民法 809 条）、養子は養親の氏を称する（民法 810 条）。

②養子と実方の父母およびその血族との親族関係は、特別養子縁組の成立によって終了する（民法 817 条の 9）。したがって、特別養子においては、特別養子縁組成立後、実方との間で相続や扶養の関係は不存在となる。

③特別養子縁組が成立すると、いったん養子だけの単身戸籍が編成され、その後養親の戸籍に入籍し、単身戸籍から除籍される。特別養子の身分事項欄には「民法 817 条の 2 による裁判確定」と記載され、父母欄には養親の氏名、続柄欄には実子と同じ「長男」「長女」等と記載される。

④特別養子縁組の離縁は、養親による虐待や悪意の遺棄その他養子の利益を著しく害する事由がある場合を除いて、許されない。また、養親は、離縁を請求できない（民法 817 条の 10）。

（3）父母の同意

　特別養子縁組では、養子となる者の父母の同意を要する。ここにいう父母とは、特別養子縁組によって法律上の親子関係が断絶する父母をいう。この父母が親権喪失の審判や離婚によって親権者でない場合や監護権のみの場合もあるが、親権や監護権の存否に関わりなく、当該父母の同意が必要である。たとえ

ば、親権喪失の審判が確定している父母の場合であっても、当然にその同意が不要とはならない。

　ただし、父母が精神疾患や行方不明でその意思を表示することができない場合、あるいは父母が子を虐待したり、悪意で遺棄したり、その他子の利益を著しく害する事由がある場合には、父母の同意がなくても、家庭裁判所はその判断により養子縁組を成立させることができる。

3　児童虐待対応への活用

（1）特別養子縁組制度の沿革

　実方の父母と断絶して養方の嫡出子として取り扱う特別養子縁組は、もともと棄児や孤児や婚外子など要保護児童救済のための国際的な潮流に沿って、1987年にわが国でも新設されたものである。たとえばフランスにおける「国の被後見子」や「遺棄宣言された子」に係る完全養子縁組（adoption plénière）は、諸外国における立法例の一つである（第4編4章で既述）。

　民法817条の6が、特別養子縁組の成立には実父母の同意を必要とすることを原則としながら、ただし書で「父母がその意思を表示することができない場合又は父母による虐待、悪意の遺棄その他養子となる者の利益を著しく害する事由がある場合は、この限りでない」と規定したのは、諸外国の完全養子縁組において実父母が同意権を濫用する例が多かったため、そのような場合に備えて同意を不要とする例外事由を定めたものである。[95]

（2）児童虐待を受けた児童への適用の是非

　特別養子縁組は、父母による養子となる者の監護が著しく困難又は不適当であるなどの場合に、子の利益のために成立させるものであり、父母による虐待、悪意の遺棄などの事由がある場合は、実父母の同意も不要である。このような明文規定から、特別養子縁組は児童虐待対応にもっと活用できるのではないかとの印象を受けるのは当然であろう。

　前述の「児童虐待対応における司法関与及び特別養子縁組の利用促進の在り方に関する検討会」では、特別養子縁組の審判の申立権や成立要件について次のような意見が述べられている。[96]

①特別養子縁組の申立てから実親の同意をとるまでを児童相談所が主体的に担い、成立の段階は養親側が行うという2段階にしてはどうか（この点につ

---

[95]　川井健ほか『民法3　親族法・相続法第二版』169頁（勁草書房、2005年）。
[96]　「第2回検討会　資料1-2」（厚労省、2016年8月）。

いては慎重に考えるべきとの意見がある)。
②虐待の有無に限らずに特別養子縁組を必要とする子どもにその機会を提供することを考えると、縁組成立後の子どもの安全確保のため、養親の個人情報が実親に知られないようにする必要があり、この点から、児童相談所長に申立権を付与する必要がある。
③親の同意の確認が難しい場合には、民法817条の6のただし書を積極的に適用し、実親の同意は不要として特別養子縁組の成立をすすめるべきである。
④親権喪失の審判の申立てが認められるようなケースであれば、父母の同意は課題として残らない場合もある。

　このような検討会における意見の根底には、重篤な児童虐待においては、児童相談所長に特別養子縁組の申立権を付与し、断絶的な親子分離を実行する法的対応の一つとして特別養子縁組制度を活用するべきとの考えがあるように思われる。

　しかし、父母による虐待や悪意の遺棄があることを理由に、父母の同意なしに特別養子縁組を成立させて、実方の父母との法律上の親子関係の断絶がなされたとしても、実父母が当該児童との接触を諦めることは、まずあり得ない。現に、児童福祉法28条に基づく家庭裁判所の入所承認の事案において、虐待を行った親が、親子分離された被虐待児の入所施設や通学する学校の内外で、つきまとい・はいかいすることは決して稀ではなく、一般的な行動ですらある。当該児童の入所先を不告知のときも、親に捜し当てられることが少なくない。

　その特異性を考えると、特別養子縁組の養親の個人情報を実親に知られないようにすることは現実にはきわめて難しいと思われる。児童相談所長に申立権を付与し、実父母との折衝や家庭裁判所での審理で児童相談所を前面に立てたとしても、養親となる者を隠し通すことはできないだろう。法改正を経て、①児童相談所長申立てによる親権喪失の審判、②児童相談所長申立てによる特別養子縁組の適否に係る家庭裁判所の審判、③特定の養親候補者との特別養子縁組の適否に係る家庭裁判所の審判、④養親との特別養子縁組の成立および実方の親と当該子の断絶、という手法と流れによって被虐待児と虐待親との分離・断絶を図ろうとするのであれば、それは決して虐待を受けた子の利益となり得ず、養親と特別養子の平穏な日常生活の安全を脅かすおそれすらあると考える。

　著しく重篤な虐待に係る被虐待児童への支援として養子縁組という道を選択するのであれば、児童相談所長による親権喪失の審判申立てと未成年後見人選任請求を行い、親権喪失の審判確定と未成年後見人の選任を経た後、未成年後

見人の承諾による普通養子縁組を家庭裁判所の許可を得て行うべきである。この場合、子は、実方の親と法律上の断絶をすることはできず、戸籍の記載も実子と同様にはならないが、敢えて実親と激しい葛藤を引き起こし増幅する道を選ぶべきではないと考える。特別養子縁組の本来の対象は、実親の特別な事情で養育できない子や棄児や孤児であることに留意する必要があろう。

第6章 児童虐待防止のための実施体制

I 児童相談所における相談体制の問題点

　2005年4月から、児童に関する相談業務は第一義的に市区町村が行い、児童相談所は、虐待・非行・医学的診断など専門的知識や技術の必要なものを主に担当することになった。法的には、通告、通知、送致などによる両者の連携が定められているが、10数年を経た現在においても、多くの市区町村の相談体制の整備は未だ不十分であり、両者の円滑な連携には至っていない。引き続き児童虐待については、児童相談所が主たる相談窓口となっているところであるが、大半の虐待事案を担当する児童相談所の現状と問題点は、次のとおりである。[97]

1 児童相談所は一人三役

　児童相談所長（知事の委任）は、①一時保護の決定、面会・通信制限、接近禁止命令、出頭要求、再出頭要求など「裁判所の職分」、②立入調査、一時保護の実行、臨検・捜索など「検察・警察の職分」、③児童と家庭に係る「ソーシャルワーク機関の職分」という三重の責任を負担しており、いわば「一人三役」を果たしているといえよう。児童と家庭に関するソーシャルワーク機関が、裁判所や検察・警察の職分を兼ね、さらにその範囲が拡大される傾向にあることは、児童相談所の本来機能の喪失につながるとの危惧を抱く。

　厚生労働省が15年以上前からすすめてきた法的対応強化策は、児童相談所長（知事の委任）に大幅な権限を付与するのみで、検察・警察と裁判所の役割

---

[97] 前掲・拙論「児童虐待の実態と現行法制の問題点」法政論叢44巻1号57頁。

についてはほとんど変えようとしてこなかった。一方、児童相談所側にも、友好的なソーシャルワークや家族再統合をすすめるため、検察・警察などが強く関与することは歓迎しない傾向がある。しかし、児童虐待の実情は児童相談所の対応能力を超えており、検察・警察および裁判所との間での職務の配分について、根本的に再検討する必要がある。

　この点、英独仏米などの諸外国が、裁判所を軸とし、検察官も独自に対応して、警察を効果的に活用しているのと比較すると、日本の児童虐待防止法制の実施体制における不十分さが鮮明になる。

2　児童福祉司の配置数不足

（1）児童福祉司配置の現況

　日本の児童福祉司は、児童福祉法施行令の規定を標準とし、各都道府県が配置数を定める。2016年度の全国児童相談所に配置された児童福祉司の総定数は 3,030 人、全国平均の児童福祉司一人あたりの人口は約 42,000 人であり、2016 年に改正した政令標準の「人口4万人に1名＋α」におおむね近い配置数である。わが国最大の都市である東京都は、多額の都税を投入して 2020 年に東京オリンピックを開催する。残念ながら、この東京都の単位人口あたり児童福祉司配置数が、過去5年間において、常に全国最下位を争っていることはあまり知られていない。〈98〉

　仮に、人口 160 万人の中規模県を想定すると、政令基準によれば、児童福祉司の総数は 40 名、児童相談所は2か所、1か所あたりの児童福祉司は 20 名となる。この児童福祉司 20 名、児童心理司7名、所長と事務職の総員 30 名程度で、全県の2分の1の所管地域における児童虐待、非行、障害児の判定その他の相談に対応しなければならない。通告された児童の住所との地理的距離、土地勘のない地域での情報収集の困難さなども勘案すると、付与された権限と責任の重大さに比して、児童相談所の実像は小規模で脆弱な行政機関といってよいだろう。

　全国の児童相談所における児童虐待相談対応件数は、一貫して右肩上がりであり、ここ数年は急カーブで上昇している。2000 年度から 2015 年度の 16 年間について、全国児童相談所の児童虐待相談対応件数と児童福祉司配置状況

〈98〉厚生労働省「平成 28 年度全国児童福祉主管課長・児童相談所長会議資料」（2016 年8月）、同「平成 27 年度会議資料」（2015 年 10 月）、同「平成 26 年度会議資料」（2014 年8月）、同「平成 25 年度会議資料」（2013 年7月）、同「平成 24 年度会議資料」（2012 年7月）。

を比較すると、次のような結論に至る。

① 2000年度からの16年間において、相談対応件数が17,725件から103,286件の5.8倍に急増したのに対して、児童福祉司の配置数は1,313人から2,934人の2.2倍に増員されたにとどまる。

② ソーシャルワーカーの対応力は、基本的にはその担当するケースの数によって決定される。一人あたりの担当ケース数が多ければ多いほど対応力が下がり、ベテランから新人への日常的な指導や助言も不十分となる。ソーシャルワーカーの量の不足は、必然的にその質の低下を招く。

③ この16年間では、児童虐待を主訴とする担当ケース数の増加に比べて、全国の児童福祉司が十分に増員されていないことは明らかであり、数字の上からも児童相談所の対応能力の低下が推測される。

④ 2016年、厚生労働省は、今後4年間で児童福祉司を19％増員することなどを内容とする「児童相談所強化プラン」を発表したが、率直に言うならば「焼け石に水」である。[99]

（2）ソーシャルワーカー配置数の国際比較

2005年当時の数字ではあるが、厚生労働省や最高裁判所の出捐による現地調査報告書等を基に、当時の東京都とドイツのベルリン市、フランスのセーヌ・サンドニ県を比較してみたい。その結果は、東京都児童相談所の児童福祉司の単位人口あたりの配置数は、ベルリン市ミッテ区少年局の単位人口あたりの少年援助司配置数の18分の1、シャルロッテンブルク・ヴィルメルスドルフ区少年局の14分の1、パリ郊外セーヌ・サンドニ県ASEの単位人口あたりのエデュカトゥール配置数の11分の1となる。[100]

各国児童相談部門におけるソーシャルワーカーの担当する職務範囲やケース数が異なるため厳密な比較はできないものの、日本の児童福祉司の単位人口あたりの配置数が、ドイツ少年局やフランスASEに比べて非常に少ないことは明らかである。10年前のわが国の東京都児童相談所は、ドイツやフランスの10分の1に満たない児童福祉司配置数で虐待・非行・障害・育成等の相談業務を行っており、その後の児童虐待相談対応件数と児童福祉司配置状況の推移

〈99〉厚生労働省児童虐待防止対策推進本部「児童相談所強化プラン」（2016年4月25日、厚生労働省HP）。

〈100〉前掲・平湯真人ほか『視察報告書ドイツ編』32頁、前掲・松井三郎ほか『視察報告書フランス編』74頁、前掲・春田嘉彦「ドイツ連邦共和国における児童虐待の取り扱いの実情について」家庭裁判月報58巻1号141頁から算定。前掲・拙論「児童虐待の実態と現行法制の問題点」法政論叢44巻1号参照。

3　通告受理後48時間以内の安全確認の問題

　児童相談所は、虐待通告を受理した時は直ちに緊急受理会議を開き、安全確認の時期や方法などの対応を検討する。即時に現地調査に出かけることも少なくないが、かつては、数日間程度の期限で市区町村や地域の児童委員に安全確認を依頼することもあった。

　厚生労働省は、2007年1月の「児童相談所運営指針」の改正で、通告を受けた児童の安全確認は、48時間以内に実施することが望ましいとした。しかし、第1編2章で述べた東京都の「児童虐待の実態Ⅱ」によると虐待通告の4分の1は誤報あるいは偽報であり、とくに近隣知人の通告は、非該当率が42％と非常に高い。

　このような実態を勘案すると、全国の児童相談所を管轄する全自治体が48時間以内の安全確認義務を設定し、さらにそのうち5自治体は24時間以内の安全確認を行っていることについて疑問を持つところである。虐待通告の受理後48時間以内に通告された児童の安全確認を行うという画一的で短い時限設定を行うことは、児童相談所職員の行動を一律に拘束することとなり、児童福祉司の過労とバーンアウトの促進、ひいては児童相談所の機能不全の一因となる可能性がある。

　第5編5章で既述のとおり、アメリカのカリフォルニア州では、通告受理後24時間以内の即時対応（immediate）と10日間以内の通常対応（within 10days）の2種類に分類して対応を行っている。さらに、カリフォルニア州内のロスアンゼルス郡では2時間以内、3日以内、5日以内の3区分に分類して対応を行っている。[101] 虐待王国とも称されるアメリカ合衆国のカリフォルニア州においても、わが国の「全通告に48時間以内の安全確認」のような画一的対応はなされていない。このようなアメリカの実情を考えると、わが国の児童相談所は、いわば警察や消防レベルに近い緊急対応を義務づけられており、きわめて特異で国際標準からも乖離しているといえよう。

---

[101]　前掲・四方燿子ほか『アメリカにおける児童虐待の対応・視察報告書』6頁。

Ⅱ　児童相談所と関係機関の再編成と強化

1　児童相談所の現状

　全国の児童相談所は、2016年4月現在、209か所が設置されている[102]。児童相談所は、都道府県および指定都市に必置義務があり、2006年4月からは、中核市程度の人口規模（30万人以上）で政令が個別に指定する市にも設置が認められることとなった。現在、横須賀市と金沢市が政令で指定されており、2016年の法改正によって、東京23区や中核市での設置が促進され、全国の区市が設置する児童相談所は今後増加する見込みである。

2　児童相談所と関連組織の見直し

（1）市区町村への児童相談機能の全面移管

　現在の都道府県業務となっている児童相談所の業務を、今後は市区町村に全面移管するべきであると考える。市区町村は、日常的に、保健医療、保育、教育など子どもと多くの関わりを持っている。子どもが生れ、養育され、成人となるまで、基礎的自治体としての市区町村が総合的に継続して援助を行うことは当然の責務であり、児童相談所の機能も例外ではない[103]。

　児童に関する相談は、2005年度から主として市区町村の職務となり、児童相談所は、重大な虐待や非行のように法的・強制的対応を要する事案、児童精神医学や心理学的判定に関わるような専門性の高い相談を中心に対応することになった。しかし、現実には、養育困難なのか虐待なのかを明確に分けることが難しいケースも少なくない。

　児童相談所と市区町村という2階建ての相談機構は、結果として中途半端な無責任体制になりかねず、市区町村が、身近な自治体として児童相談所の役割を果たすべきであると考える。職員の専門性については、数年間は、都道府県の児童福祉司や児童心理司を市区町村に出向又は併任とし、町村については経過的に都道府県が担当するなど、様々な工夫により市区町村への移管実施に重大な障害はないものと考える。

---

[102]　厚生労働省『児童相談所及び一時保護所設置状況（平成28年4月1日現在）』。
[103]　前掲・拙論「児童虐待の実態と現行法制の問題点」法政論叢44巻1号57頁を参照されたい。

都道府県には、複数の市区町村にまたがる事案の調整機能、ソーシャルワークや心理学や精神医学など専門的な知識の修得に係る研修実施機能、困難事案に関する助言と支援機能等を付与することにより、全面移管後も市区町村との連携と協力を図り、児童相談の実務に寄与することが可能となろう。

2016年の児童福祉法改正による東京特別区あるいは中核市での児童相談所の設置促進は一歩前進ではあるが、さらに拡大させ、全国の全市区町村において児童相談所の設置をすすめる必要があると考える。

(2) 専門職の任用と育成

全国の児童相談所において、児童福祉司に社会福祉士資格のある職員を配置している児童相談所は少なく、高度な専門的ソーシャルワーカーと評価し得る水準の児童福祉司は、決して多くはない。具体的には、全国の児童福祉司のうち保育士などを含む広義の福祉職が就いているのは平均71％であり、そのうち広義の福祉職が50％以下の自治体が20道県市、10％以下が5県市、児童福祉司全員が事務系の一般行政職という自治体もある。[104]

このような専門職員の配置状況からみても、現状の児童相談所は、ソーシャルワーク機関としての専門性が十分に備わっているとはとうていいえない。今後は、ソーシャルワーカーの国家資格である社会福祉士の有資格者を児童福祉司に任用することを義務づけ、同時に高度な専門職として計画的に育成していく必要がある。

また、児童相談所には法律専門職として弁護士の配置が必須である。この点、東京都などではすでに実施されており、2016年の改正児童福祉法12条でも「弁護士の配置又はこれに準ずる措置を行う」とされたところである。民法に基づく親権喪失、親権停止、管理権喪失の審判の請求や未成年後見人の選任請求などは児童相談所長の管轄であるが、家庭裁判所への申立て等の業務は、児童相談所にとって負担が大きく、荷が重いことは否定できない。児童相談所の規模によっては週1日程度の非常勤勤務であっても、当該弁護士から法律上の助言を得たり、家庭裁判所への申立書作成を依頼することによって、各児童相談所の法的対応能力は大きく向上する。

各都道府県は、2016年の児童福祉法12条改正による児童相談所への弁護士配置義務を積極的に受け止め、早急に実行する必要があろう。

---

[104] 厚労省『平成28年度全国児童福祉主管課長・児童相談所長会議資料』（2016年8月）。名古屋市は、児童福祉司全員が一般行政職。

（3）児童委員・主任児童委員の拡大

　児童福祉法の定める児童委員には2類型がある。一つは民生委員を兼ねる児童委員、もう一つは主任児童委員である。民生・児童委員は、各地域を受け持ち、生活保護等の福祉に関する相談を受け、主任児童委員は、児童福祉に関する事項を専門的に担当している。全国に児童委員は214,493人、主任児童委員は21,803人の定数があり、厚生労働大臣から委嘱されている〈105〉。

　各児童委員は、要保護児童の家庭や地域に関する調査を行うことができ、個別ケースの状況に応じて、虐待防止などの直接的な活動も可能である。児童委員は、市区町村の地区単位で児童問題に関わる活動をしている。今後、児童相談所とさらに連携することによって、積極的な虐待防止活動への参加が期待できる。とりわけ主任児童委員を増員し、積極活用すべきである。地域での主任児童委員の活動を活発にし、児童福祉に関する重要な社会資源あるいは児童虐待への地域での対応機関の一つとして、より積極的に位置づける必要がある。

3　虐待対応機関の再構築

　児童の権利に関する条約は、虐待から児童を保護するために適当な立法上、行政上の措置、司法関与の効果的な手続を義務づけている。すべての虐待対応を児童相談所の責任および権限として構成する現行法制の下では、困難事案において虐待防止の効果をあげるのは難しい。全相談件数の僅か1%にすぎない虐待困難ケースに児童相談所は疲弊し、その本来機能が損なわれる状況にある。政府と国会は、実効性のある児童虐待防止のための実施体制を整備する必要がある。

　虐待対応機関の再構築を要する分野は次のとおりであり、国会における会派を超えた議論を通じて、立法による転換と解決を期待したい。

　第一に、親権喪失の審判、親権停止の審判、管理権喪失の審判、施設入所等承認の審判だけではなく、一定の条件下での一時保護許可や接近禁止命令などすべての権力的な命令は、裁判所の所管とする。

　第二に、児童相談所の権限と責任を縮減し、裁判所の決定の実行と個別援助の専門機関としての職分を明確にする。住民に身近で個別情報を持ち、児童・家庭への福祉事業を実施している市区町村に児童相談所の機能を全面移管する。当面は、東京特別区と中核市に加えて、人口10万人程度の市からはじめ、

〈105〉　厚生労働省『民生委員・児童委員参考データ（平成27年3月31日現在）』。

段階的に全市区町村に拡大させる。
　第三に、強制立入調査における実力行使すなわち臨検・捜索は、児童相談所長等の申立てに基づいて、裁判所が検察庁及び所管警察署長に命令を発し、警察が主体になって児童相談所と連携して実行する。
　第四に、これら虐待対応機関の再編・強化とともに、児童虐待を受けた児童を受け入れる施設等の充実が不可欠である。具体的には、児童相談所に付設される一時保護所の拡充と保護児童の処遇改善、児童養護施設における職員配置数増と虐待を受けた児童に対応能力のあるソーシャルワーカーの配置、被虐待児を養育できる専門里親の育成などである。

第5編　児童虐待防止法制の課題と展望

第7章
むすび

1　児童・家庭関係支出の対GDP比

　児童や家庭に関する支出（家族関係社会支出）は、家族手当や出産・育児休業給付などの現金給付とデイケア・ホームヘルプサービス（保育）などの現物給付に分類される。わが国における家族関係社会支出は、ヨーロッパ諸国に比べて非常に低いことが従来から指摘されており、また、家族支援の税制優遇措置を家族関係社会支出に加えて算定した場合には、OECD加盟国のうちアメリカよりも低い数字となり、さらに順位が下がることになる。[106]

　図7-1のとおり、直近の家族関係社会支出の対GDP比の国際比較によると、約3％のフランス、約4％のイギリスなどに比べて日本は1.32％であり、ヨーロッパ諸国に比してわが国の低さが顕著である。わが国の家族関係社会支出は、イギリスの3分の1、フランスの2分の1弱、ドイツの5分の3しかない。国民負担率の対GDP比で除し国民負担率1％あたりで補正し、国民負担率と関連させて見直した場合も、フランスの7.24に対し日本は3.28と2分の1未満であり、「ヨーロッパ諸国より国民負担率が低いため児童家庭福祉支出が低いのもやむを得ない。」という説明は成り立たない。[107]

　このようにわが国の家族関係社会支出の絶対的な規模が小さく、また、その抜本的な改善がすすめられてこなかったことは、この間のOECDにおける継続的な調査と国際比較によって明らかである。今後、少子化対策としての効果があることも勘案して、早急にわが国の家族支援政策の規模をヨーロッパ諸国

---

[106]　勝又幸子「国際比較からみた日本の家族政策支出」季刊社会保障研究39巻1号（2003年）。
[107]　『新たな少子化社会対策大綱策定のための検討会（第5回）資料4-2』（内閣府2015年）。

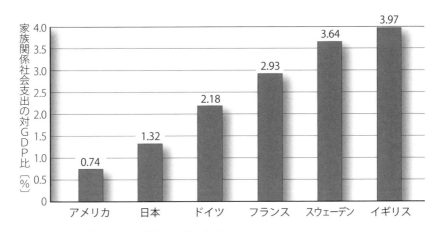

図7-1　家族関係社会支出の対GDP比〔%〕
『平成27年版少子化対策白書』26頁（内閣府2015年）および『新たな少子化社会対策大綱策定のための検討会（第5回）資料4-2』（内閣府2015年）参照。

なみに拡大する必要があろう。

　一方、児童虐待の背景要因の一つとして、貧困、ひとり親家庭、不安定な就労、社会からの孤立などの問題を抱える家族が多いことが全国児童相談所長会調査などによって明らかになっている。一般行政として全国の児童・家庭を強力に支援することは、同時に児童虐待防止政策としても有効であり、この点について、国と地方公共団体およびわが国の国民全体が共通の認識を持ち、かつ社会的合意を形成する必要がある。

2　これからの児童虐待防止法制とその実施体制

　1973年尊属殺人被告事件のように、実父から破倫の行為を少女時代から10余年間強いられてきた悲惨な状況に対し、当時の管轄児童相談所は、何ら対応することができなかった。その後40年余を経た2015年においても、東京都A区で3歳の男児が数か月にわたってウサギ用ケージに監禁されて死亡し、遺体は川に遺棄された事案において、管轄する児童相談所は虐待の事実を確認することもできなかった。

　いずれの事例も、外から窺うことのできない家庭の中で、親権者によって残酷な性的虐待や餓死に至る遺棄が長期間にわたって続けられたのである。この事実は、親権者という法的地位にある親が、必ずしも子どもの権利の擁護者で

はなく、権利の侵害者になり得ることを社会に明らかにしたといえよう。そして、わが国の児童虐待防止体制の根本的な見直しの必要性を日本社会に提起しているのである。

　すでに述べたとおり、児童虐待の背景には、親・家庭・児童の様々な問題が重畳的に存在しており、一般福祉行政による児童と家庭への援助が、基本的な虐待防止対策であることはいうまでもない。また、児童虐待が惹起された場合も、それが中軽度の事案であれば、児童相談所のソーシャルワーカーによる個別援助を通じて、在宅での支援も可能である。しかし、現実の児童虐待においては、非道な親や精神疾患等により判断能力を欠く親が少なくなく、その結果、家庭裁判所の審判による親権喪失や親権停止、一時保護、強制的立入調査などの法的対応を必要とする重篤な事案が数多く存在する。

　このような困難事案への的確な対応のために、この20年間、多くの児童虐待防止に係る法制整備が行われ、児童虐待防止法制としての枠組みは、イギリスやドイツやフランスの法制に近いものになってきた。しかし、その実施体制については格段の差があると断じざるを得ない。すべてを児童相談所の責任とするのではなく、裁判所や検察庁・警察署もそれぞれの存在意義にふさわしい責任を分任し、真に実効性のある総合的な児童虐待防止法制とその実施体制を確立することが急務である。

索 引

〈あ行〉

安全確認(児童相談所)……88、285
育成扶助(フランス)……180
一時保護(日本)……92
一時保護(ドイツ)……163
一時保護(フランス)……195
医療ネグレクト……222
援助方針会議……94
親責任(イギリス)……136、151
親による遺棄の司法宣言(フランス)……191
親の配慮権(ドイツ)……157
親の配慮権剝奪(ドイツ)……161

〈か行〉

家事事件及び非訟事件手続法(FamFG、ドイツ)……168
家事事件裁判官(フランス)……182
家族会(フランス)……188
家族手続(イギリス)……140
家族の変容……15
感化法……214
監護教育権……77
完全養子縁組(フランス)……191
官庁後見・官庁保佐・補助(ドイツ)……167
監督命令(イギリス)……148
管理権喪失宣告……79
管理権喪失の審判……210、224
機関後見(未成年後見における)……228
危険な状態にある子(フランス)……193
危険な状態にある子の全国電話対応サービス(SNATED、フランス)……197
虐待のある家庭の要因……27
虐待の類型別状況……26
虐待を受けた児童の特性……33
虐待を行う親の要因……29
旧少年法……215
救貧法(イギリス)……132
旧民法(1890年)……63、67

旧民法草案人事編(1888年)……63
矯正院法……215
居所指定権……77
緊急保護命令(イギリス)……149、268
禁止行為(児童福祉法)……44
禁治産後見……235
国の被後見子(フランス)……189
ケア命令(イギリス)……145
刑事規制……275
警察保護(イギリス)……150
懸念発生情報収集機関(CRIP、フランス)……196
検察官送致……51
公益団体・危険な状態にある子(GIPED、フランス)……197
合計特殊出生率……11
後見裁判官(フランス)……188
後見制度の沿革……234
皇国民法仮規則(1872年)……61
厚生省児童家庭局長通知(平成9年)……100
公的援助優先の原則(ドイツ)……161
高等法院(イギリス)……138
国際人権規約……127
子の取決め命令(イギリス)……140
子の福祉の危機(ドイツ)……159
子の保護の全国監視機構(ONPE、フランス)……197

〈さ行〉

財産管理権……78
財産管理の注意義務……250
在宅指導……95
裁判所許可……272
左院の民法草案(1873年、1874年)……62
里親……48
　専門――48
　養育――48
　親族――48
　養子縁組――48

索引

三世代世帯……16
暫定命令（ドイツ）……169
暫定命令（イギリス）……149
市区町村の相談部門……85
施設入所等承認の申立て……96
児童委員・主任児童委員……288
児童買春・児童ポルノ等処罰法……56
児童・家庭関係支出の対GDP比……290
児童虐待相談対応件数……22
児童虐待に関する実態調査（全国児童相談所長会調査）……25
児童虐待に関する実態調査（東京都調査）……25
児童虐待の環境要因……26
児童虐待の防止等に関する法律……57、99、105
　——（2004年改正）……106
　——（2007年改正）……110
　——（2016年改正）……116
　——（2017年改正）……117
児童虐待防止法（旧）……40
児童憲章……54
児童裁判官（フランス）……181、199
児童裁判所（カリフォルニア）……272
児童自立支援施設……48
児童自立支援施設送致……51
児童社会援助機関（ASE、フランス）……174
児童心理治療施設……47
児童相談所長送致……50
児童相談所長による親権喪失審判……254
児童相談所長の未成年後見人選任請求……225
児童相談所長への権限委任……87
児童相談所の権限……87
児童の権利侵害……20
児童の権利に関する条約……128
児童の権利に関する宣言……127
児童の売買等に関する児童の権利条約選択議定書……130
児童福祉司指導……46
児童福祉施設入所措置……46
児童福祉司の配置標準……116、283
児童福祉審議会……98
児童福祉法……43、108
　——28条……223、262
　——（2004年改正）……108
　——（2007年改正）……112
　——（2011年改正）……113
　——（2016年改正）……115
　——（2017年改正）……116
児童養護施設……47
社会的養護……46
社会福祉家族法典（CASF、フランス）……174
社会法典第8編（SGB Ⅷ、ドイツ）……161
社団法人による後見・保佐・補助（ドイツ）……167
恤救規則……38
主たる虐待者……27
ジュネーブ宣言……126
受理会議……89
少子化の原因……12
少子高齢化……10
少年院……51
少年院送致……51
少年教護法……215
少年局（ドイツ）……162
少年法……50
　（旧）——……215
職業許可権……77
親権（フランス）……174
親権概念等に関する論争……211
親権喪失宣告……78
親権喪失の審判……209、217
親権停止の審判……210
親権の意義……213
親権の委譲（フランス）……183
親権の一時代行……258
親権の取上げ（フランス）……185
親権の内容……213
身上監護権……77
人身保護法……276
親族後見人による横領……251
身体的虐待……17
心理的虐待……18
性的虐待……17
世界人権宣言……126
接近禁止命令……121、274

1989年児童法（イギリス）……135
1947年民法……72
臓器移植への対応……264
早期発見……118
総合診断……93
相当性の原則（ドイツ）……161
尊属殺人事件……7

〈た行〉
代理によるミュンヒハウゼン症候群（MSBP）……117
体罰の禁止……158
立入調査……90
　強制——……91、119
　任意——……91
立入調査拒否等の罪……97
地方公共団体への付託（フランス）……188
地方当局（イギリス）……137
懲戒権……77
通告……88
手続補助人（ドイツ）……169
ドイツ基本法（GG）……155
ドイツ民法典（BGB）……156
特定行為禁止命令（イギリス）……140
特定事項命令（イギリス）……140
特別後見人（イギリス）……144
特別後見命令（イギリス）……144
特別養子縁組制度……277
匿名出産（フランス）……191

〈な行〉
2011年民法改正……113、209
乳児院……47
入所先の不告知……121
ネグレクト……17

〈は行〉
8条命令（イギリス）……140
パレンス・パトリエ……206
ひとり親世帯……16
119番通報（フランス）……200
複数後見（未成年後見における）……229

仏蘭西法律書民法（1871年）……60
フランス民法典（CC）……173
ベヴァリッジ報告（イギリス）……134
法人後見（未成年後見における）……226
法制審議会民法部会小委員会における仮決定及び留保事項……73
法定管理人（フランス）……179
保護観察……51
保護者……18
保護者指導……118
保護処分……51
保全処分……257

〈ま行〉
未成年後見制度（イギリス）……142
未成年後見制度（ドイツ）……166
未成年後見制度（日本）……225
未成年後見制度（フランス）……187
未成年後見と戸籍実務……233
未成年後見人……242
未成年後見の開始……241
未成年後見と成年後見の比較……237
未成年者の法律行為……238
未成年者の責任能力……239
民法（1947年、日本）……72
民法改正要綱（1946年）……71
民法決議（1871年）……61
民法草案人事編理由書（1888～1889年）……65
明治11年民法草案（1878年）……62
明治民法（1896年、1898年）……68
面会・通信の制限……121

〈や行〉
要保護児童……46
要保護児童対策地域協議会……97

〈ら行〉
利益相反行為……249
臨検・捜索……119、272

著者
佐柳　忠晴（さやなぎ　ただはる）
香川県生まれ

経歴
早稲田大学法学部卒業、早稲田大学大学院法学研究科修士課程修了
東京都職員（1971～2008年）
　　　　　　　　　－東京都多摩児童相談所長、東京都日野療護園長など歴任
東京福祉大学社会福祉学部教授（2008～2012年）
一般社団法人 比較後見法制研究所理事（2013年～）

主な論文
「フランス法における親権・未成年後見制度」
　　　　　　　　　（季刊比較後見法制第2号、比較後見法制研究所、2015年）
「未成年後見－成年後見との比較を中心に」
　　　　　　　　　（田山輝明編著『成年後見－現状の課題と展望』、日本加除出版、2014年）
「親権および未成年後見制度に関する考察－児童虐待防止の視角から」
　　　　　　　　　（田山輝明編著『成年後見制度と障害者権利条約』、三省堂、2012年）
「親権及び未成年後見制度の沿革と課題」
　　　　　　　　　（法政論叢48巻1号、日本法政学会、2011年）
「児童虐待の実態と現行法制の問題点」
　　　　　　　　　（法政論叢44巻1号、日本法政学会、2007年）

児童虐待の防止を考える―子の最善の利益を求めて―
2017年8月15日 第1刷発行

著　者	佐　柳　忠　晴
発行者	株式会社　三　省　堂 代表者　北口克彦
印刷者	三省堂印刷株式会社
発行所	株式会社　三　省　堂 〒101-8371 東京都千代田区三崎町二丁目22番14号 電話 編集　(03) 3230-9411 　　 営業　(03) 3230-9412 http://www.sanseido.co.jp/

〈児童虐待の防止・296pp.〉
Ⓒ T. Sayanagi 2017

落丁本・乱丁本はお取り替えいたします。　　　　　Printed in Japan
ISBN 978-4-385-32140-0

本書を無断で複写複製することは、著作権法上の例外を除き、禁じられています。また、
本書を請負業者等の第三者に依頼してスキャン等によってデジタル化することは、たとえ
個人や家庭内での利用であっても一切認められておりません。